関西大の英語

［第10版］

教学社編集部 編

JN045995

教学社

関西大の英語

[第10版]

教学社

はしがき

　関西大学の入試を乗り越えるためには，英語を避けて通ることはできません。本書は，関西大学の英語の過去問を**出題形式別**に編集し，特徴的な問題を厳選したものです。各学部や日程がまんべんなく収載されているので，どの学部・日程で受験する人も，この1冊で関大英語の全体的な傾向をつかむことができます。

　英語の受験勉強は，ただやみくもに暗記したり，がむしゃらに問題集を解いたりすればよいというものではありません。自分が受験する大学がどのような形式でどのようなレベルの問題を出しているかを知り，それに合わせた勉強をする方が効率的です。まず入試の情報を得ること，傾向を知ること，これが第一のポイントとなります。そして，そのようにしてつかんだ傾向に対し，どれだけそれに合った学習ができるか，つまりどのように対策を立てられるか，これが第二のポイントです。

　そのため，本書ではまず"傾向と対策"で関大英語の全学的な傾向を分析し，全般的な学習の指針を示しています。関西大学の英語はすべての学部・日程でほぼ共通の傾向で出題されているので，志望する学部の出題だけでなく，他学部の問題まで含めて通して見ることで，傾向はさらにはっきりと見えてくるでしょう。これをもとに，学習法を組み立てていってください。

　本編では，出題形式別に4つの章に分け，全学部・全日程の過去問の中から，標準的・特徴的と思われる問題を掲載しています。同傾向の問題を数多く解くことによって，対策として具体的に何が必要なのかさらに明確になっていくと思います。"解説"では知識レベルでの説明だけでなく，問題を解く上でのより戦略的なアドバイスも示しています。さらに"傾向と対策"では，設問形式ごとに**解法のコツ**を紹介しているので，是非参考にしてください。また，各問題には"**目標解答時間**"や"**推定配点**"を設定しているので，より実戦的な演習用にも使用することができます。

　関大英語を攻略する上で，おそらくこれほど実戦的な問題集はありません。受験生のみなさんが本書を存分に活用し，関大入試の難関を突破し，見事合格の栄冠を勝ち取られることをお祈りします。

CONTENTS

はしがき

傾向と対策 ……………………………………………………………………… 6

第1章 会話文

1　2022 年度　全学日程・共通テスト併用 2 月 6 日実施分〔Ⅰ〕A ………… 16

2　2021 年度　全学日程・共通テスト併用 2 月 3 日実施分〔Ⅰ〕A ………… 21

3　2020 年度　学部個別日程 2 月 5 日実施分〔Ⅰ〕A ……………………… 26

4　2019 年度　学部個別日程 2 月 2 日実施分〔Ⅰ〕A ……………………… 31

5　2018 年度　学部個別日程 2 月 4 日実施分〔Ⅰ〕A ……………………… 36

6　2016 年度　後期日程 3 月 4 日実施分〔Ⅰ〕A …………………………… 41

7　2015 年度　学部個別日程 2 月 6 日実施分〔Ⅰ〕A ……………………… 46

8　2014 年度　学部個別日程 2 月 1 日実施分〔Ⅰ〕A ……………………… 51

9　2014 年度　全学部日程・センター中期 2 月 7 日実施分〔Ⅰ〕A ………… 56

10　2013 年度　学部個別日程 2 月 3 日実施分〔Ⅰ〕A ……………………… 61

第2章 整序

11　2022 年度　全学日程・共通テスト併用 2 月 1 日実施分〔Ⅰ〕B ………… 68

12　2021 年度　全学日程・共通テスト併用 2 月 7 日実施分〔Ⅰ〕B ………… 72

13　2020 年度　学部個別日程 2 月 1 日実施分〔Ⅰ〕B ……………………… 76

14　2019 年度　学部個別日程 2 月 6 日実施分〔Ⅰ〕B ……………………… 80

15　2018 年度　学部個別日程 2 月 1 日実施分〔Ⅰ〕B ……………………… 84

16　2017 年度　後期日程 3 月 3 日実施分〔Ⅰ〕B …………………………… 88

17　2015 年度　学部個別日程 2 月 5 日実施分〔Ⅰ〕B ……………………… 92

18　2014 年度　学部個別日程 2 月 3 日実施分〔Ⅰ〕B ……………………… 96

19　2013 年度　学部個別日程 2 月 2 日実施分〔Ⅰ〕B ……………………… 100

第3章　長文読解①

20　2022 年度　全学日程・共通テスト併用 2 月 2 日実施分〔Ⅱ〕……………… 106
21　2021 年度　全学日程・共通テスト併用 2 月 5 日実施分〔Ⅱ〕……………… 119
22　2020 年度　学部個別日程 2 月 4 日実施分〔Ⅱ〕…………………………… 134
23　2019 年度　全学部日程・センター中期 2 月 7 日実施分〔Ⅱ〕…………… 149
24　2018 年度　学部個別日程 2 月 3 日実施分〔Ⅱ〕…………………………… 164
25　2017 年度　学部個別日程 2 月 2 日実施分〔Ⅱ〕…………………………… 178
26　2016 年度　学部個別日程 2 月 5 日実施分〔Ⅱ〕…………………………… 192
27　2015 年度　学部個別日程 2 月 3 日実施分〔Ⅱ〕…………………………… 206
28　2015 年度　学部個別日程 2 月 4 日実施分〔Ⅱ〕…………………………… 221
29　2014 年度　学部個別日程 2 月 2 日実施分〔Ⅱ〕…………………………… 236
30　2013 年度　学部個別日程 2 月 4 日実施分〔Ⅱ〕…………………………… 250

第4章　長文読解②

31　2022 年度　学部独自日程・共通テスト併用 2 月 4 日実施分〔Ⅲ〕……… 266
32　2022 年度　全学日程・共通テスト併用 2 月 7 日実施分〔Ⅲ〕…………… 280
33　2021 年度　全学日程・共通テスト併用 2 月 6 日実施分〔Ⅲ〕…………… 293
34　2020 年度　学部個別日程 2 月 3 日実施分〔Ⅲ〕…………………………… 307
35　2019 年度　学部個別日程 2 月 1 日実施分〔Ⅲ〕…………………………… 322
36　2018 年度　学部個別日程 2 月 6 日実施分〔Ⅲ〕…………………………… 336
37　2017 年度　学部個別日程 2 月 5 日実施分〔Ⅲ〕…………………………… 351
38　2016 年度　全学部日程・センター中期 2 月 7 日実施分〔Ⅲ〕…………… 366
39　2014 年度　学部個別日程 2 月 6 日実施分〔Ⅲ〕…………………………… 379
40　2013 年度　学部個別日程 2 月 1 日実施分〔Ⅲ〕…………………………… 392

掲載内容についてのお断り

傾向と対策

出題の概要

■出題形式と問題構成

　関西大学の一般入試には多くの試験日程が設定されているが，英語の出題についていえば，近年はすべての日程で同じ形式となっている。いずれも試験時間は90分，配点は200点満点。全問マークセンス法での出題が続いている。

　大問数は3題で，そのうち2題が長文読解，もう1題が会話文と整序という構成が定着している。

問題〔Ⅰ〕　A．会話文　　B．整序
問題〔Ⅱ〕　長文読解（空所補充型）
問題〔Ⅲ〕　長文読解（下線部型）

■設問構成と小問数

　設問の内容や小問数については，下記の通り定着している。同一年度内でもすべての日程で共通のフォーマットとなっている。

設問構成		2022〜2013
〔Ⅰ〕A	空所補充	5問（20点）
〔Ⅰ〕B	パラグラフの整序	6問（24点）
〔Ⅱ〕	空所補充 内容説明	15問（60点） 7問（28点）
〔Ⅲ〕	下線部の意味・内容 内容説明	10問（40点） 7問（28点）
合計		50問（200点）

※（　）内は推定される配点。あくまで編集部の
　推定であり，公式には発表されていない。

出題パターンの分析

　では，問題構成に沿って，傾向（**問題内容と設問形式**）と対策（**解法のコツ**）を見ていこう。設問のパターン例も示しているので，参考にしてほしい。

■ 会話文
→第1章に掲載

■問題内容と設問形式

　問題〔Ⅰ〕Aで出題されており，基本的な語彙の力のほか，口語的な英語力も試される。分量は200〜250語程度。

　例年，会話の状況が似通っており，最も多いのが「**留学生と現地学生の会話**」である。ほかに「学生同士の会話」「留学生とホストファミリーの会話」などもある。そのため，話題は**文化と習慣の違いやキャンパスライフ**に関係するものが多い。

　設問形式は空所補充である。これは空所部分（脱文部分）を選択式で補う形となっている。設問数は5問で，4つの選択肢の中から正しいものを1つ選ぶ方式である。

空所補充

圖　空所に入れるのに最も適当なものをA〜Dから一つ選びなさい。

Yoko：So you can use that time to get started on your homework. That way, you can have more free time at home. _____

Mary：Oh, a little over an hour.

A.　By the way, how long is your train ride?

B.　On average, how many hours do you sleep?

C.　In total, how many miles do you travel?

D.　Oh, what time do you arrive at home?

　このような会話文の空所補充は，**直前または直後の文に注目する**ことが大前提となる。空所部分が質問であれば，直後の相手の返答（例題参照）に，返答であれば直前の相手の質問に着目することで対処できる。

　また，どちらでもない場合には，直前の文に続いての発言（あるいは直後の文に続いていく発言）であると考えられるので，やはり前後の文が重要なのである。

■解法のコツ

- 空所部分の発言が質問であれば直後の相手の返答を見る
- 空所部分の発言が返答であれば直前の相手の質問を見る
- どちらでもない場合は，同じ話し手の前後の発言内容を見る
- 文法的に成立しない選択肢は正解となり得ないので除外する

■ 整序　　　　　　　　　　　　　　　　　　　→第2章に掲載

■問題内容と設問形式

　問題〔Ⅰ〕Bで出題されており，分量は200～250語程度。

　6つの部分に分けられたパラグラフを正しい順番に並べ替えるというもので，他大学にもあまり見られない，特色ある内容となっている。

パラグラフの整序

> 圏　下の英文A～Fは，一つのまとまったパラグラフを，6つの部分に分け，順番をばらばらに入れ替えたものです。ただし，パラグラフの最初にはAがきます。Aに続けてB～Fを正しく並べ替えなさい。その上で，次の(1)～(6)に当てはまるものの記号をマークしなさい。ただし，当てはまるものがないもの（それがパラグラフの最後であるもの）については，Zをマークしなさい。
>
> (1)　Aの次にくるもの　　　(2)　Bの次にくるもの　　　(3)　Cの次にくるもの
>
> (4)　Dの次にくるもの　　　(5)　Eの次にくるもの　　　(6)　Fの次にくるもの
>
> A．I believe that people should not stereotype other cultures, because stereotypes do not tell us much about individual people. Usually they only confuse the truth.
>
> B．So I was surprised to find that there were many vegetarians, who eat no meat at all, in America. There were also a lot of vegetarian restaurants, which are difficult to find in Japan. It is obvious that stereotypes have some basis in reality.
>
> （以下略）

　1つのまとまったパラグラフが6つの部分に分けられて入れ替えられており，それを並べ替えて正しいパラグラフを作るというもの。パラグラフの最初となる文章は指定されている。答え方としては，Aの次にくるもの，Bの次にくるもの…というように，それぞれの次にくる文章を答えるようになっている。よくある語句整序と比べて，読み込むのに時間がかかり，難度も高いといえる。

　このような問題の場合，それぞれのパラグラフごとのおおまかな主旨と流れをつかむことが必須である。文章の流れとしては

　○問題提起→実例の提示→結論

　○事実の提示→その理由・原因の分析→結論

　○ある考え方の紹介→それに対する反論→結論

といったパターンがあり，その流れに沿った**接続詞**（あるいは接続詞的な副詞）が文頭に使われていることが多い。接続詞には順接や逆接，婉曲や譲歩などの意味があるので，これに注目することで流れを見つけることができる。また，First「まず第一に」やThen「それから」など，**順序を表す副詞**も大きなヒントになる。

　さらに，一度出てきた語句が，**代名詞や指示形容詞を使って**再度述べられているこ

とも多く，それらが順番を決めるときのヒントとなり得る。これら「キーワード」に留意して慎重に考えてほしい。1カ所間違うと，数カ所間違うことになりかねない。論理的思考力が必要な問題である。

■解法のコツ
- 文頭の接続詞・接続詞的な副詞（so, though, however など）に注目する
- 順序を表す副詞（first, then など）があれば，それも手がかりになる
- 代名詞や指示形容詞が何を指しているかを突きとめる

■■ 長文読解（空所補充型）　→第3章に掲載

■問題内容と設問形式

　問題〔Ⅱ〕で出題されている。長文読解は2題出題されているが，問題〔Ⅱ〕の方は空所補充が多いのが大きな特徴である。

　分量は 600～900 語程度で，問題〔Ⅲ〕よりやや多い。英文の内容も，問題〔Ⅲ〕では論説文が中心だが，問題〔Ⅱ〕ではそれに加え，**小説・物語・随筆**まで幅広く出題されている。

　例年，4択の空所補充が 15 問出題されており，これを埋めながら内容を読み取っていくことになる。また，本文全体の内容理解を問う内容説明も，3択形式で7問出題されている。

空所補充

> 圊　空所に入れるのに最も適当なものをA～Dから一つ選びなさい。
>
> （…）None of these materials was ever stored. Once produced, they were forever on the move, over seas and along rivers, roads or railways, all timed to reach the factory just when they were (　　　）, as if on a giant assembly line.（以下略）
>
> A. produced　　B. carried　　C. delivered　　D. needed

　空所補充は，前後の内容からアプローチしなければならない場合が多い。たとえば，選択肢がすべて同じ品詞や活用形であるとき，文法的にはどれがきてもおかしくない。つまり，**選択肢だけでは判断できない**ことが多いのである。したがって，空所の前後の状況を頭に描きながら正解を見つけていくことになる。

　また，文法的なアプローチを要する場合にもコツがある。これは本文の時制や語句の性格から空所に入り得ない選択肢を省きつつ，入れることのできるものを絞り込んでいく，という方法である。

内容説明

> 圏　本文の内容に照らして最も適当なものをA〜Cから一つ選びなさい。
>
> The author claims that our first friends in childhood
>
> A．can stay close to us even though our lives come to differ with time.
>
> B．may change but they ought to be faithful to us forever.
>
> C．must continue to be our best ones because we chose them by insight.

　内容説明については**長文読解（下線部型）**でも出題されているが，本問の場合は，段落が指定されていない設問が多いので，分量のある長文の中で，**どのあたりが取り上げられているのかをすばやく判断する必要がある**。ほとんどの設問が本文の流れに沿っており，選択肢中に段落を想定できるようなキーワードが含まれていることも多いので，本文のどこを精読すればよいかをできるだけ早く見つけることが肝心である。もちろん，段落が指定されている場合は，そこを重点的に読み込めばよい。

　また，近年の傾向として，**本文の内容とは無関係な（本文に記述がない）選択肢**が含まれていることが多いので，それらを最初に除外するとよいだろう。

■解法のコツ

空所補充

・当該箇所の直前・直後にヒントが隠されている

・文法的におかしな選択肢を除外する

内容説明

・選択肢中のキーワードが本文のどこにあるかをすばやく見つける

・本文と無関係な（記述のない）選択肢を最初に除外する

長文読解（下線部型）　→第4章に掲載

■問題内容と設問形式

　問題〔Ⅲ〕は下線部についての設問が中心である。分量は500〜700語程度で，問題〔Ⅱ〕よりやや少ない。

　学術的・専門的な内容のものなど，**論説文**が多く出題されている。テーマは自然科学的なものから社会科学的なもの，文化人類学的なものまで多種多様である。

　設問形式については，下線部の意味や内容を問う問題が3択の形で10問出題されている。また，問題〔Ⅱ〕と同様に，本文全体の内容理解を問う内容説明が，3択形式で7問出題されている。

下線部についての設問

> 圊　下線部の意味に最も近いものはどれか。
>
> They tend to believe there is nothing they can do; <u>consequently</u>, they do less than
> optimists do to help themselves.
>
> 　A．this is because　　　　B．as a result　　　　C．after that

　最も多く出題されるのは，「下線部の意味に最も近いものはどれか（Which of the
following has a meaning closest to Underline ?)」という同意語句・同意文を選択
する問題である。また，さらに難度が高いのは，「下線部から読み取れるものはどれ
か」という内容説明で，語句の意味だけでなく文脈の把握や構文の理解なども必要と
される。下線部の意味に自信がない場合は，**語句そのものよりも，前後の表現に注意
する**とよい。

　また，先に**選択肢の意味を比較する**ことをおすすめしたい。たとえば，下線部が
「AはBである」という意味であれば，正解以外の選択肢は「AはBでない（下線部
と反対の意味）」または「AはCである（下線部とは無関係の意味）」となるはずで
ある。したがって，もし細部の意味は若干違うが方向性が同じ選択肢が2つ存在すれ
ば，これらは正解になるわけがないので，この時点で正解の候補を絞ることができる。
この絞り込みをしてから本文に目を転じれば，正答率はぐっと高まるはずである。

内容説明

> 圊　本文の内容に照らして最も適当なものをA〜Cから一つ選びなさい。
>
> The final paragraph discusses how
>
> 　A．modern media took over the role of books in bringing things to life.
>
> 　B．historical accounts using computers are more accurate.
>
> 　C．virtual reality is merely a reconstruction from incomplete information.

　まず各選択肢中のキーワードに注目し，どの段落にそのキーワード（あるいはそれ
を**言い換えた表現**）が存在するかを確かめることから始めるとよい。これによって無
関係な選択肢を除外できるはずである。

　また，本問では，たとえ正解の選択肢であっても，本文と同じ表現になっていると
は限らないので，「**ほぼ同じ意味なら正解**」という意識で吟味することが重要である。

■解法のコツ

下線部についての設問

・下線部だけでなく，前後の2，3文に注意する

・同じ方向性の選択肢が複数ある場合は正解ではあり得ない。それらを先に消去する

総合的な入試対策

　ここでは，問題全体への取り組み方と毎日の学習対策について総合的に述べたい。これらは関西大学のみならず，大学入試の対策全般にいえることであるので，しっかり取り組んでほしい。

■問題への取り組み方

■時間配分

　90分の試験時間は長いようで短い。時間配分を考えずに最初から順番に解いていくと，最後の大問を解くころには，残り時間があとわずか…というのはよくあることである。そこで，あらかじめそれぞれの大問にかける時間を決めておくとよい。たとえば，90分のうち80分を各大問に配分して10分程度残るようにしておく。途中行き詰まることがあってもこの時間配分を守るようにし，最後に残しておいた10分間を答えが出なかった箇所や自信のない箇所につぎ込むのである。

　本書では問題ごとに（目標解答時間）を設定しているので，参考にしてほしい。もちろん，これはすべての受験生にあてはまるものではない。自分に最も合ったペース配分を考え，そのペースを守りながら，焦らずに解答することが大切である。

●目標解答時間（参考）

問題〔Ⅰ〕A	会話文	5 ～ 10 分
問題〔Ⅰ〕B	整序	10 ～ 15 分
問題〔Ⅱ〕	長文読解（空所補充型）	30 ～ 35 分
問題〔Ⅲ〕	長文読解（下線部型）	25 ～ 30 分

■解答する順番

　入試本番で問題を見て最初にすべきことは，どの順序で問題にあたるかを考えることである。得意なタイプの問題を先に片付けて，苦手な問題に多くの時間を残すようにすると気持ちに余裕が出る。

　また，関西大学の長文読解は，英文をすらすらと速読できる者ならともかく，そう簡単には読みきることができないほどのボリュームである。そのため，個々の設問を先に読み，解答できるところから解答し，それによって本文全体の内容も理解していく方法も効果的である。特に，下線部の同意語句問題や内容説明問題は，逆に全体の要旨把握の一助となることが多い。

■毎日の学習対策

　最後に，英語力アップのための学習対策について述べておこう。入試の傾向を押さえた対策も大事だが，やはり本番でものをいうのは基礎的な学力である。

■読解力

　普段から 500 〜 900 語程度の長文を読むのに慣れておく必要がある。その際，大量の英文を一気に読みこなすための**速読力**と，細部を読み込む**精読力**が同時に養えるように訓練する必要がある。

　速読力養成のためには，まず一通り英文を読んで，どんな内容の英文であったかを自分の言葉で説明できるような練習を積むことが望ましい。内容説明では特定の段落の内容について問われることが多いので，**それぞれの段落ごとに何が述べられていたかをまとめる**ことも効果的である。

　一方，実際に個々の設問に答えるためには，問われている部分の語句の意味や用法を，文脈に沿ってしっかり把握することが重要になる。特に複雑な構文については，「主語や動詞の特定」「文型の認識」「修飾・被修飾の関係」など，細かな分析が必要となるので，この練習は日頃からやっておきたい。

■文法・語彙力

　文法はそれほど難度の高いものは出題されていないので，いかに正確な知識をもっているか，またそれをどれだけ運用できるかが勝負の分かれ目となる。

　語彙については，難解な語を数多く覚えるよりも，標準的な単語をしっかり押さえよう。特に**多義語**や**機能語**の問題が頻出であるから，基本単語の意味と語法を完璧にマスターしておきたい。単語集を利用するなら，ただ単語が羅列してあるものではなく，多義語・同意語・反意語などがまとめてあるものをすすめる。

　また，同意語句・同意文問題の対策として，**熟語⇔熟語の言い換え，熟語⇔単語の言い換え**などをまとめておきたい。熟語集などで覚える際は必ず例文を確認すること。

■会話文

　普通の英文との違いは，何といっても**会話表現・口語表現**が含まれるという点なので，学校での英語表現や英語会話の授業を復習して，基本的な決まり文句については使い方を押さえておきたい。

■辞書を引く習慣をつける

　非効率に見えて案外効率的なのが，辞書を引くという習慣である。こまめに辞書を引くことにより，その単語の語法やさまざまな意味を覚えることができる。ただし，英文を読んでいるときに片っ端から辞書を引いていくのはすすめられない。辞書なしで英文の大意を読み取っていく練習ができないからである。わからない単語や複雑な語法に出会ったら，チェックしておき，あとからじっくり辞書を引こう。

■豊かな教養をつける

　環境問題や政治問題など，時事的な英文も出題されている。あらかじめ問題の背景についての知識があれば，読解していくときの助けとなる。新聞をはじめ，さまざまなジャンルの本を読み，教養を身につけることが必要である。また，本を読むことで，文章の展開法や論法に慣れることもできる。英語力を伸ばすためには国語力をベースにした読解力が不可欠なのである。

●おすすめ参考書

○**単語集**	『速読英単語（必修編）』（Z会）
	『英単語ターゲット1900』（旺文社）
	『風呂で覚える英単語』（教学社）
○**熟語集**	『解体英熟語』（Z会）
○**文法・構文**	『英文法・語法のトレーニング（戦略編）／（演習編）』（Z会）
	『解体英語構文』（Z会）
○**長文読解**	『即戦ゼミ3　大学入試英語頻出問題総演習』（桐原書店）
	『基礎英文問題精講』（旺文社）

第 1 章

会話文

1　2022年度　全学日程・共通テスト併用2月6日実施分〔Ⅰ〕A

目標解答時間　10分

　次の会話文の空所(1)〜(5)に入れるのに最も適当なものをそれぞれA〜Dか ら一つずつ選び，その記号をマークしなさい。

Eric is taking Yuya, his college roommate from Japan, to Charity Mart, a used-goods shop.

Eric:　Here we are. This is Charity Mart, the place I told you about.

Yuya:　(1)＿＿＿＿＿＿＿＿ Well, I need a few things for our room: cups, a kettle, a lamp, things like that.

Eric:　OK, they should have that stuff. (2)＿＿＿＿＿＿＿＿＿＿

Yuya:　They have clothes? Are they used, too?

Eric:　Yeah. They have a large selection, actually.

Yuya:　Maybe I'll have a look as well. I kind of need a jacket.

Eric:　(3)＿＿＿＿＿＿＿＿＿＿ We'll check it out.

Yuya:　I know everything in here is used, but how does Charity Mart get all this stuff?

Eric:　(4)＿＿＿＿＿＿＿＿＿＿ So the shop doesn't actually buy anything; it's all given to them for free.

Yuya:　Wow! So everything in here was donated by individuals?

Eric:　That's right. All the money we spend here goes to pay the employees. (5)＿＿＿＿＿＿＿＿＿

Yuya:　Do you mean they try to take on people who are unemployed?

Eric:　They do. That's a part of the charity. People who badly need work are helped by the money the shop makes.

Yuya:　That's great. Let's hope they have some of the things we're looking for!

(1)　A.　When do we move into our place?

　　　B.　Do you need to buy a coat or jacket?

　　　C.　What is it that you want to get?

　　　D.　What do you think I should buy?

(2)　A.　I think I'll look for something to wear.

　　　B.　Supermarkets are available everywhere.

　　　C.　But I already have some of those things.

　　　D.　I don't think we should get any used items.

(3)　A.　Could I tell you my possible sizes?

　　　B.　Isn't it too warm outside for a jacket?

　　　C.　That will really help us out here.

　　　D.　They should have some in the back.

(4)　A.　Everything here is provided by people.

　　　B.　People leave their clothes in the store.

　　　C.　It could be from wholesale distributors.

　　　D.　You're really expected to help the store.

(5)　A.　The store manager isn't able to make any money herself.

　　　B.　Charity Mart tries to help people by hiring them to work.

　　　C.　My brother had a part-time job here, but he just got fired.

　　　D.　If we can't find a job, we may both end up working here.

全訳

≪日本人ルームメイトをチャリティマートへ案内≫

　エリックが大学の日本人ルームメイトのユウヤを中古品ショップのチャリティマートへ連れて行っている。

エリック：さあ，着いたよ。ここが僕が話していたチャリティマートだよ。君が買いたいものは何だい？

ユウヤ　：そうだな，僕たちの部屋に必要なもの，コップ，ヤカン，スタンドのようなものだね。

エリック：わかった，そういうものはあるはずだよ。僕は何か着るものを探すよ。

ユウヤ　：服もあるの？　それも中古品？

エリック：そうだよ。実際，品ぞろえはいいよ。

ユウヤ　：僕も見てみようかな。ちょっとジャケットが必要なんで。

エリック：奥にいくつかあるはずだよ。見てみよう。

ユウヤ　：ここにあるものはみな中古なんだね。でもどうやってチャリティマートはこれを全部手に入れているの？

エリック：ここにあるものは全部人々からもらったものだよ。だから店は実際何も買っていないんだ。全部ただでもらったものだよ。

ユウヤ　：そうなんだ！　ここにあるものはすべて人の寄付ってこと？

エリック：そうだよ。僕たちがここで使うお金はすべて従業員の賃金になるんだよ。チャリティマートは人々を雇って仕事をさせることで彼らを助けようとしているんだ。

ユウヤ　：チャリティマートが失業者たちを引き受けようとしているということ？

エリック：そうだよ。それも慈善活動の一環だ。仕事を本当に必要としている人々を店が稼いだお金で助けてあげているんだ。

ユウヤ　：それはすごいね。僕たちが探しているものがあるといいね！

解説

　中古品ショップを訪れた学生2人による会話。空所に入れる選択肢がやや長く，意味をとるのに苦労するような表現もある。読むことと解答を同時に行いながら進んでいってほしい。

空所補充　推定配点　20点（各4点）

(1)　正解は C　　　　　　　　　　　　　　　　　　　　　　　　　　　　標準

　A.「いつ僕たちの場所へ移動する？」

　B.「コートかジャケットを買う必要はあるかい？」

　C.「君が買いたいものは何だい？」

　D.「僕は何を買うべきだと思う？」

空所でのエリックの発言に対して，ユウヤはコップ，ヤカン，スタンドなど日用品を羅列して答えている。つまり，エリックはユウヤに対して買いたいものを尋ねたのだと考えられる。よってCが最も適切である。

(2)　正解は A ————————————————————————　標準

A.「僕は何か着るものを探すよ」

B.「スーパーはどこででも利用できるね」

C.「でも，そういうものはすでにいくつか持っているよ」

D.「中古品は買うべきではないと思うよ」

直後のユウヤの発言が「服もあるの？」となっていることから，エリックは服に関することを述べたのだと考えられる。よってAが最も適切である。B，C，Dはいずれもユウヤの発言につながらない。

(3)　正解は D ————————————————————————　やや難

A.「可能性のあるサイズを言ってもいいかな？」

B.「ジャケットを着るには外は暖かすぎないか？」

C.「それは外では本当に役に立つだろうね」

D.「奥にいくつかあるはずだよ」

直前でユウヤが「ちょっとジャケットが必要なんで」と発言している点がヒント。これに対してエリックは「見てみよう」と続けているので，店にはジャケットも置いているという内容の発言をしたと考えられる。これに合致するのはDである。A，B，Cはいずれも直後の「見てみよう」につながらない。

(4)　正解は A ————————————————————————　標準

A.「ここにあるものは全部人々からもらったものだよ」

B.「人々が服を店内に忘れていくんだ」

C.「卸売業者経由かもしれないね」

D.「君がお店を手伝うことが本当に期待されているよ」

ユウヤが直前でチャリティマートがどうやって中古の商品を手に入れているかを尋ねている点がポイント。空所はそれに対するエリックの答えであると考えられる。最も適切なのはAで，これならば直後の「店は何も買っていない」に矛盾なくつながる。忘れ物を売ってはいけないのでBは不適。卸売業者から買っているのではないのでCも不適。Dは無関係な内容である。

(5)　正解は B ————————————————————————　やや難

A.「店長は自分自身では全くお金を稼げないからね」

B.「チャリティマートは人々を雇って仕事をさせることで彼らを助けようとしているんだ」

C.「僕の兄はここでバイトをしていたけれど，クビにされたよ」

D.「仕事が見つからなかったら，2人ともここで働くことになるかもね」

　　直後のユウヤの発言がポイント。「チャリティマートが失業者たちを引き受けよ
うとしているということ？」とあるが，「引き受ける」とはここでは雇って仕事を
させることである。よってBが最も適切であり，空所の直前の「僕たちがここで使
うお金はすべて従業員の賃金になる」とも矛盾しない。

(1)—C　(2)—A　(3)—D　(4)—A　(5)—B　解　答

2

目標解答時間 10分

次の会話文の空所(1)〜(5)に入れるのに最も適当なものをそれぞれA〜Dから一つずつ選び，その記号をマークしなさい。

Genta, a Japanese exchange student in London, meets his English friend Michael in a sports bar.

Michael: Hi, Genta. Good to see you. What are you doing in here?

Genta: I came to watch the rugby match. Are you keen on rugby, too?

Michael: Keen? I love it. I've been looking forward to today's match for ages. _____(1)

Genta: I'm not sure. I guess it'd have to be Japan. But I'm just hoping for an exciting game to watch. I don't have a favorite team as such.

Michael: _____(2) Everyone's got to pick a side!

Genta: _____(3) As it's my current host country, I'll cheer for England today.

Michael: Good man! You won't be disappointed.

Genta: If I enjoy watching the rugby today, is there a club I can join at our university?

Michael: _____(4) I'll take you along to it any time you like.

Genta: That's cool. I was hoping to get into a sport over here in England that I can take back to Japan with me. Rugby could be that sport.

Michael: Well, let's get you an England rugby shirt first, shall we?

Genta: Great! _____(5) Everyone in the bar here is wearing one.

Michael:　It's not a strict rule, but most fans want to show which side they're cheering for. Come on, let's go and get you a shirt before the game starts.

(1)　A.　Who's playing this evening?

　　　B.　Do you know where matches are shown?

　　　C.　Who are you supporting today, by the way?

　　　D.　What's interesting about it?

(2)　A.　That's not good enough.

　　　B.　That's all right, I suppose.

　　　C.　There are so many teams.

　　　D.　I don't have a favorite team either.

(3)　A.　I disagree with that.

　　　B.　My own side, then?

　　　C.　That's a bit of a problem.

　　　D.　OK, then, how about this?

(4)　A.　Luckily not.

　　　B.　Not this time, sadly.

　　　C.　Of course there is.

　　　D.　Yes, there will be one day.

(5)　A.　And a Japanese one second, I'd say.

　　　B.　Is it a tradition to put one on for the match?

　　　C.　Is it true the fans chose the color?

　　　D.　I'll take yours, then, if it's not a problem.

≪スポーツ観戦≫

全訳

　ロンドン在住の日本人交換留学生のゲンタが，スポーツバーでイギリス人の友人マイケルと出会う。

マイケル：やあ，ゲンタ。会えてうれしいよ。ここで何をしてるんだい？

ゲンタ　：ラグビーの試合を見に来たんだ。君もラグビーに熱中してるの？

マイケル：熱中してるかだって？　愛しているんだよ。今日の試合を長いこと楽しみにしていたんだ。ところで，君は今日どちらを応援するんだい？

ゲンタ　：決まってないな。日本じゃなきゃいけないんだろうけどね。でも僕はわくわくするような試合を見られたらそれでいいよ。厳密な意味でのひいきのチームはないんだ。

マイケル：それでは物足りないよ。誰だって応援する方を選ばなきゃ！

ゲンタ　：わかったよ，じゃあ，こういうのはどうだい？　現在の僕の留学先だから，今日はイングランドを応援するよ。

マイケル：いいね！　応援して損はないよ。

ゲンタ　：今日のラグビーの試合を楽しめたとして，大学に僕が入れるクラブはあるかな？

マイケル：もちろんあるよ。いつでも好きな時に連れて行ってあげるよ。

ゲンタ　：そりゃいいね。日本に戻っても続けられるようなスポーツをイギリスで始めたいと思っていたんだ。ラグビーがそのスポーツになるかもね。

マイケル：じゃあ，まずイングランドのラグビーシャツを手に入れようよ。

ゲンタ　：いいとも！　試合のためにラグビーシャツを着るのは伝統なのかい？　バーにいる人はみんな着ているよ。

マイケル：厳格なルールがあるわけじゃないけれど，ほとんどのファンは自分がどちらを応援しているのかを示したいと思っているんだ。さあ，試合が始まる前にシャツを買いに行こう。

解説

　ロンドンのスポーツバーでの日本人留学生とイギリス人の友人との会話。ラグビー観戦をするにあたって，どちらのチームを応援するかなどの話題で話し合っている。(3)と(5)はやや難度が高い。

空所補充　　推定配点　20点（各4点）

(1)　**正解は　C** ―――――――――――――――――――――――――――――― 標準

　A．「今夜は誰がプレーするんだい？」

　B．「試合がどこで放映されているか知ってるかい？」

　C．「ところで，君は今日どちらを応援するんだい？」

　D．「それの何が面白いんだい？」

　　直後のゲンタの発言の中に「決まってないな」や「厳密な意味でのひいきのチー
ムはないんだ」などがあることから，マイケルはゲンタにどちらのチームを応援す
るのかを尋ねたのだと考えられる。よってCが最も適切である。

(2)　正解は A

　A．「それでは物足りないよ」

　B．「それで大丈夫だと思うよ」

　C．「とてもたくさんチームがあるからね」

　D．「僕もひいきのチームはないよ」

　　マイケルが空所の直後で「誰だって応援する方を選ばなきゃ！」と続けている点
がヒントとなる。マイケルはどちらかのチームを応援しながら観戦することを勧め
ているのだと考えられる。これに対応した発言はAである。B，C，Dはいずれも
「ひいきのチームはない」というゲンタの姿勢を否定するものではないので不適。

(3)　正解は D

　A．「僕はそれには賛成できないな」

　B．「じゃあ，僕自身の側？」

　C．「それは少し問題だな」

　D．「わかったよ，じゃあ，こういうのはどうだい？」

　　直後でイングランドを応援すると続けていることから，ゲンタはどちらのチーム
を応援するかについて自分の意見を提示したのだと考えられる。これに対応してい
るのはDである。AやCでは直後の発言につながらないし，Bは意味が通らない。

(4)　正解は C

　A．「ないね，幸運なことに」

　B．「今回はないね，悲しいことに」

　C．「もちろんあるよ」

　D．「うん，いつかそうなるよ」

　　空所直前のゲンタの発言で，自分も入れるクラブがあるかどうか尋ねていること，
また，マイケルが空所の直後でいつでも連れて行ってあげると続けていることから，
ゲンタが入れるクラブが実際に存在すると述べているのだということがわかる。こ
れに合致するのはCである。AとBはどちらも否定してしまっているので「連れて
行ってあげるよ」につながらない。Dは未来形なのでつながらない。

(5)　正解は B

　A．「その次は日本のシャツだね」

　B．「試合のためにラグビーシャツを着るのは伝統なのかい？」

　C．「色を選んだのがファンだというのは本当？」

　D．「じゃあ，もし構わなければ君のをもらうよ」

　　空所直後でゲンタがみんなそれ（＝シャツ）を着ていると続けていることと，そ

の後のマイケルの発言で厳格なルールはないと答えていることから，応援するチームのシャツを着ることについての質問をしたのだと考えられる。これに合致するのはBである。

(1)—C　(2)—A　(3)—D　(4)—C　(5)—B

3

目標解答時間　10分

　　次の会話文の空所(1)～(5)に入れるのに最も適当なものをそれぞれA～Dから一つずつ選び，その記号をマークしなさい。

Ryota, a Japanese exchange student in the UK, meets his Korean classmate Sonny outside the student council building on campus.

Sonny:　Hi, Ryota, are you here for the elections for the new student leaders?

Ryota:　That's right. You too?

Sonny:　I sure am. _____
　　　　　　　　(1)

Ryota:　Not yet. I want to hear the speeches first.

Sonny:　Me too. They start soon. Let's get seats. I know already what issues I'm interested in.

Ryota:　Like what? _____
　　　　　　　　(2)

Sonny:　The high cost of living in the dormitory is my top issue, but also the food they serve in the cafeteria.

　　　　(3)_____

Ryota:　Well, I agree about the food—it's not good value—but I think the dorms are quite reasonable.

Sonny:　Not for me. I'm always having money problems.

Ryota:　But can student leaders really deal with these issues?

Sonny:　Sure. _____ That's why we must vote today.
　　　　　　　(4)
　　　　If we don't make our own choices, someone else will make them for us.

Ryota:　I agree. _____
　　　　　　　　(5)

Sonny:　Exactly. Let's go see what the candidates have to say.

(1)　A．Have you heard them speak yet?

　　　B．Have you decided which people to vote for?

　　　C．Have you found who the next leader is?

　　　D．Have you ever been a student leader?

(2)　A．What is most important to you?

　　　B．What did they talk about?

　　　C．Do they have a problem with the seats?

　　　D．Do you like the school dinners?

(3)　A．I am against them being changed.

　　　B．Isn't it difficult to buy food in the dormitory?

　　　C．Don't you think they are both too expensive?

　　　D．I want to discuss something else today.

(4)　A．Student voices must be heard.

　　　B．We can't do anything.

　　　C．It is necessary to keep things the same.

　　　D．I don't believe in the issues.

(5)　A．I don't want the leaders to do that.

　　　B．But is it okay to change things?

　　　C．But do you want that to happen?

　　　D．There's no time to waste.

全 訳

≪生徒代表を決める選挙≫

　イギリスにいる日本人の交換留学生リョウタが，キャンパス内の学生会館の外で韓国人クラスメートのサニーと出会う。

サニー　：やぁ，リョウタ，新しい生徒代表を決める選挙のためにここにいるのかい？

リョウタ：そうだよ。君もかい？

サニー　：もちろん。誰に投票するか決めたかい？

リョウタ：まだだよ。まず演説を聞きたいんだ。

サニー　：僕もさ。もうすぐ始まるね。席を取ろうよ。興味がある問題はもうわかってるんだ。

リョウタ：どんな問題？　君にとって一番重要なことは何だい？

サニー　：寮の費用が高いことが一番の問題だけど，カフェテリアで出している食事もだ。両方とも高すぎると思わない？

リョウタ：そうだなぁ，カフェテリアの食事については同感かな，それほどお得だとは思えないし，でも寮はかなりお手頃だと思うけど。

サニー　：僕にとってはお手頃じゃないんだ。いつもお金に困ってるし。

リョウタ：でも，生徒代表って実際にそういう問題に取り組めるの？

サニー　：もちろんさ。生徒の声を届けなければ。だからこそ今日投票しなければならないんだ。自分たち自身の選択をしないと，他の誰かが僕たちの代わりに選択をすることになるからね。

リョウタ：そうだね。ぐずぐずしている時間はないよ。

サニー　：その通り。候補者たちが何を話すのか見に行こう。

解 説

　生徒代表を決める選挙に来ている日本人と韓国人の学生が話し合っている。(1)と(2)は質問の内容を選ぶ問題なので，直後の答えの部分をしっかり確認したい。また，(3)と(5)のように選択肢に肯定・疑問の両文が混じっている場合も，直後の発言が重要なヒントになる。

空所補充　　推定配点　20点（各4点）

(1)　正解は　B ――――――――――――――――――――――――――――――標準

　A．「彼らの演説をもう聞いたかい？」

　B．「誰に投票するか決めたかい？」

　C．「次の代表に誰がなるかわかったかい？」

　D．「君は生徒代表になったことがあるかい？」

　　直後にリョウタが「まだだよ」と返事をしてから「まず演説を聞きたいんだ」と

発言していることから，サニーは演説を聞いた後にとる行動について尋ねたのだと
考えられる。これに該当するのはBである。

(2)　**正解は A** ———————————————————————————————————— 標準

　A.「君にとって一番重要なことは何だい？」

　B.「彼らは何について話したんだい？」

　C.「彼らは座席に問題があるのかい？」

　D.「君は学校の夕食が好きかい？」

　　直前・直後のサニーの発言に注目。「（自分が）興味をもっている問題はもうわか
っている」と述べたあと，リョウタの質問を受けて一番の問題点（寮の費用が高い
こと）を指摘している。この間に挟まれる質問として最も適切なのはAである。

(3)　**正解は C** ———————————————————————————————————— 標準

　A.「僕はそれらが変更されるのには反対だな」

　B.「寮で食べ物を買うのは難しくないかい？」

　C.「両方とも高すぎると思わない？」

　D.「今日は別のことを議論したいな」

　　直後のリョウタの発言に注目。カフェテリアの食事については賛成しているが，
寮の費用に関しては「でも寮はかなりお手頃だと思う」と述べている。これは当該
箇所のサニーの発言と対立する内容であると考えられるので，Cが最も適切である。

(4)　**正解は A** ———————————————————————————————————— やや難

　A.「生徒の声を届けなければ」

　B.「僕たちは何もできないよ」

　C.「物事を変えないことが必要だよ」

　D.「僕はその問題は信じていないな」

　　直前でリョウタが「でも，生徒代表って実際にそういう問題に取り組めるの？」
と問いかけているのに対して，サニーが「もちろんさ」と答えている点，あるいは
直後でサニーが「だからこそ今日投票しなければならないんだ」と続けている点か
ら，生徒代表を選挙で選ぶことの重要性が述べられているのだと考えられる。よっ
てAが最も適切である。

(5)　**正解は D** ———————————————————————————————————— やや難

　A.「代表にそんなことをしてほしくないな」

　B.「だけど物事を変えるのは大丈夫なのかい？」

　C.「だけど君はそれが起こってほしいのかい？」

　D.「ぐずぐずしている時間はないよ」

　　リョウタが選挙の重要性に賛同した上で述べている部分。直後でサニーが「その
通り」とさらに賛同し，「候補者たちが何を話すのか見に行こう」と続けている点
から，前向きな発言であるDが最も適切である。最後の文の Let's go see は Let's
go and（to）see と考える。

(1)—B　(2)—A　(3)—C　(4)—A　(5)—D　　解　答

4

目標解答時間　10 分

　　次の会話文の空所(1)〜(5)に入れるのに最も適当なものをそれぞれ A 〜 D か
ら一つずつ選び，その記号をマークしなさい。

David, an Australian exchange student in Japan, has met a classmate,
Naoya, by chance, in front of Kyoto train station.

David: Hi, Naoya. Are you going somewhere?

Naoya: Hello, David. Yes, I'm going home to see my family.

David: Great! I guess you'll be happy to eat some home-cooked meals.

Naoya: _____ My mother's cooking is amazing. I
(1)
don't know how she does it.

David: _____ Will you be staying long?
(2)

Naoya: Just a week, unfortunately. Are you traveling somewhere, David?

David: Only as far as Kansai Airport. A friend from high school is coming
over here for a while.

Naoya: _____
(3)

David: Yes. There's not much room, but we'll be okay.

Naoya: Will you be showing him around the temples and shrines?

David: _____ I'll have to ask him.
(4)

Naoya: Well, there's no shortage of attractions here. I think you'll find
plenty to do.

David: I'm sure you're right, Naoya. Anyway, it's been a long time since
we last met. I think our first plan will be to have a night out in
Kawaramachi.

Naoya: Nice idea. _____
(5)

David: There are a couple of places just south of Shijo that I like.

(1)　A.　I'm very good at cooking.

　　　B.　I eat them most of the time.

　　　C.　I'm really looking forward to it.

　　　D.　I'll cook as soon as I get home.

(2)　A.　She must be glad you love it so much.

　　　B.　She'll be glad you can help her.

　　　C.　You will probably miss eating out.

　　　D.　You can put up with it for a while, at least.

(3)　A.　Do you know a good hotel?

　　　B.　Will he stay at your place?

　　　C.　Is he coming on his own?

　　　D.　Do you know where to meet?

(4)　A.　I don't know if there are any temples.

　　　B.　I'm not sure what he wants to do.

　　　C.　It's hard to decide which is better.

　　　D.　He might not want to see a show.

(5)　A.　When did you last meet?

　　　B.　Haven't you been there before?

　　　C.　How often do you go out?

　　　D.　Do you know any good restaurants?

全訳

≪駅前でクラスメートに出会う留学生≫

　オーストラリアから日本に来ている交換留学生のデービッドが，偶然，京都駅の前でクラスメートのナオヤに会った。

デービッド：やぁ，ナオヤ。どこかに行くところ？

ナオヤ　　：こんにちは，デービッド。そう，家族に会いに実家に帰るんだ。

デービッド：いいねぇ！　家庭料理が食べられて嬉しいんじゃないの。

ナオヤ　　：僕はそれを本当に楽しみにしているんだ。お母さんの料理はすごい。どうやったらあんなに美味しくなるんだろう。

デービッド：それほど好きならお母さんも嬉しいに違いないね。実家ではゆっくりするの？

ナオヤ　　：残念ながら1週間だけなんだ。デービッドはどこか旅行に行くのかい？

デービッド：関西空港まで行くだけさ。高校時代の友人がしばらくの間，日本にやって来るんだ。

ナオヤ　　：彼は君の所に泊まるの？

デービッド：そうだよ。そんなに場所はないけど，大丈夫なんだ。

ナオヤ　　：お寺や神社に案内してあげるのかい？

デービッド：彼が何を望んでいるのかわからないんだ。彼に聞いてみないといけないな。

ナオヤ　　：まぁ，京都には魅力的なものがたくさんあるからね。やることはたくさん見つかるんじゃない。

デービッド：きっとその通りだね，ナオヤ。とにかく，僕らは最後に会ってからずいぶん経つんだ。最初の予定は夜に河原町に遊びに行くことになるだろうな。

ナオヤ　　：いいねぇ。良いレストランを知っているかい？

デービッド：ちょうど四条を下った所にいくつかお気に入りの場所があるんだ。

解　説

　駅で偶然出会った友人同士が，当日のそれぞれの予定について話し合っている。(3)と(5)は質問の内容を選ぶ問題なので，直後の答えの部分をしっかり確認したい。

空所補充　推定配点　20点（各4点）

(1)　**正解は　C** ──────────────────────────────── やや易

　A.「僕は料理がとても得意なんだ」

　B.「僕はほとんどいつもそれを食べているよ」

　C.「僕はそれを本当に楽しみにしているんだ」

D.「家に着いたらすぐに料理をしようと思っているんだ」

　直前のデービッドの発言では、「家庭料理が食べられて嬉しいんじゃないの」と家庭料理のことを話題にしている。また、ナオヤはこれから実家へ帰ろうとしており、普段は家庭料理を食べていないことがわかる。これらの点から、最も適切なのはCである。なお、Cの it が指しているのは to eat some home-cooked meals である。

⑵　正解は A ——————————————————————————— 標準

A.「それほど好きならお母さんも嬉しいに違いないね」

B.「君がお手伝いできればお母さんも喜ぶよ」

C.「君はおそらく外食が恋しくなるだろうね」

D.「少なくともしばらくの間なら我慢できるよ」

　直前のナオヤの発言に注目。「お母さんの料理はすごい。どうやったらあんなに美味しくなるんだろう」と母親の料理を絶賛したことを受けての発言なので、Aが最も適切である。ナオヤが手伝うかどうかについては話題になっていないのでBは不適。

⑶　正解は B ——————————————————————————— 標準

A.「良いホテルを知っているの？」

B.「彼は君の所に泊まるの？」

C.「彼はひとりで来るの？」

D.「どこで落ち合うか知っているの？」

　空所前後のデービッドの発言に注目。直前に「高校時代の友人が日本にやって来る」とあり、直後では「そんなに場所はないけれど大丈夫」と答えていることから、この友人はデービッドの所に泊まる予定なのだとわかる。したがって、彼の返事 Yes. に対応するのはBである。

⑷　正解は B ——————————————————————————— 標準

A.「お寺があるのかどうか知らないんだ」

B.「彼が何を望んでいるのかわからないんだ」

C.「どちらが良いかを決めるのは難しいね」

D.「彼はショーを見たくないかもしれないんだ」

　直前でナオヤが「お寺や神社に案内してあげるのかい？」と尋ねてきたことに対する返答である。直後でデービッドが「彼に聞いてみないといけないな」と述べていることから、寺社を案内するかどうかは友人の気持ち次第なのだと考えられる。この状況に最もふさわしいのはBである。

⑸　正解は D ——————————————————————————— やや難

A.「最後に会ったのはいつだったの？」

B.「前にそこに行ったことはないのかい？」

C.「どれくらい頻繁に外出するんだい？」

D.「良いレストランを知っているかい？」

　　直後のデービッドの発言に注目。「ちょうど四条を下った所にいくつかお気に入りの場所があるんだ」と答えているが，この「場所」は「河原町で夜を過ごす場所（＝レストラン）」だと考えてよい。よって最も適切な選択肢はDである。

(1)—C　(2)—A　(3)—B　(4)—B　(5)—D

解　答

5

目標解答時間 10分

次の会話文の空所(1)〜(5)に入れるのに最も適当なものをそれぞれA〜Dから一つずつ選び，その記号をマークしなさい。

Sho, a Japanese exchange student, and Tom meet on campus.

Tom: I just went to a really interesting lecture. It was part of a series of lectures offered by the Psychology Department.

Sho: _____
(1)

Tom: It was about nonverbal communication in different cultures.

Sho: What does "nonverbal" mean?

Tom: _____ Facial expressions, gestures, and
(2)
distance between speakers are common examples. For instance, in the US, if you stand too far away, the other person might think you are unfriendly.

Sho: I see. So, it's like in Japan in the old days when students often didn't look directly at the teacher.

Tom: _____
(3)

Sho: No, not at all. It was meant as a sign of respect.

Tom: Oh, American teachers might have mistaken that for trying to avoid communication.

Sho: Really? _____
(4)

Tom: I see. That's very interesting. It's another example of why nonverbal communication is as important as spoken language. We also often use facial expressions to show how we feel about something.

Sho: _____ Japanese people seem to use fewer and
(5)
less dramatic facial expressions than Americans.

(1)　A.　When was it given?

　　　B.　What was the topic?

　　　C.　Why did you go?

　　　D.　How did it go?

(2)　A.　It refers to cultures that avoid using reasons when they talk.

　　　B.　It refers to cultures that limit the free exchange of ideas.

　　　C.　It refers to communication without verbs in the sentences.

　　　D.　It refers to communication that doesn't involve words.

(3)　A.　Didn't that upset the teacher?

　　　B.　Didn't that happen in the US?

　　　C.　Did that show politeness?

　　　D.　Did that create a good atmosphere?

(4)　A.　That's a very important factor.

　　　B.　That would be a misunderstanding.

　　　C.　That's the reason why I said that.

　　　D.　That would be very rude behavior.

(5)　A.　I doubt there are many differences.

　　　B.　I doubt there are such people there.

　　　C.　I think that it depends on the culture.

　　　D.　I think that I probably do that.

全訳

≪日本人交換留学生とアメリカ人学生との会話≫
　日本人交換留学生のショウが大学構内でトムと出会う。

トム　　：たった今，本当に面白い講義に行ってきたところだよ。その講義は心理学部の連続講義の一つだったんだ。

ショウ：話題は何だったの？

トム　　：異なった文化におけるノンバーバル・コミュニケーションについての話だった。

ショウ：「ノンバーバル」ってどういう意味？

トム　　：言葉を伴わないコミュニケーションのことだよ。顔の表情，身振り，話者の間の距離などがその一般的な例なんだ。たとえば，アメリカで，君があまり離れたところに立っていれば，相手は君のことを愛想の悪い奴だと思うかもしれないよ。

ショウ：なるほど。それは昔の日本では学生があまり先生の顔をまっすぐ見ることがなかったみたいなことだね。

トム　　：それで先生は気分を害さなかったの？

ショウ：いや，全く違うよ。それは尊敬を示すものだった。

トム　　：それじゃあ，アメリカ人の先生ならコミュニケーションを避けようとしていると間違って受けとったかもしれないね。

ショウ：本当？　それは誤解だろうね。

トム　　：なるほど。それはとっても面白いねえ。それもノンバーバル・コミュニケーションがなぜ話される言葉と同じくらい重要なのかというもう一つの例だね。僕たちは，何かについてどう感じているかということを示すのに顔の表情を使うことも多いね。

ショウ：それはその文化によると思うよ。日本人はアメリカ人より劇的な顔の表情をすることは回数も少ないし，その程度も少ないんじゃないかな。

解説

　非言語的コミュニケーションについて，その例や文化による相違点などを話し合っている。(1)と(3)は質問の内容を選ぶ問題なので，直後の答えの部分に注目したい。

空所補充　推定配点　20点（各4点）

(1) 正解は B ─────────────────────────────── やや易

A.「いつあったの？」

B.「話題は何だったの？」

C.「なぜ行ったの？」

D.「進行はどうだったの？」

　直後のトムの発言に注目。「異なった文化におけるノンバーバル・コミュニケー

ションについての話だった」と答えているので，ショウは講義の話題について尋ねたのだと推測できる。他に有力な選択肢がなければDも候補になり得るが，Bの方がより適切である。

⑵　**正解は D** ———————————————————————————————— 標準

A.「話すときに根拠を用いることを避ける文化のことだよ」

B.「アイデアの自由なやり取りを制限する文化のことだよ」

C.「文の中で動詞を使わないコミュニケーションのことだよ」

D.「言葉を伴わないコミュニケーションのことだよ」

　ショウの「『ノンバーバル』ってどういう意味？」という質問に対して答えている部分である。トムは続けて「顔の表情，身振り，話者の間の距離などがその一般的な例なんだ」と述べており，これと矛盾なくつながるのはDである。

⑶　**正解は A** ———————————————————————————————— やや難

A.「それで先生は気分を害さなかったの？」

B.「それはアメリカでは起こらなかったの？」

C.「それは礼儀正しさを表していたの？」

D.「それでいい雰囲気が生まれたの？」

　直前でショウが「昔の日本では学生があまり先生の顔をまっすぐ見ることがなかった」と述べたことに対してトムが質問している箇所である。直後でショウが「いや，全く違うよ。それは尊敬を示すものだった」と述べていることから，「尊敬」とは逆の内容であったと考えられる。よってAが最も適切である。upset は「(人)を動揺させる，心配させる」という意味だが，ここでは「嫌な思いをさせる」ととらえるべきであろう。

⑷　**正解は B** ———————————————————————————————— 標準

A.「それはとても重要な要因だね」

B.「それは誤解だろうね」

C.「そういうわけで僕はそう言ったんだ」

D.「それはとても失礼な振る舞いだろうね」

　選択肢はいずれも That で始まっているが，その指示内容は直前のトムの発言の「アメリカ人の先生ならコミュニケーションを避けようとしていると間違って受けとったかもしれない」である。「間違って受けとる」は「誤解する」ということなので，Bが最も適切である。mistake *A* for *B*「*A* を *B* と取り違える」

⑸　**正解は C** ———————————————————————————————— やや難

A.「違いは多くないのではないかと思うよ」

B.「そんな人たちはそこにはいないと思うよ」

C.「それはその文化によると思うよ」

D.「僕はおそらくそれをするだろうと思うよ」

　直前のトムの「僕たちは，何かについてどう感じているかということを示すのに顔の表情を使うことも多いね」という発言を受けたものである。ショウが日本人はあまり顔の表情を使わないと続けていることから，彼は非言語的コミュニケーションも国によって異なるのだと言いたいことがわかる。よってCが最も適切である。

(1)—B　(2)—D　(3)—A　(4)—B　(5)—C

6

目標解答時間 10分

次の会話文の空所(1)〜(5)に入れるのに最も適当なものをそれぞれA〜Dから一つずつ選び，その記号をマークしなさい。

Adrian, a new exchange student from England, talks with Daisuke, a Japanese student.

Daisuke: Adrian, you look so angry. What happened?

Adrian: (1)_____ Or I'd rather not talk about it. Just don't ask.

Daisuke: Come on. You shouldn't keep your feelings inside. It'll make you even more miserable. So, talk to me.

Adrian: All right. This morning I took my bicycle to the repair shop near the university to have them change the front brake. The repairman took it to the back room, came back after just a few minutes, and (2)_____

Daisuke: That's too much! No wonder you're angry.

Adrian: Indeed, and he was rude. I told him it was expensive. He said something about the brakes and talked very fast.

Daisuke: Unbelievable! (3)_____

Adrian: No way! I don't want to go through the same experience.

Daisuke: (4)_____

Adrian: You would? It'd be very nice of you!

Daisuke: But tell me, Adrian, is this your bicycle?

Adrian: Yes, it is.

Daisuke: Well, I cannot help noticing that both the front and rear brakes are brand new.

Adrian:　　Oh! You're right! Both brakes must have been worn out. He must have changed them. _____ No wonder he charged me more than I expected. Maybe we don't need to go back.

<u>　(5)　</u>

(1)　A.　Nothing.

　　　B.　Don't mention it.

　　　C.　Why don't you guess?

　　　D.　Imagine something really bad.

(2)　A.　can you guess how much he asked?

　　　B.　charged me six thousand yen!

　　　C.　do you know what he said?

　　　D.　I didn't have enough money!

(3)　A.　I think the repairman should speak slowly in English.

　　　B.　The shop should train their staff to be more polite.

　　　C.　You should probably have asked them to discount the fee.

　　　D.　Maybe you should go back and ask for an explanation.

(4)　A.　I'd be happy to go with you, if you want me to.

　　　B.　I wouldn't be using that bicycle shop anymore.

　　　C.　I would suggest that you buy a new bicycle.

　　　D.　I wonder why you had to have such a bad experience.

(5)　A.　I understand why he didn't tell me the reason.

　　　B.　But he changed only the rear brake.

　　　C.　And he oiled the chain, too.

　　　D.　I told him to do so.

≪イギリス人留学生と日本人学生との会話≫

全訳　エイドリアンはイギリスから来た新しい交換留学生で，日本人学生のダイスケと話をしている。

ダイスケ　　：エイドリアン，とても怒った顔をしているけど。どうしたの？

エイドリアン：なんでもない。話したくもない。聞かないでくれ。

ダイスケ　　：そんなこと言うなよ。思っていることは心に押し込めない方がいいよ。言わなきゃ，余計惨めになる。さあ，言ってごらん。

エイドリアン：わかった。今朝，大学の近くの修理屋さんへ自転車を持って行って前輪のブレーキを換えてもらったんだ。修理工の人は自転車を奥の部屋へ持って行って，数分で戻ってきて僕に6千円も請求してきたんだ！

ダイスケ　　：それは多すぎるよ！　君が怒るのも無理はないよ。

エイドリアン：本当に，失礼な奴だよ。高すぎると言ったんだけど。ブレーキのことを何か言ったんだが，とても早口だったんだ。

ダイスケ　　：信じられない！　戻って説明を求めた方がよさそうだね。

エイドリアン：絶対嫌だよ！　あんな経験二度としたくないよ。

ダイスケ　　：君が望むなら，喜んで一緒に行くよ。

エイドリアン：本当？　それはありがたい！

ダイスケ　　：でも，ちょっといい，エイドリアン，これ君の自転車？

エイドリアン：そうだよ。

ダイスケ　　：えーと，前と後ろのブレーキ，両方とも全く新しいと気づかないわけにはいかないんだけどなあ。

エイドリアン：ああ！　その通りだ！　ブレーキはきっと両方とも擦り切れていたんだ。修理工は，両方とも取り換えたに違いない。チェーンに油も注してある。どうりで思ったより高い請求をしたわけだ。たぶん，もう一回行く必要はないね。

解説

　イギリスからの交換留学生が自転車店で高額の請求を受けたことで日本人学生と話し合っている。平叙文の選択肢がほとんどなので，直前と直後の両方の表現に注意して正解を予想する必要がある。

空所補充　推定配点　20点（各4点）

(1)　正解は A 〔やや易〕

A.「なんでもない」

B.「どういたしまして」

C.「何だと思う？」

D.「本当に悪いことを想像して」

　直前のダイスケの「とても怒った顔をしているけど。どうしたの？」と，直後の
エイドリアンの「話したくもない。聞かないでくれ」に注目。エイドリアンは何か
に対して腹を立てており，話したくもないと思っているのでAが最も適切である。
その後のダイスケの「さあ，言ってごらん」もヒントになる。

(2)　正解は B 標準

　A.「彼がいくら請求してきたかわかるかい？」

　B.「僕に6千円も請求してきたんだ！」

　C.「彼が何て言ったかわかるかい？」

　D.「持ち合わせが足りなかったんだ！」

　直後でダイスケが「それは多すぎるよ！」と発言していることから，エイドリア
ンは具体的な数字を伝えたのだと考えられる。よってBが最も適切である。
charge *A B*「*A*（人）に *B*（料金）を請求する」

(3)　正解は D ─────────── やや難

　A.「修理工の人は英語でゆっくりと話すべきだと思うよ」

　B.「店は店員をもっと礼儀正しくするよう教育すべきだね」

　C.「君はおそらく料金をまけてくれるよう求めるべきだったね」

　D.「戻って説明を求めた方がよさそうだね」

　直後でエイドリアンが「絶対嫌だよ！　あんな経験二度としたくないよ」と述べ
ている点に注目。つまり，あの自転車屋へは二度と行きたくないという意味である
と考えられる。この応答にふさわしいのは「（店に）戻る」という表現を含むDで
ある。

(4)　正解は A ─────────── 標準

　A.「君が望むなら，喜んで一緒に行くよ」

　B.「その自転車屋はもう使わないよ」

　C.「新しい自転車を買うことを勧めたいね」

　D.「君はなぜそんな嫌な経験をしなければならなかったんだろうね」

　直後でエイドリアンが You would？と聞いており，これはダイスケの I would
…という発言を受けたものであると考えられる。よってA・Cが候補となるが，(3)
の答えである「戻って説明を求める」や，エイドリアンの「本当？　それはありが
たい（ありがとう）！」と関連させるとAが最も適切である。

(5)　正解は C やや難

　A.「なぜ彼が僕に理由を言わなかったのか理解できるよ」

　B.「でも彼は後ろのブレーキだけしか取り換えなかったんだ」

　C.「チェーンに油も注してある」

　D.「そうするように僕が言ったんだ」

　修理工が不当な請求をしたのではなかったことに気づく場面である。「(ブレーキを) 両方とも取り換えたに違いない」と「どうりで思ったより高い請求をしたわけだ」との間に入るコメントとしては, 修理工のサービスのよさを示しているＣが最も適切である。

(1)—A　(2)—B　(3)—D　(4)—A　(5)—C

7

目標解答時間　10 分

次の会話文の空所(1)～(5)に入れるのに最も適当なものをそれぞれA～Dから一つずつ選び，その記号をマークしなさい。

Haruo, an exchange student in the UK, is at a flea market in London with his friend John.

Haruo:　Look over there, John.　What is that woman doing?

John:　(1)＿＿＿＿＿＿＿＿＿＿ Oh, I see.　She's doing tattoos.　Do you know what a tattoo is?

Haruo:　Isn't that where you get a kind of ink under your skin to make a painting on your body?

John:　(2)＿＿＿＿＿＿＿＿＿＿ Are tattoos popular in Japan, too?

Haruo:　No, people rarely get tattooed in Japan.　It's not considered appropriate.

John:　I'm surprised!　Tattoos are really popular here—especially among young people.

Haruo:　John, look at the woman's sign.　(3)＿＿＿＿＿＿＿＿＿＿

John:　Why do you say that?

Haruo:　Her sign says "henna tattoos."　"Henna" means "strange" in Japanese.

John:　(4)＿＿＿＿＿＿＿＿＿＿ But in English, "henna" has nothing to do with being strange.

Haruo:　Is henna also an English word then?

John:　Yes, it means a kind of coloring, or dye.　The tattoos she is doing are traditional Indian designs, and they wash off in a few days.

Haruo:　(5)＿＿＿＿＿＿＿＿＿＿ Now *that* really is strange!

(1)　A．Which woman?

　　　B．Who is she?

　　　C．She's selling bread.

　　　D．She's looking good.

(2)　A．Oh, really?

　　　B．Probably not.

　　　C．Yes, that's right.

　　　D．Certainly she does.

(3)　A．I wonder what it looks like.

　　　B．I wonder if she knows Japanese.

　　　C．I wonder why she opened the shop.

　　　D．I wonder where she lives.

(4)　A．That's interesting.

　　　B．What is tattoo in Japanese?

　　　C．I don't understand why.

　　　D．Pardon me?

(5)　A．What other colors is she using?

　　　B．Do you like her designs?

　　　C．Who taught her to paint like that?

　　　D．Tattoos that wash off?

全訳

≪蚤の市での会話≫

　英国に来ている交換留学生のハルオは，友人のジョンとロンドンの蚤の市に来ている。

ハルオ：あそこを見て，ジョン。あの女の人は何をしているのかな？

ジョン：どの女の人？　ああ，わかった。タトゥーをしているんだよ。タトゥーって，何のことか知ってる？

ハルオ：体に絵を描くのに皮膚の下に一種のインクを入れるところじゃなかったっけ？

ジョン：そのとおりだよ。日本でもタトゥーはよくするの？

ハルオ：いいや，日本ではタトゥーをしてもらうことはめったにないね。ふさわしいものじゃないと思われているんだ。

ジョン：それはびっくりだなあ。タトゥーはこちらではとても人気があるよ。特に若者の間ではね。

ハルオ：ジョン，女の人が出している看板を見てよ。あの人日本語を知っているのかな。

ジョン：どうしてそう言えるの？

ハルオ：彼女の看板に「へんなタトゥー」って書いてあるよ。「へんな」は日本語で「奇妙な」っていう意味なんだ。

ジョン：それはおもしろいや。でも，英語では "henna" は奇妙だってことと何の関係もないよ。

ハルオ：じゃあ，henna も英語なの？

ジョン：そうだよ。着色料，染料の一種を意味しているんだ。彼女がしているタトゥーはインドの伝統的なデザインで，2，3日したら水で落ちるよ。

ハルオ：洗い流せるタトゥーだって？　今度はそれが実にへんだね。

解　説

　日英のタトゥー文化の違いについての会話である。日本語のように見える英単語も出てくる。選択肢の中には，文法的に不適切で明らかに除外できるものはないので，意味の流れから正解を見つけられるかどうかがカギとなる。会話文自体はそれほど難しい表現もないので，確実に正解してほしい。

空所補充　推定配点　20点（各4点）

(1)　正解は **A** ━━━━━━━━━━━━━━━━━━━━━━━━━━━ 標準

A．「どの女の人？」

B．「彼女は誰？」

C．「彼女はパンを売っています」

　　D.「彼女は外見がいいですね」

　ハルオの「あの女性は何をしているのかな？」という質問に対するジョンの答えは、空所の部分ではなく後続の「彼女はタトゥーをしている」の部分である。つまり、何かを確認しようとして、「ああ、わかった」という発言につながったのだと考えられる。よって確認のための質問であるAが正解。

(2)　**正解は C** ──────────────────────────────── 標準

　　A.「えっ、本当？」

　　B.「たぶんそうではないです」

　　C.「ええ、そのとおりです」

　　D.「確かに彼女はそうします」

　直前でハルオが「それは皮膚の下に一種のインクを入れて体に絵を描く場所じゃないかな？」と尋ねているので、これに対する返答の部分であると考えられる。タトゥーは確かにハルオの説明どおりのものであるから、正解はCである。

(3)　**正解は B** ──────────────────────────────── 標準

　　A.「それはどのように見えるのかな」

　　B.「彼女は日本語を知っているのかな」

　　C.「彼女はなぜその店を開いたのかな」

　　D.「彼女はどこに住んでいるのかな」

　直後でジョンが「どうしてそんなことを言うの？」と尋ね、それに対してハルオが「彼女の看板に『へんなタトゥー』と書いてあるよ。『へんな』は日本語で『奇妙な』という意味なんだ」と答えている。つまり、日本語が話題になっているのだと考えられる。よってBが最も適切である。

(4)　**正解は A** ──────────────────────────────── やや難

　　A.「それはおもしろいね」

　　B.「タトゥーは日本語で何と言うの？」

　　C.「僕には理由がわからないよ」

　　D.「もう一度言ってくれないかな」

　ジョンが続けて「でも、英語では、"henna" は奇妙であることとは何の関係もないよ」と発言している点に注意。「でも」と逆接的に受けるのにふさわしい内容はAであり、B〜Dでは意味がつながらない。

(5)　**正解は D** ──────────────────────────────── 標準

　　A.「彼女は他にどんな色を使っているの？」

　　B.「彼女のデザインは気に入ってる？」

　　C.「彼女にそんな描き方を教えたのは誰だろう？」

　　D.「洗い流せるタトゥーだって？」

　直前でジョンが「数日したら水で洗い落とせるよ」と述べている点がヒントとな

る。ハルオが直後で Now *that* really is strange！「今度はそれが実にへんだね」と述べているが，この *that* はタトゥーが洗い流せるということを指している。つまり，空所部分はその点についてハルオが言及している箇所であると考えられるので，Dが最も適切である。

(1)—A (2)—C (3)—B (4)—A (5)—D

解　答

8

目標解答時間 10 分

次の会話文の空所(1)〜(5)に入れるのに最も適当なものをそれぞれ A 〜 D から一つずつ選び，その記号をマークしなさい。

Mary, an American exchange student, meets her friend, Yuki, on campus.

Yuki: A friend of mine from Thailand is coming to visit Japan next week.

Mary: That's nice. _____
(1)

Yuki: We met at the language school I went to in Australia.　She was studying English, too.

Mary: Does she have any plans for what she will do in Japan?

Yuki: Well, she is only going to spend two nights in Osaka, and she would like to visit Kyoto.　So I am going to take her around Kyoto next Friday.

Mary: What will you take her to see in Kyoto?

Yuki: _____ But there are plenty of places we could
(2)
visit.　My real problem is deciding where to take her for a meal in Umeda in Osaka on Friday evening.

Mary: _____
(3)

Yuki: Yes.　But what kind do you think would be suitable?

Mary: I don't know.　Perhaps it should be something typical of Osaka—like *okonomiyaki*.

Yuki: _____ But there is another problem.　It will
(4)
probably be very difficult to find a restaurant in Umeda that is not full on Friday evening.

Mary: Yes. _____
(5)

(1)　A.　How do you know her?

　　B.　Where is she from?

　　C.　Why is she coming to Japan?

　　D.　When will she arrive?

(2)　A.　What would you suggest?

　　B.　Do you think Kyoto is a good idea?

　　C.　I haven't decided yet.

　　D.　I can't think of anything.

(3)　A.　Why don't you eat in Kyoto?

　　B.　Don't you know the area very well?

　　C.　Well, I wouldn't take her to a Japanese restaurant.

　　D.　Well, it should definitely be a restaurant with Japanese food.

(4)　A.　That's a good idea.

　　B.　If you like.

　　C.　I don't think so.

　　D.　Let's go together.

(5)　A.　Umeda is a very expensive place to eat.

　　B.　Umeda is always very crowded then.

　　C.　Umeda is so hard to find on weekends.

　　D.　Umeda is usually empty on Fridays.

全 訳

≪タイからの友人を案内することに関する会話≫

　アメリカ人の交換留学生メアリーはキャンパスで友人のユキに会う。

ユキ　　：タイの友人が来週日本に来るのよ。

メアリー：それはよかったね。どうやって知り合ったの？

ユキ　　：私がオーストラリアで通っていた語学学校で出会ったの。彼女も英語を勉強していたのよ。

メアリー：彼女は日本で何をする予定なの？

ユキ　　：ええと，大阪に2泊する予定なんだけど，京都を訪れたいそうよ。だから，今度の金曜は彼女に京都を案内するつもりなの。

メアリー：彼女を京都のどこに案内するの？

ユキ　　：まだ決めてないの。でも，京都には行くところがたくさんあるわ。本当に問題なのは金曜の夜，大阪の梅田のどこに食事に連れて行くかを決めることよ。

メアリー：そうね，絶対和食レストランにするべきよ。

ユキ　　：ええ。でも，どんなものならいいと思う？

メアリー：わからないわ。お好み焼きみたいな大阪らしいものがいいかもね。

ユキ　　：それはいい考えね。でも，もうひとつ問題があるの。金曜の夜にすいているレストランを梅田で見つけるのはとても大変だわ。

メアリー：そうね。梅田はその時間はいつもとても込んでいるものね。

解 説

　日本を訪問する予定の外国の友人を案内する，という話題で話し合っている。難解な語彙や表現はほとんどないので確実に正解してほしい。カギになるのは接続詞の使い方と Yes / No の返答。これによりどんな発言であったかを推測することができる。

空所補充　推定配点　20点（各4点）

(1)　**正解は A** ──────────────────────────────── 標準

　A．「彼女とどうやって知り合ったの？」

　B．「彼女はどこの出身なの？」

　C．「なぜ彼女は日本に来るの？」

　D．「彼女はいつ到着するの？」

　直後のユキの発言に注目する。「私がオーストラリアで通っていた語学学校で出会ったの」と，タイの友人と知り合った経緯が述べられている。したがって，それを返事として求める発言があったのだと考えられる。これに合致するのはAである。How do you know ～ ? は，～（人）との関係を尋ねるときの表現である。

(2)　**正解は C** ————————————————————————————————— 標準

　A.「どこがおすすめ？」

　B.「京都はいい案だと思う？」

　C.「まだ決めてないの」

　D.「何も思いつかないわ」

　　メアリーの「彼女を京都のどこに案内するの？」という質問に対する返答の部分。B以外の3つが候補となるが，直後のユキの発言が「でも，京都には行くところがたくさんあるわ」と続いているので，逆接の関係にあるものが正解となる。あてはまるのはCである。

(3)　**正解は D** ————————————————————————————————— やや難

　A.「京都で食事をするのはどう？」

　B.「そのあたりはあまり知らないの？」

　C.「そうね，私だったら和食のレストランには連れて行かないわ」

　D.「そうね，絶対和食レストランにするべきよ」

　　直前のユキの発言を見ると，友人を大阪の梅田のどこに食事に連れて行ったらいいか迷っていることがわかる。また，直後のユキの発言「ええ。でも，どんなものならいいと思う？」から，メアリーが大まかな提案をして，ユキがそれを具体化しようとしていることがわかる。この流れに最も合致するのはDである。

(4)　**正解は A** ————————————————————————————————— 標準

　A.「それはいい考えね」

　B.「もしお好みなら」

　C.「そうは思わないわ」

　D.「一緒に行きましょう」

　　直後のユキの発言「でも，もうひとつ問題があるの」に注目する。(2)と同様に，逆接の But で続いていることから，「あなたの意見には賛成だけれど別の問題がある」という意味が含まれているのだと考えられる。この流れに矛盾しないのはAである。

(5)　**正解は B** ————————————————————————————————— 標準

　A.「梅田は食事をするにはとてもお金がかかる場所ね」

　B.「梅田はその時間はいつもとても込んでいるものね」

　C.「週末に梅田を見つけるのはとても難しいわ」

　D.「梅田は普段金曜には人がいないのよ」

　　直前のユキの発言「金曜の夜にすいているレストランを梅田で見つけるのはとても大変だわ」に対して，「そうね」と肯定的に受け止めていることから，メアリーもユキの意見に賛同していることがわかる。よってBが最も適切である。

(1)—A (2)—C (3)—D (4)—A (5)—B

9　2014年度　全学部日程・センター中期2月7日実施分〔Ｉ〕Ａ

目標解答時間　10分

次の会話文の空所(1)～(5)に入れるのに最も適当なものをそれぞれＡ～Ｄから一つずつ選び，その記号をマークしなさい。

Rie, an exchange student from Japan, and Karen, an American student, make plans for the evening.

Rie:　　I need a break.　Do you feel like going to karaoke tonight?

Karen:　_____(1) Which karaoke bar do you want to go to?

Rie:　　I was thinking of Rick's Place.　We could walk there.　It's close.

Karen:　_____(2) It's rather dirty and the sound isn't very good.

Rie:　　Where would you prefer to go?

Karen:　I like Cacophony.　It's a beautiful building, it has new equipment, and it's downtown, so it's really convenient.

Rie:　　That's a bit far, isn't it?

Karen:　_____(3) But if we leave soon, we'll get there in time to have something to eat before we start karaoke.

Rie:　　What a great idea!_____(4)

Karen:　We could eat sushi at Shogun.

Rie:　　That would be great._____(5)

Karen:　Really?　I go every week.

(1)　A.　I don't think I do.

　　　B.　I'd love to.

　　　C.　It was yesterday, not tonight.

　　　D.　I wish I could.

(2)　A．Yes, but it's too far.

　　　B．Yes, and it's a nice place.

　　　C．It is, but I don't like it that much.

　　　D．It's a nice walk and the weather is good.

(3)　A．It's very close.

　　　B．Not at all.

　　　C．I have no idea.

　　　D．That's true.

(4)　A．Do you have a restaurant in mind?

　　　B．How will we get there?

　　　C．Have I been to that restaurant before?

　　　D．Are you sure we can?

(5)　A．Even though I'm Japanese, I hate sushi.

　　　B．I haven't had sushi since I left Japan.

　　　C．Didn't you have sushi for lunch?

　　　D．But will we have enough time?

全訳

≪日本からの交換留学生とアメリカ人学生との対話≫

　日本からの交換留学生リエとアメリカ人学生のカレンは，その晩の予定を立てている。

リエ　：ひと休みしたいわ。今夜カラオケへ行きたいと思わない？

カレン：そうしたいわ。どのカラオケ店に行きたいの？

リエ　：リックの店を考えてたの。歩いてでも行けるわ。近くよ。

カレン：ええ，でも，そんなに好きじゃないわ。かなり汚いし，それに，音もあまりよくないわ。

リエ　：あなたはどこへ行きたいの？

カレン：カコフォニーがいいわ。美しい建物だし，器材は新しいし，繁華街にあるから，本当に便利だわ。

リエ　：少し遠くない？

カレン：本当ね。でも，すぐに向かえば，カラオケを始める前に，何か食べて，遅れずに着けるわ。

リエ　：いい考えだわ！　心当たりのレストランがあるの？

カレン：ショーグンでお寿司はどうかしら。

リエ　：素敵。日本を出てから，お寿司を食べていないの。

カレン：本当に？　私は，毎週行ってるわ。

解　説

　その日の晩の過ごし方について相談している。複雑な表現や紛らわしい選択肢はなく，素直な設問である。比較的短時間で処理できるであろうし，正答率もかなり期待できるはずである。

空所補充　推定配点　20点（各4点）

(1)　**正解は　B**　━━━━━━━━━━━━━━━━━━━━━━━━　標準

A．「そうするとは思わないわ」

B．「そうしたいわ」

C．「昨日だったわ，今夜じゃなくて」

D．「行けたらいいのだけど」

　リエの質問「今夜カラオケに行きたいと思わない？」に対して，空所直後のカレンの発言が「どのカラオケ店に行きたいの？」となっていることから，カレンもカラオケに行きたいと思っていることがわかる。これに合致するのはBである。Dは仮定法過去の表現で，実際には行けないことが前提となっているので不適。

(2)　**正解は　C**　━━━━━━━━━━━━━━━━━━━━━━━━　標準

A．「ええ，でも遠すぎるわ」

B.「ええ，素敵なところね」

C.「そうね，でも私はそこをあまり好きじゃないわ」

D.「素敵な散歩道だし天気もいいわね」

　　直後のカレンの発言「かなり汚いし，音もあまりよくないわ」に注目する。特に逆接の接続詞もないので，空所部分はこの発言と同様の趣旨（否定的な意見）であると考えられる。よってCが正解。Aも否定的な意見だが，直前のリエの発言「近くよ」にYesで答えているのに「遠すぎる」は矛盾しているので不適。

(3)　正解は D ─────────────────────────────── 標準

A.「とても近くよ」

B.「全然そんなことないわ」

C.「わからないわ」

D.「本当ね」

　　直前のリエの発言「少し遠くない？」と直後のカレンの発言「でもすぐに向かえば，遅れずに着けるわ」から，カレンもそのカラオケ店が遠いと認めていることがわかる。よってDが最も適切である。

(4)　正解は A ─────────────────────────────── 標準

A.「心当たりのレストランがあるの？」

B.「どうやってそこに行くの？」

C.「私は以前そのレストランに行ったことがあるかしら？」

D.「そうできるという自信があるの？」

　　直後でカレンが「ショーグンでお寿司はどうかしら」と言っている点に注意。カレンの「カラオケの前に何か食べる」という提案を受けて，何を食べるか（あるいはどんなところで食べるか）について尋ねているのだと推測できる。これに最もふさわしいのはAである。

(5)　正解は B ─────────────────────────────── 標準

A.「私は日本人だけど，お寿司は嫌いなの」

B.「日本を出てから，ずっとお寿司を食べていないの」

C.「昼食にお寿司を食べなかった？」

D.「でも，時間は十分にあるかしら？」

　　直後でカレンが「本当？　私は毎週行ってるわ」と述べていることから，リエがお寿司屋をどれくらい利用しているかについての発言であったと考えられる。これに最もふさわしいのはBである。Aも可能性はあるが，もしリエがお寿司を嫌いなら直前の「素敵」という感想は矛盾するので不適。

(1)—B　(2)—C　(3)—D　(4)—A　(5)—B

解　答

10

目標解答時間 10分

次の会話文の空所(1)〜(5)に入れるのに最も適当なものをそれぞれＡ〜Ｄから一つずつ選び，その記号をマークしなさい。

Yoshio is talking to his friend John, an exchange student in Japan.

John:　　Hi, Yoshio. _____(1)_____

Yoshio:　Oh, not much. I'm just preparing to take an English language test.

John:　　That should be useful.

Yoshio:　Yeah, I think so. _____(2)_____ If I can do that, then it may help me to find a job when I graduate.

John:　　Yes, it could help.

Yoshio:　By the way, do you have any advice on how to study for the test?

John:　　_____(3)_____

Yoshio:　It's mainly about business English.

John:　　OK, then why not read the economics section of an English-language newspaper? You could read business magazines in English, too.

Yoshio:　I see. _____(4)_____ They are very expensive at book stores because the stores have to import them.

John:　　Yes, but you don't need to buy them if you go to your local or university library.

Yoshio:　I haven't gone to either one, but I'll give it a try.

John:　　Yes, you really should. Also, I suggest that you get a test book written in English.

Yoshio:　I have seen a lot of those. _____(5)_____

John:　　Well, I recommend ones that begin with a test that will show you what your strengths and weaknesses are.

Yoshio:　That's a good idea! I'll get one like that.

(1)　A．How're you?

　　　B．What're you doing?

　　　C．Long time no see.

　　　D．Nice weather today, isn't it?

(2)　A．I want to get a good score.

　　　B．But that's not important.

　　　C．I really don't know.

　　　D．I hope it is easy.

(3)　A．How long is the test?

　　　B．Why are you studying it?

　　　C．When do you take it?

　　　D．What kind of test is it?

(4)　A．Who is the best author of these books?

　　　B．Where can I buy a cheap one?

　　　C．When should I buy one?

　　　D．How can I find the store?

(5)　A．Can I also find them in the library?

　　　B．Will you take me to the book store?

　　　C．Can I ask you to buy me a good one?

　　　D．How do I choose the best one?

全訳

≪英語のテスト勉強についての会話≫

　　ヨシオは友達のジョン（日本に来ている交換留学生）と話をしている。

ジョン：やあ，ヨシオ。何をしているの？

ヨシオ：特に何も。英語のテストの勉強をしているだけだよ。

ジョン：それはためになるよね。

ヨシオ：うん，僕もそう思う。いい点数を取りたいなあ。もしいい点数が取れたら，卒業したときにいい仕事に就きやすくなるしね。

ジョン：そのとおりだね。

ヨシオ：ところで，テスト勉強の方法のことで何かアドバイスはある？

ジョン：それはどんな種類のテストなの？

ヨシオ：主にビジネス英語についてさ。

ジョン：うん，それなら英字新聞の経済欄を読んでみるといいよ。英語のビジネス雑誌も読んでみるといいね。

ヨシオ：わかった。でも，安いのを買うならどこで買えばいいかな？　本屋で買うと，輸入している分とても高いし。

ジョン：そうだね，地元の図書館か大学の図書館に行けば買わなくてもいいね。

ヨシオ：どちらも行ったことはなかったけど，行ってみるよ。

ジョン：本当に行くべきだよ。あと，英語で書かれたテストの本を買うといいよ。

ヨシオ：たくさん見たことはあるな。どうすれば一番いい本を選べるかな？

ジョン：そうだな，君の得意なことと不得意なことがわかるようなテストが初めについているものをすすめるよ。

ヨシオ：いい考えだ。そういう本を探してみるよ。

解 説

　日本人学生が，留学生から英語のテスト勉強についてアドバイスをしてもらっている。5問中4問が疑問文を選ぶ構成になっているので，返事（応答）の部分を特に注意して読んでほしい。

空所補充　推定配点　20点（各4点）

⑴　正解は B ――――――――――――――――――――――――――――標準

A.「元気？」

B.「何をしているの？」

C.「久しぶりだね」

D.「今日はいい天気だね」

　直後の Oh, not much. よりも，その次の I'm just preparing … の部分に注目する。「英語のテストの勉強をしているだけだよ」という意味なので，具体的な行為

を進行形で答えるような質問がされたのだと考えられる。よってBが最も適切である。

(2)　正解は A 標準

A.「いい点数を取りたい」

B.「でも，大切なのはそれじゃない」

C.「本当にわからないんだ」

D.「簡単だといいんだけど」

　この設問のみ選択肢が疑問文ではない。したがって，相手の返事よりも，ヨシオが続けて発した言葉に注目すべき。If I can do that ～「もしそれができれば～」は空所の行動を指していると考えられるので，卒業後の就職に役立つような内容を考えればよい。最も適切なのは，Aにある get a good score「いい点数を取る」である。

(3)　正解は D 標準

A.「テストの長さはどれくらい？」

B.「なぜそれを勉強しているの？」

C.「いつそれを受けるの？」

D.「それはどんな種類のテストなの？」

　直後のヨシオの言葉に注目。「主にビジネス英語について」と，テストの内容について説明している。したがって，どんな種類のテストなのかを尋ねたのだと考えられる。最も適切なのはDである。

(4)　正解は B やや難

A.「こういった本で，最も適切な著者は誰かな？」

B.「安い本はどこで買えるかな？」

C.「いつ本を買えばいいかな？」

D.「どうしたらお店を見つけられるかな？」

　Who, Where, When, How の4つの疑問詞から適切なものを選ぶ。直後のジョンの言葉に「地元の図書館か大学の図書館に行けば」とあることから，場所をトピックにして話していることがわかる。よって，ヨシオは場所に関連する質問をしたのだと考えられる。最も適切なのはBで，書店で買うと高いので安く買える場所を尋ねたのである。

(5)　正解は D 標準

A.「図書館でそれも見つけられるかな？」

B.「その書店まで連れて行ってくれない？」

C.「いい本を僕に買ってくれないかな？」

D.「どうすれば一番いい本を選べるかな？」

　直後のジョンの言葉に注目。ones＝books なので，「～な本をすすめるよ」とお

すすめの本について説明している。したがって、「どんな本がいいのか」というような内容の質問であったと考えられる。最も適切なのはDである。

(1)—B　(2)—A　(3)—D　(4)—B　(5)—D

解　答

11 2022年度　全学日程・共通テスト併用2月1日実施分〔I〕B

目標解答時間 15分

　　下の英文A〜Fは，一つのまとまった文章を，6つの部分に分け，順番をば
らばらに入れ替えたものです。ただし，文章の最初にはAがきます。Aに続け
てB〜Fを正しく並べ替えなさい。その上で，次の(1)〜(6)に当てはまるものの
記号をマークしなさい。ただし，当てはまるものがないもの(それが文章の最
後であるもの)については，Zをマークしなさい。

(1)　Aの次にくるもの

(2)　Bの次にくるもの

(3)　Cの次にくるもの

(4)　Dの次にくるもの

(5)　Eの次にくるもの

(6)　Fの次にくるもの

A．Staple foods such as rice and bread are well known around the world,
but one lesser-known staple food that is gaining attention is quinoa,
which is a kind of seed harvested from a plant of the same name.

B．One of these has to do with nutrition. To begin with, as a seed,
quinoa contains a large amount of fiber, which we now know is an
essential nutrient for digestion, weight management, and the
regulation of blood sugar. In addition, it is a great source of lean
protein, meaning it can be used to build and maintain muscle at the
cost of little fat.

C．Long before quinoa started spreading to other areas, it was
cultivated in the Andean region of northwestern South America,
primarily in the region that is present-day Peru and Bolivia. While

it was initially used to feed livestock, people began consuming it some 4,000 years ago, and for some good reasons.

D. Given these benefits, it should come as little surprise that the consumption of quinoa has increased worldwide in recent years, and it is probably safe to say that this trend will continue into the foreseeable future. So why not give it a try yourself sometime?

E. Aside from this, quinoa conveniently pairs quite well with many kinds of food. As a result, more and more people are including quinoa as part of their diet.

F. Quinoa's growing popularity in many regions can be attributed to various factors. But what are quinoa's origins?

≪人気上昇，キノア≫

全訳

A．米やパンのような主食は世界中によく知られている。しかし，あまり知られていないが今注目を集めている一つの主食がある。それはキノアである。キノアは同じ名前の植物から収穫される一種の種である。

F．多くの地域でキノアの人気が高まっているのには様々な要因があり得る。しかし，キノアの起源は何だろうか？

C．キノアが他の地域へ普及し始めるまで，南アメリカの北西部のアンデス地域，主に現在のペルーとボリビアに相当する地域で長い間栽培されていた。初めは家畜の飼料に使われていたが，4000年くらい前に人間もキノアを食べ始めた。それにはちゃんとした理由がいくつかあった。

B．これらの理由の一つは栄養と関係がある。第一に，種子としてキノアには大量の繊維が含まれているが，現在知られているように繊維は消化，体重管理，血糖値の調整などに必要不可欠な栄養分である。さらに，キノアは素晴らしいリーンプロテイン源，つまり脂肪分をほとんどつけることなく筋肉を作り，維持するために使うことができるのである。

E．このことは別にして，便利なことにキノアは多くの他の食べ物と非常によく合う。その結果，自分たちの食事の一部にキノアを含める人々がますます増えてきているのである。

D．これらの利点を考えると，近年キノアが世界中でますます食べられるようになったのもそれほど驚くべきことでもない。また，近い将来においてもこの傾向は続くと言ってもおそらく大丈夫であろう。そうであるならば，あなたもいつか食べてみたらどうであろうか？

解説

　この英文では，主食の一つとしてキノアに注目が集まっていることが述べられている。Bのthese，Dのthese benefits，Eのthisなどの指示語が何を指しているかを考えることで段落のつながり方が見えてくる。

パラグラフの整序　推定配点　24点（各4点）

正解は　(1)—F　(2)—E　(3)—B　(4)—Z　(5)—D　(6)—C ——————— 標準

　Aで述べられているのは，キノアという主食が今注目を集めているという導入である。Aの gaining attention「注目を集めている」を受けて，Fの「人気が高まっているのには様々な要因があり得る」につながっているのだと考えられる。よってA→Fとなる。

　Bは冒頭の One of these に注目する。この these は直前の段落の最終部分で述べられている複数形の名詞を受けていると考えられる。これに合致するのはCの some good reasons「いくつかのちゃんとした理由」である。よってC→Bとな

る。

　C→Bとなることから，Bでは人間がキノアを食べ始めた理由の一つが述べられていると考えられる。したがって，直後の段落では別の理由が述べられているはずである。Eの Aside from this「このこと（Bで述べられている理由）は別にして」以降がそれにあたると推測できる。よってB→Eとなる。

　Dのキーワードは these benefits「これらの利点」である。これはBおよびEで述べられているキノアの利点を受けていると考えられる。よってE→Dとなる。また，Dの最終文「あなたもいつか食べてみたらどうであろうか？」はこの英文全体の結びになっていると考えられる。よってこの英文はDで完結する。

　Fは最終文の「キノアの起源は何だろうか？」に注目する。これに続く段落では，キノアの起源についての説明があると考えられる。これにあたるのはCである。よってF→Cとなる。

　以上のことから，この文章の正しい順序はA→F→C→B→E→Dである。

(1)—F　(2)—E　(3)—B　(4)—Z　(5)—D　(6)—C

解 答

12　2021年度　全学日程・共通テスト併用2月7日実施分〔Ⅰ〕B

目標解答時間　15分

　下の英文A〜Fは，一つのまとまった文章を，6つの部分に分け，順番をばらばらに入れ替えたものです。ただし，文章の最初にはAがきます。Aに続けてB〜Fを正しく並べ替えなさい。その上で，次の(1)〜(6)に当てはまるものの記号をマークしなさい。ただし，当てはまるものがないもの(それが文章の最後であるもの)については，Zをマークしなさい。

(1)　Aの次にくるもの

(2)　Bの次にくるもの

(3)　Cの次にくるもの

(4)　Dの次にくるもの

(5)　Eの次にくるもの

(6)　Fの次にくるもの

A．Several types of plants and creatures produce light through a process known as "bioluminescence." One of these is the glowworm. It may not be as romantic as the firefly, but it is just as interesting.

B．What is more difficult to understand is *how* the biochemical process allows the worms to produce light. Surprisingly, it is one of the most efficient uses of energy in the history of living creatures on Earth.

C．Actually, neither are flies or worms: Fireflies are beetles, and glowworms are usually either beetles or their larvae (babies). The major difference between them is that fireflies fly, while glowworms remain stationary. Fireflies glow to attract a mate, so why do glowworms glow?

D. The glow of a glowworm is only about two to 10% heat; the rest is light. That means a glowworm wastes hardly any energy. By comparison, the best LED lights still lose about 50% of their energy in heat.

E. In this way, glowworms offer a hint about how humans can develop better technologies. The humble glowworm may hide away in a cave, but its biochemistry may help shine a light on future energy efficiencies that can benefit humankind.

F. They do so to catch their dinner, suspending sticky threads from the cave ceilings in the hope that flying insects will follow their light and be caught in the threads. In this respect, they resemble some spiders.

全訳

≪グローワームの発光メカニズムが意味するもの≫

A．いくつかの種類の植物や生き物は，「生物発光」として知られる作用を通して光を作り出す。このうちの1つがグローワームである。ホタルほどロマンチックではないかもしれないが，ホタルと同様実に興味深い。

C．実は，どちらもフライ（＝ハエ）でもないしワーム（＝足のない虫）でもない。ホタルは甲虫で，グローワームはたいてい甲虫かその幼虫のどちらかである。両者の大きな違いは，ホタルは飛ぶがグローワームは静止したままであるという点だ。ホタルが発光するのは求愛のためなのだが，グローワームはなぜ発光するのだろうか？

F．彼らが発光するのはエサを捕まえるためで，洞窟の天井から粘着性の糸をたらして，飛行中の昆虫が光を追いかけてきてその糸にひっかかることを期待しているのである。この点で，彼らはクモに似ている。

B．さらに理解しがたいのは，どのような生化学的過程によってグローワームが光を発するのかという点である。驚くべきことに，それは地球上の生き物の歴史の中で，最も効率的なエネルギー利用の1つなのである。

D．グローワームの発光のうち，熱はわずか2～10パーセントで，残りは光である。これは，グローワームはほとんどエネルギーを無駄遣いしていないという意味である。それと比較すると，最もすぐれたLED電球でも，エネルギーの50パーセントほどが熱で失われてしまうのだ。

E．このように，グローワームは，人類がよりすぐれた技術を開発できる方法についてのヒントを提供してくれている。つつましいグローワームは，洞窟の中に隠れているかもしれないが，その生化学は人類に役立つような将来のエネルギー効率に光を当てる一助となるかもしれない。

解説

　グローワームの発光メカニズムを説明する英文である。一目でわかるディスコースマーカーはそれほど多くないので，どのように論が展開されているかを予想しながら読んでいくことになる。発光生物の例示（ホタルとグローワーム）→両者の説明→グローワームの発光の目的→グローワームの発光効率→効率を数字で説明→まとめの順である。

パラグラフの整序　　推定配点　24点（各4点）

正解は　(1)—C　(2)—D　(3)—F　(4)—E　(5)—Z　(6)—B ──────　やや難

　Aでは，生物発光の例として，ホタルとグローワームが取り上げられている。以降はこれらの生物についての詳しい記述が続くと考えられる。ここで，Cの第1文の neither are flies or worms「どちらもフライでもワームでもない」はホタルとグローワームのことであり，後続の文で実際に両者の説明が行われている。よって

A→Cとなる。

　Bのキーワードは the most efficient uses of energy「最も効率的なエネルギー利用」である。後続の段落では，この効率の高さについて詳しく説明されていると予想される。それにあたるのはDの第1文 The glow of … light.「グローワームの発光のうち，熱はわずか2〜10パーセントで，残りは光である」である。よってB→Dとなる。

　Cは最終文後半部分に注目する。why do glowworms glow?「グローワームはなぜ発光するのか？」という疑問文で終わっているので，これに続く段落でその理由が説明されていると考えられる。ここでFに注目すると，冒頭の They do so「彼らはそうする」は「グローワームは発光する」を指していることがわかる。よってC→Fとなる。

　前述のとおり，Dではグローワームの発光効率の高さが説明されているが，Eの冒頭の In this way「このように」はDの内容を受けており，それが人間の技術開発のヒントになるとまとめられていると推測できる。よってD→Eとなって，Eのまとめで本文は完結する。

　以上のことから，この文章の正しい順序はA→C→F→B→D→Eである。

(1)—C　(2)—D　(3)—F　(4)—E　(5)—Z　(6)—B　　解答

13

目標解答時間　15 分

　　下の英文A〜Fは，一つのまとまった文章を，6つの部分に分け，順番をば
らばらに入れ替えたものです。ただし，文章の最初にはAがきます。Aに続け
てB〜Fを正しく並べ替えなさい。その上で，次の(1)〜(6)に当てはまるものの
記号をマークしなさい。ただし，当てはまるものがないもの(それが文章の最
後であるもの)については，Zをマークしなさい。

(1)　Aの次にくるもの

(2)　Bの次にくるもの

(3)　Cの次にくるもの

(4)　Dの次にくるもの

(5)　Eの次にくるもの

(6)　Fの次にくるもの

A. I know that stealing is wrong. But sometimes we take things that
do not belong to us. These items bring out our mischievous side and
give us secrets to treasure.

B. So memories of these people in this place are why I stole. The print
has only been in my possession for a few months, but I already feel
like I couldn't live without it. If my apartment caught on fire, it
would be the first item I'd take.

C. And so, inspired by these stories, I decided to share a story about a
stolen object of my own. I didn't steal it, exactly, but when I discovered
this photo of my grandparents in a family album, I knew I had to
make it my own.

D．Sometimes, they become our most loved possessions. The blog called "I Stole This From You" is a website for posting about these bits of wrongdoing.

E．My grandmother, Josephine Amitrano, and grandfather, Vincent Caporimo, are standing beneath a pier in Brooklyn's Coney Island, quite near to where they met when they were nine and ten years old and started dating. Although they've both passed away, I still see these smiles when I think of them.

F．Accompanied by beautiful hand-drawn images and submitted anonymously, these tales come together to create an online forum where old photos are stolen from ex-boyfriends and a pair of dancing shoes mysteriously disappear from your closet. These confessions have both guilt and delight, and something beautiful about them.

≪ちょっとした「盗み」と「宝物の秘密」≫

全訳

A. 盗みは悪いことだとわかっている。しかし，私たちは時々自分のものでないものを取ることがある。これらのものは人間のいたずら心を明らかにし，宝物の秘密を教えてくれるのである。

D. 時に，そういうものは自分が持っている物の中で最も大切なものになる。「これを私はあなたから盗んだ」というブログは，このような悪いことの数々を投稿するサイトである。

F. （これらの話には）美しい手描きの絵が添えられ，匿名で投稿されているが，このような話がいくつも集まってネット上にフォーラムを作っており，そこでは，元恋人であった人から盗んだ古い写真，クローゼットから不思議なことに消えてしまったダンスシューズなどについて語られている。このフォーラムにある告白には罪の意識と喜びの両方が見られ，そこには何か美しいものがあるのだ。

C. それで，これらの話に刺激を受けた私は，私自身の盗んだ物の話をすることにした。正確に言えば，私はそれを盗んではいないが，家族のアルバムに祖父母の写真を見つけたとき，それを自分のものにしなければならないと思ったのだ。

E. 私の祖母ジョセフィーヌ＝アミトラーノと祖父ヴィンセント＝カポリモが立っているのは，ブルックリンのコニー・アイランドにある桟橋の下である。そこは，祖父母が9歳と10歳でデートし始めたときに待ち合わせたところにかなり近い場所だった。2人とも今では亡くなっているけれども，私は2人のことを思うと，彼らがこうして微笑んでいる姿が今でもまぶたに浮かぶ。

B. それで，この場所にいるこの人たちの思い出が私が物を盗んだ理由なのである。その写真が私の所有物になってから数カ月にしかならないが，すでに私は，それがないと生きていけない気持ちになっている。もし私が住んでいるアパートが火事になったりしたら，それは私が最初に持ち出すものだろう。

解　説

　誰でもちょっとした盗みを働いてしまい，それが自分にとっての宝物になることもあるという内容の英文である。この文章は（結論）→（一般的な例）→（自分自身の体験談）という構成になっている。この流れに気づけば比較的短時間で正解にたどり着けるだろう。

パラグラフの整序　　推定配点　24点（各4点）

正解は　(1)—D　(2)—Z　(3)—E　(4)—F　(5)—B　(6)—C ────────── 標準

　Aの第1文および第2文では，盗みは悪いことだが時には盗んでしまうこともあると述べており，第3文の「これらのものは人間のいたずら心を明らかにし，宝物の秘密を教えてくれる」へとつながっている。つまり，いたずらのつもりで盗んだ品物が思いがけず宝物になる場合があると説明しているのである。この観点でDを

見ると，第1文の they が指しているのはAの These items であり，「自分の所有物の中で最も大切なものになる」という内容もAの secrets to treasure と一致することがわかる。よってA→Dとなる。

　Bのキーワードは these people in this place「この場所にいるこの人たち」。第1文でこのように述べられているので，人物と場所についての具体的な情報は直前の段落で与えられていると考えられる。それに当たるのは，Eの第1文「私の祖母と祖父がブルックリンのコニー・アイランドの桟橋の下に立っている」である。よってE→Bとなる。さらに，Eは明らかに筆者の祖父母の写真を説明した内容であり，その写真についてはCの this photo of my grandparents で紹介されている。よってC→E→Bとなる。

　Cのキーワードは these stories「これらの話」。筆者自身が盗んだ物の話をするきっかけとなったと述べられているので，筆者自身の話でないのは明らかである。したがって these stories が指しているのは，Fの第1文の these tales および第2文の These confessions であると考えられる。よってF→Cとなる。

　Fのキーワードは Accompanied「添えられている」と submitted「提出されている」。これはDで紹介されている "I Stole This From You" というブログへの投稿の仕方であり，後続の文も同様に投稿内容の説明であると考えられる。よってD→Fとなる。

　以上のことから，この文章の正しい順序はA→D→F→C→E→Bとなる。

(1)—D　(2)—Z　(3)—E　(4)—F　(5)—B　(6)—C　解答

14

目標解答時間 15分

　下の英文A〜Fは，一つのまとまった文章を，6つの部分に分け，順番をばらばらに入れ替えたものです。ただし，文章の最初にはAがきます。Aに続けてB〜Fを正しく並べ替えなさい。その上で，次の(1)〜(6)に当てはまるものの記号をマークしなさい。ただし，当てはまるものがないもの(それが文章の最後であるもの)については，Zをマークしなさい。

(1)　Aの次にくるもの

(2)　Bの次にくるもの

(3)　Cの次にくるもの

(4)　Dの次にくるもの

(5)　Eの次にくるもの

(6)　Fの次にくるもの

A.　An Australian nurse who spent several years caring for people in the last 12 weeks of their lives has recently published a book in which she records the thoughts of her patients as they looked back over their lives. In particular, she focuses on their regrets.

B.　They all said that, given another chance, they would focus more on their personal lives. Insights such as these are almost certainly relevant for various nationalities and cultures. Collecting them in a book offers others a chance to learn from the wisdom that people gain at the end of their lives.

C.　Most felt they might have been able to show their true feelings more if they had kept in touch with their friends. Sadly, however, people often became so involved in their own lives that they neglected good friends and lost touch.

D. The case was similar with regret over missed chances in family life. Men in particular felt that they had concentrated on work too much and, as a result, had not properly experienced time with their wives and children.

E. Patients regretted their lack of courage. They felt they had not been able to express themselves honestly. Many people had suppressed their feelings in order to keep peace with others, and lived with feelings of bitterness as a result.

F. Of all these, the most common was that they had not been bold enough to do what they truly wanted to. Instead, they had lived mostly as others expected them to and, as a result, they had not done many of the things they dreamed of.

≪人生における後悔≫

全訳

A．人生最後の12週間という期間にいる人たちの世話を数年間にわたってしてきたオーストラリアのある看護師が，彼女の患者たちが自分の人生を振り返った時の思いを記録した本を最近出版した。とりわけ彼女は彼らの後悔に焦点を当てた。

F．これらすべての中で最もよく見られたのは，自分が本当にしたかったことをできるほどの勇気がなかったということだった。そうする代わりに，彼らはたいてい他の人たちが彼らに望んでいるように生き，その結果，彼らが夢見ていたことの多くをせずじまいだったのである。

E．患者たちは，自分に勇気が欠けていたことを後悔していた。彼らは自分の気持ちを正直に表現できずにきたと感じていた。多くの人たちが，他の人たちとの間に波風を立てないようにするために自分自身の感情を抑え，その結果，苦々しい気持ちを抱えたまま生きてきたのだった。

C．ほとんどの人は，もし友人と接触し続けていれば，もっと自分の本当の気持ちを表せたかもしれないと感じていた。しかし，残念ながら，人々は自分自身の生活にかまけていることが多く，親しい友人をおろそかにして疎遠になってしまった。

D．その事例は，家族生活の中で逃した機会に関する後悔と似ていた。とりわけ男性は，あまりにも仕事に集中し，その結果として妻や子どもたちとの時間をきちんと味わってこなかったと感じていた。

B．彼らはみんな，もしもう一度機会を与えられるなら，自分の個人的な生活にもっと重点を置くだろうと言った。このような洞察は，さまざまな国籍や文化にほぼ間違いなく妥当なものだ。それらを1冊の本にまとめることは，人生の最後に人々が得た知恵から学ぶ機会を他の人たちに与えてくれる。

解 説

死期が迫っている患者が自分の人生を振り返った時の思いを記録した本から，彼らの後悔をまとめた英文である。この形式の問題の英文によく見られるディスコースマーカーが比較的少なく，一読しただけでは戸惑ってしまうかもしれないが，「どのような後悔が多いか」が列挙されているということを念頭に読んでいけば切り抜けられるであろう。

パラグラフの整序　推定配点　24点（各4点）

正解は　(1)—F　(2)—Z　(3)—D　(4)—B　(5)—C　(6)—E　　　　やや難

　Aでは，あるオーストラリア人看護師が，人生最後の12週間を迎えた患者たちの気持ちを本にまとめたことが紹介されている。第2文に「彼女は彼らの後悔に焦点を当てた」とあるように，A以下の文では患者たちの後悔が何に関するものであったかが順に述べられている。この観点でFを見ると，冒頭の **Of all these**「これらすべての中で」の these がAの their regrets「彼らの後悔」を指していると考

えられることや，the most common「最もよくある（意見）」が述べられていることなどから，Aの直後に続くのはFとするのが妥当である。よってA→Fとなる。

Bのキーワードは冒頭のThey all said「彼らはみんなこう言った」。all がつけられていることから，They はC〜Fで後悔を表明したさまざまな患者たち全員を受けていると考えられる。また，最終文で「人生の最後に人々が得た知恵から学ぶ機会を他の人たちに与えてくれる」と締めくくっていることからも，この後に続くパラグラフはなく，Bが最終になると考えられる。

Dのキーワードは冒頭のThe case「その事例」。これは，直前のパラグラフで述べられている事例を指したものであり，さらにDの事例とよく似ているものである必要がある。Dで説明されているのは第1文の「家族生活の中で逃した機会に関する後悔」であり，これに似た事例となるのは，Cの第1文にあるように「友人と接触し続けていれば，もっと自分の本当の気持ちを表せたかもしれない」とする後悔である。よってC→Dとなる。

Eのキーワードは courage「勇気」。Fの第1文 that 以下に「自分が本当にしたかったことをできるだけの勇気がなかった」とあるように，Fで説明している後悔は勇気の欠如に関するものであり，EはFの内容をさらに詳しく述べたパラグラフであると考えられる。よってF→Eとなる。

以上のことから，この文章の正しい順序はA→F→E→C→D→Bである。

(1)—F　(2)—Z　(3)—D　(4)—B　(5)—C　(6)—E

解 答

15　2018年度　学部個別日程2月1日実施分〔Ⅰ〕B

目標解答時間 15分

　下の英文A～Fは，一つのまとまったパラグラフを，6つの部分に分け，順番をばらばらに入れ替えたものです。ただし，パラグラフの最初にはAがきます。Aに続けてB～Fを正しく並べ替えなさい。その上で，次の(1)～(6)に当てはまるものの記号をマークしなさい。ただし，当てはまるものがないもの(それがパラグラフの最後であるもの)については，Zをマークしなさい。

(1)　Aの次にくるもの

(2)　Bの次にくるもの

(3)　Cの次にくるもの

(4)　Dの次にくるもの

(5)　Eの次にくるもの

(6)　Fの次にくるもの

A．Before the development of the Internet, the popularity of TV shows was measured by ratings companies that used machines connected to viewers' TVs in order to find out what they watched.

B．In addition, the number of users talking about TV shows is still rather small, so the influence is not yet very large.

C．Many TV programs also have their own websites to encourage more discussion and sharing from fans.　Of course, advertisers like to advertise on those websites, too, so it's also important for ratings companies to collect information on them.

D．However, ratings companies have now expanded the way they collect information.　They gain new information by tracking the comments of viewers on social media websites. When viewers post messages about a show on such websites, ratings companies can gather this information in order to understand more about the show's popularity.

E. This system worked by keeping a record of which TV shows viewers watched and how long they watched them. This information revealed which programs were popular, allowing TV companies to charge advertisers more money for those programs.

F. But it is too early to get too excited about the influence of social media. It is easy to overestimate the importance of people's comments while watching TV programs because we don't actually know whether the people are really paying attention to the shows or not.

≪ネット情報と視聴率≫

全訳

A．インターネットが発達する以前は，格付け会社が視聴者の見ているものを知るために視聴者のテレビに繋がれた機器を使って，テレビ番組の人気度を調べていた。

E．この方法は，視聴者がどのテレビ番組をどれくらいの時間見ているかを記録することで機能した。これらの情報によって，どの番組が人気があるか明らかになり，テレビ会社はスポンサーに，人気がある番組へのより多くのお金を請求することができた。

D．しかしながら，今では格付け会社は情報収集方法を拡大し，ソーシャル・メディアのホームページ上の視聴者たちのコメントを追うことで新しい情報を手に入れている。そのようなホームページ上に番組についてのメッセージを視聴者が投稿すると，格付け会社はこれらの情報を集めて，番組の人気度についてもっと理解を深めることができる。

C．また，多くのテレビ番組が独自のホームページを持っていて，ファンの人たちにもっと議論をしてもらい，また共有もしてもらおうとしている。もちろん，スポンサーもそのようなホームページに広告を載せたいと思っているので，格付け会社にとってもホームページ上の情報を集めるのは重要である。

F．しかし，ソーシャル・メディアの影響力に興奮しすぎるには早すぎる。人々がテレビを見ているとき，彼らがその番組に本当に注意を払っているかどうか，私たちは実際のところわからないため，彼らのコメントの重要性は簡単に過大評価されてしまうのだ。

B．さらに，テレビ番組について話をする視聴者の数はまだかなり少なくて，その影響力は未だあまり大きなものになっていない。

解　説

　格付け会社がテレビ番組の人気度を調べる方法が，インターネット発達前と後とでどう変化したかを述べている英文である。発達前の説明は過去形，発達後の説明は現在（完了）形で表現されており，この時制も大きなヒントとなる。接続詞や接続詞的な副詞表現も，パラグラフの展開を考える上で重要な要素である。

パラグラフの整序　　推定配点　24点（各4点）

正解は　(1)—E　(2)—Z　(3)—F　(4)—C　(5)—D　(6)—B ————————— やや難

　Aで述べられているのは，インターネットの発達以前にテレビ番組の人気度をどのように測定していたかであり，つまり過去についての記述である。これは動詞が過去形であることからもわかることであり，他にも過去形で述べられている文章があるなら，Aに続く記述であると考えられる。それに当てはまるのはEで，冒頭のThis system はAで述べられている測定方法を指している。よってA→Eとなる。

　Bのキーワードは冒頭の In addition「さらに，加えて」。これに続く表現が「少

ない」や「大きくない」などの否定的なものなので，直前の文章でも同様の趣旨が述べられていると考えられる。それに当てはまるのはFで，「興奮するには早すぎる」や「過大評価されてしまう」などが否定的な意味を持っている。よってF→Bとなる。

　Cのキーワードは第1文の also「～もまた」。also のかかる箇所は複数考えられるが，「独自のホームページ（ウェブサイト）も持っている」と解釈すれば，この直前の文章には一般の（つまり独自ではない）ホームページに関する記述があると推測できる。それに当てはまるのはDで，ソーシャル・メディアのホームページと記されている。よってD→Cとなる。

　Dのキーワードは第1文の However「しかしながら」。このキーワードから，Dでは直前の文章とは異なる内容が述べられていることがわかる。つまりソーシャル・メディアのホームページを利用するのとは異なる方法が述べられているはずである。それに当てはまるのはE，つまりインターネット発達以前のシステムに関する記述部分である。よってE→Dとなる。

　Fのキーセンテンスは第1文。逆接の接続詞に続いて「ソーシャル・メディアの影響力に興奮しすぎるには早すぎる」と述べられているので，直前の文章ではソーシャル・メディア利用の利点に関する記述があると考えられる。これに当てはまるのは「ホームページ上の情報を集めるのは重要である」としているCである。よってC→Fとなる。

　以上のことから，この文章の正しい順序はA→E→D→C→F→Bである。

(1)—E　(2)—Z　(3)—F　(4)—C　(5)—D　(6)—B

16

2017年度　後期日程3月3日実施分〔Ⅰ〕B

[目標解答時間]　15分

　　下の英文A～Fは，一つのまとまったパラグラフを6つの部分に分け，順番
をばらばらに入れ替えたものです。ただし，パラグラフの最初にはAがきます。
Aに続けてB～Fを正しく並べ替えなさい。その上で，次の(1)～(6)に当てはま
るものの記号をマークしなさい。ただし，当てはまるものがないもの(それが
パラグラフの最後であるもの)については，Zをマークしなさい。

(1)　Aの次にくるもの
(2)　Bの次にくるもの
(3)　Cの次にくるもの
(4)　Dの次にくるもの
(5)　Eの次にくるもの
(6)　Fの次にくるもの

A.　Perhaps one reason why so many people now eat too much is that
everything in the kitchen has become bigger.　For example, in the
1950s the average size of a dinner plate was 25cm; now it is 28cm.　Of
course, just because we are now eating off bigger plates and out of
bigger bowls does not mean we have to eat bigger servings.

B.　This is a real problem in a world where we are presented with more
and more food.　In 1993, the average American-style muffin weighed
85g, whereas now it is common to buy muffins weighing 130g.

C.　Prepared meals have also increased in size.　In the last twenty years
the average chicken pie from a supermarket has increased by 49% in
size.　In New York, it is possible to buy a 2,000-calorie single slice of

pizza: a whole day's worth of calories in one snack! It is very easy to eat too much in such an environment.

D. The bigger the glass, the more juice we put in it. We feel that we are still eating about the same amount, but really we are eating more. It seems to be a mistake that everyone makes—except small children.

E. But we usually do. Psychologists have shown that the bigger the plate we use, the more food we put on it. The bigger the ice-cream spoon, the more ice cream we take.

F. Up until the age of three or four, we have a sensible habit of stopping eating when we are no longer hungry. After that age, this habit seems to be lost. From then on, the more we are given, the more we will eat.

全訳

≪出される食べ物の量と肥満の関係≫

A. 恐らく食べ過ぎる人が現在そんなに多い一つの理由は，台所にあるものすべてが大きくなったことだ。たとえば，1950年代，ディナー・プレートは平均25cmだったのが今では28cmだ。もちろん，これは単に今私たちがより大きなプレートやより大きなボウルから食べているから，私たちがよりたくさん出されたものを食べないといけないということではない。

E. しかし，私たちはそれを普通にやっている。心理学者によると，使うプレートが大きくなればなるほど，それに載せる食べ物の量も多くなる。アイスクリームのスプーンが大きくなればなるほど，食べるアイスクリームの量も増える。

D. グラスが大きくなればなるほど，中に入るジュースも増える。私たちはほぼ同じ量のものをまだ食べていると思っているが，本当は食べている量が増えているのだ。これは小さな子ども以外は誰もが犯している過ちのように思われる。

F. 人間は，3歳か4歳くらいまでは，お腹がいっぱいになれば食べるのをやめるという理に適った習性がある。ところがこの年齢を過ぎると，この習性は失われるようだ。それからは，与えられる量が増えれば増えるほど食べる量が増える。

B. ますますたくさんの食べ物を提供される世界では，このことが本当に問題になっている。1993年，アメリカン・スタイルの平均的マフィンの重量は85グラムだったが，今や130グラムあるマフィンを買うのが普通のことになった。

C. 出来合いの食事もまた量が増えた。過去20年の間にスーパーの平均的チキンパイは大きさが49％増えた。ニューヨークでは，一切れで2000カロリーもあるピザを買うことができる。これは一回の軽食で丸々一日分のカロリーに相当する！このような環境では非常に簡単に食べ過ぎてしまう。

解 説

　食べ過ぎを誘発する要因の一つとして，食器の大きさや出される食品の量を挙げて説明している英文である。各選択肢の第1文からは直前の文章が，最終文からは後続の文章が想像できるような構成になっているので，15分で十分に解答できるだろう。

パラグラフの整序　　推定配点　24点（各4点）

正解は　(1)—E　(2)—C　(3)—Z　(4)—F　(5)—D　(6)—B ────────── 標準

　Aの文章は，第1文が主張，第2文がその主張を支持する実例の提示という構成になっている。注意すべきは，最終文では「大きな器を使うからよりたくさん食べるとは限らない」と，その主張をやんわりと否定するような論調になっている点である。このままでは主張そのものが否定されたままになってしまうので，さらに否定，つまり逆接的な内容の文章が続くと考えられる。これに当てはまるのはEの**But we usually do.**「しかし，私たちはそれを普通にやっている」である。よってA→Eとなる。なお，doはAの最終文のeat bigger servingsを指している。

　Bのキーワードは This「このこと」である。第１文では，「ますますたくさんの食べ物を提供される世界では，このことが本当に問題になっている」と述べられているので，直前の文章では This が指す内容が説明されているはずである。これに当てはまるのは，Fの最終文の「与えられる量が増えれば増えるほど食べる量が増える」である。よってF→Bとなる。

　Cは最終文がキーセンテンスとなる。「このような環境では非常に簡単に食べ過ぎてしまう」の意味で，本文全体の結論にあたる部分である。よって，この後に続く文章はなく，Cをもって英文が終了すると考えられる。

　Dは第１文「グラスが大きくなればなるほど，中に入るジュースも増える」がキーセンテンスになる。これはEの最終文「スプーンが大きくなればなるほど，食べるアイスクリームの量も増える」と同じ構文であることから，E→Dの順になっていると考えられる。さらに，最終文の except small children「小さな子ども以外は」も重要なキーワードとなる。では小さな子どもの場合はどうなのか，それに対する説明が次の文章でなされているはずである。これに当てはまるのはFなので，D→Fとなる。

　以上のことから，この文章の正しい順序はA→E→D→F→B→Cとなる。

(1)—E　(2)—C　(3)—Z　(4)—F　(5)—D　(6)—B

解 答

17

2015年度　学部個別日程2月5日実施分〔Ⅰ〕B

目標解答時間 15分

　下の英文A～Fは，一つのまとまったパラグラフを，6つの部分に分け，順番をばらばらに入れ替えたものです。ただし，パラグラフの最初にはAがきます。Aに続けてB～Fを正しく並べ替えなさい。その上で，次の(1)～(6)に当てはまるものの記号をマークしなさい。ただし，当てはまるものがないもの(それがパラグラフの最後であるもの)については，Zをマークしなさい。

(1)　Aの次にくるもの

(2)　Bの次にくるもの

(3)　Cの次にくるもの

(4)　Dの次にくるもの

(5)　Eの次にくるもの

(6)　Fの次にくるもの

A．It is well known that people in other countries are interested in Japanese *anime* and *manga*. However, there are other aspects of contemporary Japanese culture that are also well known abroad.

B．He also competes in cycling events, and sometimes trains for these in Hawaii. I cannot judge whether or not Haruki Murakami is a great writer since I have read only one of his novels, and that was in an English translation.

C．When I visited Sweden last year, I spent a lot of time in bookstores. In nearly every shop there was a whole shelf devoted to Murakami's works.

D．But it is interesting that a current Japanese writer has such a great appeal in western countries. I hope that people will be able to appreciate different cultures through literature more and more in the future.

E. On my recent trips, for example, I have been surprised to discover the great popularity of the Japanese writer Haruki Murakami, especially in Europe.

F. I think that all of his books must have been translated into both Swedish and English. A Swedish friend told me that many people in Sweden had hoped he would win the Nobel Prize. She herself had read all of Murakami's books, but especially liked the non-fiction work entitled, *What I Talk About When I Talk About Running*. It seems that Murakami is a serious runner, even though he only began running when he was over 30.

≪ヨーロッパにおける村上春樹の人気≫

全 訳

A．他の国の人々が日本のアニメやマンガに興味をもっていることはよく知られている。しかし，同じように海外でよく知られている現代の日本文化の他の側面もある。

E．例えば，最近旅行したとき，日本人作家の村上春樹が特にヨーロッパで非常に人気があることを知って驚いた。

C．昨年，スウェーデンを旅行したとき，私はかなりの時間を書店で過ごした。ほぼすべての書店には村上の作品専用の棚があった。

F．彼のすべての本がスウェーデン語と英語の両方に翻訳されていたはずだ。あるスウェーデン人の友人は，スウェーデンの多くの人が彼にノーベル賞を受賞してほしいと願っていたと言っていた。彼女自身，村上の本はすべて読んでいたのだが，特に『走ることについて語るときに僕の語ること』というノンフィクションの作品を気に入っていた。村上は30歳を過ぎてから走り始めたにもかかわらず，本格的なランナーであるようだ。

B．また彼は自転車競技にも参加し，その競技に向け，ときどきハワイでトレーニングもしている。私は彼の小説をたった1冊しか読んでいないし，しかもそれは英語に翻訳されたものだったので，村上春樹が偉大な作家であるかどうかはわからない。

D．しかし，現在の日本人作家が西洋諸国でこのように非常に人気があることは興味深い。将来的には文学を通して，人々が異なる文化をますます正しく理解できるようになればと願っている。

解 説

　日本の作家の村上春樹が，海外で特にヨーロッパで人気を博しているという事実を，筆者の実体験を踏まえて述べている英文である。Haruki Murakami の登場の仕方（説明を伴っている，代名詞で置き換えられているなど）が大きなヒントになる。

パラグラフの整序　推定配点　24点（各4点）

正解は (1)—E　(2)—D　(3)—F　(4)—Z　(5)—C　(6)—B ——— やや難

　Aで注目すべき箇所は，後半の，アニメやマンガ以外にも海外で受け入れられている日本文化があるという部分であり，これが本文全体の導入になっている。よってAの直後では，その日本文化の実例が挙げられていると考えられる。

　Bのキーワードは第1文の also「〜もまた」。「彼は自転車競技にも参加している」という意味になるので，Bの前には自転車競技以外に彼が打ちこんでいるものを説明している文章が来るはずである。Fの最終文で，彼が本格的なランナーであることが述べられており，これが該当する。よってF→Bとなる。

　Cのキーワードは最終文の Murakami's works「村上の作品」。村上春樹の名が

登場しているが，彼についての説明が特にないので，彼の名前が初めて出てくるパラグラフではないことがわかる。この直前には彼が作家であるという情報が与えられているはずである。

Dのキーワードは such a great appeal「そのような絶大な人気」。such という表現をしていることから，西洋で人気を博している日本人作家が存在するという事実がこのパラグラフの直前で述べられていると推測できる。具体的には村上春樹が登場するB・C・E・Fがそれにあたる。よってDは最後のパラグラフであると考えられ，I hope で始まる最終文も全体のまとめにふさわしい内容である。

Eのキーワードは for example「例えば」。これはAで述べられている「海外で受け入れられている日本文化の側面」の例示であると考えられる。さらに the Japanese writer Haruki Murakami「日本人作家村上春樹」という説明的な記述から，ここが彼の名の初出部分であると推測できる。よってA→E→BまたはCとなる。

Bを検討したときに明らかになったように，F→Bなので，Eの直後に来るのはCということになる。

よって，この文章の正しい順序はA→E→C→F→B→Dである。

(1)—E　(2)—D　(3)—F　(4)—Z　(5)—C　(6)—B　解答

18

目標解答時間　15分

　下の英文A〜Fは，一つのまとまったパラグラフを，6つの部分に分け，順番をばらばらに入れ替えたものです。ただし，パラグラフの最初にはAがきます。Aに続けてB〜Fを正しく並べ替えなさい。その上で，次の(1)〜(6)に当てはまるものの記号をマークしなさい。ただし，当てはまるものがないもの（それがパラグラフの最後であるもの）については，Zをマークしなさい。

(1)　Aの次にくるもの

(2)　Bの次にくるもの

(3)　Cの次にくるもの

(4)　Dの次にくるもの

(5)　Eの次にくるもの

(6)　Fの次にくるもの

A．Cold-blooded animals cannot keep their bodies warm with energy from food. They are warmed by the sun and become cold when it is dark. Warm-blooded animals, by contrast, keep their bodies at the same temperature all the time.

B．Of course, there were also large plant-eating dinosaurs. Scientists do not know if they were warm-blooded or cold-blooded. Warm-blooded animals need to eat more than cold-blooded ones to keep themselves warm.

C．So, if these huge dinosaurs had been warm-blooded, they would have had to eat incredible amounts of food to keep their bodies warm, which seems unlikely. This suggests that they were cold-blooded.

D．However, a number of facts are making scientists reconsider this idea. When they become cold, reptiles slow down. This can happen at night or during the colder seasons of the year. But dinosaurs do not appear to have slowed down in the way modern reptiles do, since many of them were meat-eating hunters and had to be able to move quickly.

E．Nevertheless, scientists believe that the giant long-necked plant eaters must have been warm-blooded. If they had been cold-blooded, these dinosaurs would not have had a high enough blood pressure for blood to reach their brains.

F．They do this by using the energy from their food to keep them warm. Modern reptiles are cold-blooded. Scientists once thought that, since dinosaurs looked like reptiles, they must also have been cold-blooded.

全訳

≪恐竜は冷血動物であったのか，温血動物であったのか≫

A．冷血動物は食糧からエネルギーを摂取して体温を高く保つことができない。冷血動物の体温は日光で温められ，暗いときには冷たくなる。対照的に温血動物は常に体温を一定に保つ。

F．温血動物は，食糧から摂取するエネルギーを使って体温を温かく保つ。現代のハ虫類は冷血である。科学者たちはかつて，恐竜もまた，それらはハ虫類のように見えるから，冷血だったに違いないと考えていた。

D．しかし，複数の事実をもとに，科学者はこの考えを見直しつつある。体温が冷たくなるとハ虫類の動きも遅くなる。こうしたことは夜や寒い季節に起こりうる。しかし，恐竜の多くは肉食の捕食動物で素早く動かなければならなかったので，恐竜が現代のハ虫類のように動きが遅くなったとは考えにくいのである。

B．もちろん大型の草食恐竜もいた。科学者には草食恐竜が温血であったのか冷血であったのかということはわかっていない。体温を温かく保つために，温血動物は冷血動物よりも多くの食糧を摂取する必要がある。

C．よって，こうした巨大な恐竜が温血であったとすれば，体温を温かく保つためにとてつもなく大量の食糧を摂取しなければならなかっただろうが，それはありそうもないように思われる。このことは，巨大な恐竜が冷血であったことを示唆している。

E．それでも，科学者は巨大な首長草食恐竜は温血であったに違いないと考えている。もし冷血であったとすれば，血が脳に到達するのに十分に高い血圧を保つことはできなかったであろう。

解　説

　古代の恐竜は冷血動物だったのか，それとも温血動物だったのか。いくつかの根拠をもとに述べている英文。冷血論と温血論が二転三転しているのでやや難しい。Of course，So，However，Nevertheless など，文頭の接続詞や副詞をヒントにして，まずは直接つながる2つのパラグラフを見つけていくと正解しやすい。

パラグラフの整序　　推定配点　24点（各4点）

正解は　(1)—F　(2)—C　(3)—E　(4)—B　(5)—Z　(6)—D ━━━━━ やや難

　Aでは，冷血動物と温血動物では何が異なるのかという一般論が述べられている。特に最終文が温血動物の説明「体温を一定に保つ」で終わっている点を念頭に置いておく必要がある。

　Bのキーワードは there were also large plant-eating dinosaurs「大型の草食恐竜もいた」。also が用いられていることから，直前のパラグラフでは「大型の草食恐竜」以外の恐竜について述べられているのではないかと考えられる。その記述を探すと，Dの最終文にある meat-eating hunters がそれにあたることがわかる。

よってD→Bとなる。

　Cのキーワードは So「よって」。これに続く文が仮定法過去完了になっていることから，直前にはこの仮定を導く根拠となる事実が示されていると考えてよい。Bの最終文にある「温血動物は冷血動物よりも多くの食糧を摂取する必要がある」がそれにあたるので，B→Cとなる。

　Dのキーワードは However「しかしながら」と this idea「この考え」。Dの直前では，this idea がどんなものであったかという説明がなされ，なおかつその内容はDの主旨と相反するものであると考えられる。Dの主旨は「恐竜が冷血であったとは考えにくい」というものなので，直前のパラグラフは「恐竜＝冷血」という内容のはずである。Fの最終文がそれにあたるので，F→Dとなる。

　Eのキーワードは Nevertheless「それにもかかわらず」。第1文で「巨大な首長草食恐竜は温血であったに違いない」と述べられているので，直前のパラグラフにはその逆の記述があると考えられる。Cの最終文がそれにあたるので，C→Eとなる。

　Fのキーワードは They と do this。これらが指しているものは，直前のパラグラフの終わりのほうで述べられていると考えられる。これに該当するのはAの最終文なので，A→Fとなる。

　以上のことを踏まえると，この文章の正しい順序はA→F→D→B→C→Eとなる。

(1)—F　(2)—C　(3)—E　(4)—B　(5)—Z　(6)—D　　解　答

19

目標解答時間　15 分

　下の英文A～Fは，一つのまとまったパラグラフを，6つの部分に分け，順番をばらばらに入れ替えたものです。ただし，パラグラフの最初にはAがきます。Aに続けてB～Fを正しく並べ替えなさい。その上で，次の(1)～(6)に当てはまるものの記号をマークしなさい。ただし，当てはまるものがないもの(それがパラグラフの最後であるもの)については，Zをマークしなさい。

(1)　Aの次にくるもの

(2)　Bの次にくるもの

(3)　Cの次にくるもの

(4)　Dの次にくるもの

(5)　Eの次にくるもの

(6)　Fの次にくるもの

A．Scientists used to think that, compared to people, animals were not very intelligent. Human intelligence can be seen in our ability to do things like writing books, making computers, and building cities.

B．For example, chimpanzees will use rocks to break open the hard outer shells of nuts so that they can eat the inside.

C．But even more impressive than tool use, is the use of language. It is thought that, when they copy what people say, parrots are trying to learn human language in order to become members of the group. This suggests that parrots have a kind of social intelligence.

D．Another example of this is the behavior of crows. Crows drop nuts onto roads and then wait for cars to run over and open them, so they can eat the inside. The crows will even wait for a red light to stop the cars so they can safely walk into the middle of the road and eat the nuts.

E. Although intelligence can be measured in many ways, at the very least animals can use tools and language for their own purposes.

F. So far animals haven't been able to perform such complex activities, but it would be a mistake to say that animals are not intelligent. Monkeys and chimpanzees have been observed using tools and teaching their young how to use them.

全訳

≪動物の知能≫

A．かつて科学者たちは，人間と比べ，動物はあまり知能が高いわけではないと考えていた。人間の知能は本を書いたり，コンピュータを作ったり，都市を建設したりする我々の能力の中に見出される。

F．これまでのところ，動物たちはそのような複雑な活動を行うことはできていないが，動物の知能が高くないというのは誤りであろう。猿やチンパンジーが道具を使い，子供たちに道具の使い方を教えている様子が観察されている。

B．例えば，チンパンジーは中身が食べられるよう，石を使って木の実の外側の硬い殻を割って開ける。

D．また別の例では，カラスの行動が挙げられる。カラスは木の実を道路に落とし，車がその上を走り，木の実が割れるのを待ってから，その中身を食べる。そういうカラスは安全に道路の真ん中まで歩いて行き，木の実が食べられるように赤信号で車が止まるのを待ちさえするだろう。

C．しかし道具の使用よりもっとずっと印象的なのが，言葉の使用である。オウムは人間の言うことを真似るとき，そのグループの一員になるために，人間の言葉を習得しようとしていると考えられている。これはオウムが一種の社会的知性をもっていることを示している。

E．知能は多くの方法で測ることができるが，少なくとも動物は自分たちの目的のために，道具や言葉を使うことができるのだ。

解　説

　道具や言葉を使うという側面から，動物の知能について述べている文章。文のつながりのヒントとなる接続詞 but や，another や such などの形容詞が解答のヒントとなる。

パラグラフの整序　　推定配点　24点（各4点）

正解は　(1)―F　(2)―D　(3)―E　(4)―C　(5)―Z　(6)―B ———————

　Aの第2文で，人間の知能発現の例として「本を書く」「コンピュータを作る」「都市を建設する」など，具体的なことが複数挙げられている点に注目しておく。これらの例示でパラグラフが終わっているということは，次のパラグラフでこれらの行為について言及されるかもしれないからである。

　BのキーワードはFor example「例えば」。ここで述べられているのは，チンパンジーが道具（石）を使う例である。つまり，このパラグラフの前には，「動物も道具を使う」という説明があるはずである。すると，Fの第2文で，「猿やチンパンジーが道具を使う」という記述があり，F→Bの順番になることがわかる。

　CのキーワードはBut と tool use。「しかし」で始まった文中で，「道具の使用」よりも印象的なものとして，言葉の使用を挙げている。つまり，Bから始まる「動

物が道具を使う」例証に続いて，´Cが述べられていると考えられる。

Dのキーワードは Another example「別の例」。カラスが道具を使うという内容であるから，道具を使用する動物の例として，チンパンジー→カラスの順で説明されるのだと考えられる。よってB→Dの順番になる。また，B・D以外に同様の例証のパラグラフがないことから，このあとにCが続いてB→D→Cの順番になる。

Eのキーワードは use tools and language「道具や言葉を使う」。BとDで動物が道具を使う例が，Cで動物が言葉を使う例が説明されている。Eは双方の例を受けてまとめている部分だと考えられるので，C→Eの順番になる。

Fのキーワードは such complex activities「そのような複雑な活動」。これは，すでに述べられた複数の活動を指していると考えられ，その候補はAで注目した3つの例しか見当たらない。よってA→Fの順番になる。

以上のことを踏まえると，この文章の正しい順序はA→F→B→D→C→Eとなる。

(1)—F　(2)—D　(3)—E　(4)—C　(5)—Z　(6)—B　解　答

第 3 章

長文読解①

20　2022年度　全学日程・共通テスト併用2月2日実施分〔Ⅱ〕

目標解答時間 35分

A. 次の英文の空所（　1　）～（　15　）に入れるのに最も適当なものをそれぞ
れA～Dから一つずつ選び，その記号をマークしなさい。

Henry Brown was born a slave, sometime around 1815, in Louisa
County, Virginia. After the farmer who owned his family died, the teenage
Brown was taken away from his parents and siblings and sent to work in a
tobacco factory in the city of Richmond. There, at a local church, he fell in
5　love with a woman named Nancy, whom he married in 1836. It was in the
late 1840s, when the pregnant Nancy and their three children were sold to a
Methodist preacher in North Carolina, that Brown decided he would try
escaping to freedom in the North.

"Ordinary modes of（　1　）he concluded might prove disastrous to
10　his hopes," the slavery abolitionist William Still writes of Brown in *The
Underground Railroad*; "he, therefore, hit upon a new invention altogether,
which was to have himself boxed up and forwarded to Philadelphia direct
by express mail." With the aid of a Massachusetts-born white man called
Samuel Smith,（　2　）, in exchange for a sum of money, arranged for the
15　box to be received at the office of the Pennsylvania Anti-Slavery Society in
downtown Philadelphia, Brown had himself sent via Adams Express on
March 23, 1849. After 26 hours of rough（　3　）by deliverymen, he was
pried from his "coffin" and—being a deeply religious man—sang a song of
thanksgiving he had written, based on a part of the Bible.

20　"To a great extent," the literary scholar John Ernest writes, "Brown
himself promoted his story and crafted his own fame, from the song he sang
when he emerged from his box to the career he launched after his story
became public knowledge." Indeed, in the months directly（　4　）his
escape, Brown took "Box" as his middle name; published *Narrative of Henry*

Box Brown, Who Escaped from Slavery Enclosed in a Box 3 Feet Long and 2 25
Wide, Written From a Statement of Facts Made By Himself; and went on
tour in New England, telling his story and singing songs of his own
composition.

By the end of 1849, he was already putting some of the profits from his
book (5) creating a moving panorama called *Henry Box Brown's Mirror* 30
of Slavery, which would debut in Boston in April 1850. According to Ernest,
this panorama consisted of a series of paintings on a sheet of canvas
reported to be 15,000 meters long that would be gradually rolled out to
reveal successive scenes related to Brown's personal experience and to the
(6) of slavery and the slave trade. 35

By 1851, Brown was internationally well known. In England, where he
moved after the passage of the Fugitive Slave Law the previous year, he
continued to speak, sing, present his panorama, and stage re-enactments of
his escape, arranging to have himself (7) from Bradford to Leeds to
bring attention to the American abolitionist cause. He also published a 40
second, revised version of his *Narrative*, which included more information
about his escape, (8) the lyrics of several of his songs.

For the rest of his life, Brown remained a performer. In the 1860s, after
the Civil War broke out, he began touring as a magician and showman—first
in England and later in North America, (9) he returned in 1875, 45
appearing under the name "Prof. H. Box Brown." Though a charismatic
performer, Brown never sensationalized the hell of slavery. "The tale of my
own sufferings is not one of great interest to those who delight to read of
hair-raising adventures, of tragical occurrences, and scenes of blood,"
Brown insists, with extreme humility, in his *Narrative*: "my life, even in 50
slavery, has been in many respects comparatively (10)."

In the 170 years since Brown's daring escape, he has been the subject of
everything from documentaries and museum exhibits to performance pieces
and operas. The story has, after all, a tinge of romance in the spirit of
escape artists like Houdini. Still, it's (11) to remember the context of 55

Brown's heroism. In the 19th century, Ernest writes, "audiences who heard
Brown speak knew that a central part of his story involved the loss of his
wife and children." For the last hundred or more years, however, "attention
to Brown's story has （　12　） primarily on his escape, even on the
60　dimensions of the box itself, and on his subsequent career as a public
lecturer and performer"—diminishing the depths of pain, and （　13　），
that led Brown to hatch his plan in the first place.

　　Brown was （　14　） reunited with Nancy and their children. It would
have been unlikely, if not impossible, that he would have been able to find
65　them after emancipation, （　15　） their surnames, among other things,
would long since have changed. In 1855, Brown was remarried to Jane
Floyd (the daughter of a Cornish tin worker) and in later years toured with
her and their three children, performing as a family act until Brown's death
in Toronto in 1897.

(1)　A．communication　　　　　　B．knowledge
　　　C．travel　　　　　　　　　　D．life

(2)　A．who　　　　　　　　　　　B．that
　　　C．which　　　　　　　　　　D．in whom

(3)　A．expressing　　　　　　　　B．framing
　　　C．landing　　　　　　　　　D．handling

(4)　A．attempting　　　　　　　　B．following
　　　C．recounting　　　　　　　　D．preventing

(5)　A．for　　　　　　　　　　　B．into
　　　C．on　　　　　　　　　　　D．by

出典追記：The Narrative of Henry Box Brown (1849)，The Public Domain Review on September 26, 2019

(6) A. history B. loss
    C. duty D. completion

(7) A. entertained B. admired
    C. imprisoned D. shipped

(8) A. all in all B. in any case
    C. as well as D. in need of

(9) A. from where B. and when
    C. to which D. so that

(10) A. artistic B. comfortable
    C. bored D. horrible

(11) A. essential B. amusing
    C. admirable D. irrelevant

(12) A. lasted B. caught
    C. wandered D. focused

(13) A. peace B. hope
    C. heights D. glories

(14) A. sometimes B. often
    C. never D. seldom

(15) A. as B. although
    C. so D. while

B．本文の内容に照らして最も適当なものをそれぞれA〜Cから一つずつ選び，
その記号をマークしなさい。

(1)　Brown's decision to escape from slavery was made when

A．he was turned over to his new owner.

B．he was separated from his family.

C．he began to have a job of his own.

(2)　Brown reached Philadelphia

A．dressed as a delivery man.

B．concealed in a postal parcel.

C．carried from a wooden coffin.

(3)　From the beginning of his public career, Brown

A．struggled with his fame.

B．wished to become a singer.

C．was good at creating his legend.

(4)　After moving to England in 1851, Brown

A．became wealthy there.

B．spread his story about slavery.

C．helped British abolitionists.

(5)　Brown refused to use his shows to

A．depict the stages of slavery.

B．give a positive image of slavery.

C．overstress the horror of slavery.

(6)　The author regrets that today,

A．we forget the tragic story behind Brown's achievement.

B．we know so little about the history of slavery.

C．we ignore the romantic aspect of Brown's story.

(7)　The most appropriate title for this passage is

A．"The Long Journey of Henry Box Brown."

B．"Henry Box Brown: A Slaving Artist."

C．"Henry Box Brown the Abolitionist."

≪ヘンリー＝ボックス＝ブラウンの長い旅≫

全訳

　ヘンリー＝ブラウンは 1815 年頃，バージニア州のルイーザ郡で奴隷として生まれた。彼の家族を所有していた農場主が亡くなると，10 代だったブラウンは両親ときょうだいから引き離され，リッチモンドのタバコ工場で働くために連れていかれた。地元の教会でナンシーという女性と恋に落ち，1836 年に彼女と結婚した。ブラウンが自由を求めて北部に逃げようと決心したのは，1840 年代後半，妊娠中のナンシーと 3 人の子供たちがノースカロライナ州のメソジスト派の宣教師に売られた時のことであった。

　奴隷制度廃止論者のウィリアム＝スティルは『地下鉄道』の中で，ブラウンについて「彼が決めた通常の移動方法は彼の希望を台無しにしてしまう可能性があった」と記している。「そこで彼は全く新たな方法を考案するのだが，それは自分自身が荷箱の中に入り，速達便でフィラデルフィアへ直送してもらうというものであった」　ブラウンはマサチューセッツ生まれのサミュエル＝スミスという白人男性の助けを借り，荷箱をフィラデルフィア中心部にあるペンシルベニア反奴隷制協会の事務所で受け取れるようにお金を払って手配してもらい，1849 年 3 月 23 日，アダムス速達便を使って自分自身を発送してもらった。26 時間にわたる配達人たちの乱暴な取り扱いの後，彼は「棺桶」から出され，聖書の一節に基づいて自身が書いた感謝の歌を歌った──彼は非常に信仰心の厚い人物であった。

　文学者のジョン＝アーネストは「ブラウンは，箱から出た時に歌った歌から，彼の物語が世間に知られるようになった後に築いたキャリアに至るまで，自分自身で大いに自分の物語を宣伝し，巧みに名声を高めていった」と記している。実際，自由になった直後の数カ月の間にブラウンは「ボックス（箱）」をミドルネームとし，『3×2 フィートの箱に梱包され奴隷の身分から自由になったヘンリー＝ボックス＝ブラウンの物語──本人による事実の陳述に基づいて語られた物語』を発表し，ニューイングランドに巡業に出て，自身の物語を語り，自分で作曲した歌を歌っていた。

　1849 年の終わりまでに，彼は本で得た利益の一部を 1850 年 4 月にボストンで初公開される『奴隷制度を映すヘンリー＝ボックス＝ブラウンの鏡』という動くパノラマ画の制作にすでにつぎ込んでいた。アーネストによると，このパノラマ画はキャンバスに描かれた一連の絵画で構成されており，記録によれば 15,000 メートルの長さで，ゆっくりとロールアウトしながら，ブラウンの個人的な体験や奴隷制度と奴隷貿易の歴史に関連する一連の場面を見せてくれるものだった。

　1851 年までに，ブラウンは国際的によく知られるようになっていた。その前年の逃亡奴隷法の可決後に移住したイングランドで，彼は引き続き講演を行い，歌を歌い，パノラマ画を上演し，ブラッドフォードからリーズまで自分自身を輸送するよう手配して逃亡の再現を行い，アメリカの奴隷制度廃止論者たちの主張に人々を注目させた。彼は自身の「物語」の第 2 次改訂版も刊行するのだが，そこには彼の歌の歌詞のいくつかに加え，彼の逃亡のさらなる情報も含まれていた。

　ブラウンは余生をパフォーマーとして過ごした。1860 年代，南北戦争が始まった後，彼はマジシャン兼エンターテイナーとして巡業に出発した──まずはイング

ランドから始まり，その後，1875年に戻ることとなる北米にも「H.ボックス＝ブラウン教授」という名で訪れた。ブラウンはカリスマ性のあるパフォーマーであったが，奴隷制度の地獄のような状況を扇情的に表現することは決してなかった。自身の「物語」の中でブラウンは「私自身の苦しみの物語は，ゾクゾクするような冒険，悲劇的な出来事，血みどろの場面を読んで喜ぶ人たちにとってはあまり興味深いものではありません」と非常に謙虚に強調している。「私の人生は，たとえ奴隷であっても，多くの点で比較的心地よいものでした」

ブラウンの大胆な逃亡から170年の間に，ドキュメンタリーや博物館の展示物から上演作品やオペラに至るまで，彼はあらゆるものの題材となっている。結局のところ，彼の物語にはフーディーニのような脱出マジシャンの精神のワクワクする気持ちがかすかに感じられるのだ。ただブラウンの英雄的行為の背景を覚えておくことは非常に重要である。19世紀に「ブラウンの話を聞いていた聴衆は，彼の物語の中心には，妻と子供の喪失が含まれていることが理解できた」とアーネストは記している。しかし，過去100年以上にわたり，「ブラウンの物語に対する注目は，主に彼の逃亡，さらには箱の大きさ，講演家やパフォーマーとしてのその後のキャリアに向けられてきた」——最初にブラウンに計画を立てようと思わせた苦悩と希望の深みは小さくなっていったのだ。

ブラウンがナンシーと3人の子供たちに再会することはなかった。とりわけ姓がはるか昔に変わってしまっているだろうから，彼が自由になった後，ナンシーと子供たちを見つけられる可能性は，皆無ではないにしても低かったであろう。1855年，ブラウンはジェーン＝フロイド（コーンウォールの錫職人の娘）と再婚し，数年後には彼女と3人の子供たちと共に巡業に出て，1897年に彼がトロントで亡くなるまで家族で公演を行った。

● 語句・構文‥‥‥‥‥‥‥‥‥‥‥‥‥‥‥‥‥‥‥‥‥‥‥‥‥‥‥‥‥‥‥‥‥‥‥‥‥‥‥
□ *l.* 3　sibling「（男女の別なく）きょうだい」
□ *l.* 5　It was in … で始まる文は It was ～ that … の強調構文で「…したのは～だった」の意味。さらに，関係副詞 when が非制限用法で用いられている。
□ *l.*17　be pried from ～「～をこじ開けて外に出される」
□ *l.*37　fugitive「逃亡中の」
□ *l.*44　the Civil War「（アメリカの）南北戦争」
□ *l.*50　humility「謙虚，謙遜」
□ *l.*65　emancipation「解放，釈放」

解　説

奴隷の身分から逃亡し，パフォーマーへと転身した人物の半生を描いた英文。見慣れない単語も見られるが，時間を追って述べられているのでBの問題は比較的答えやすい内容である。Aは語彙，成句，文法の知識など，多岐にわたる英語力が問われて

いるが，いずれも標準的な難度である。

A．空所補充　　推定配点　60点（各4点）

(1) **正解は C** ──────────────────────── 標準

　A．「意思疎通」　　　　　　　　B．「知識」

　C．「旅行，移動」　　　　　　　D．「生活」

　当該箇所の意味は「彼が決定した通常の…の方法は，彼の希望を台無しにする可能性があった」となる。同文のセミコロン以下の部分（"he, therefore, hit …"）で，ブラウン自身が荷箱の中に入って速達便でフィラデルフィアに送ってもらうという新たな移動方法を考案したと述べられているので，Cが最も適切である。

(2) **正解は A** ──────────────────────── 標準

　当該箇所にはサミュエル＝スミスという人物を先行詞とする関係代名詞が入る。直後の in exchange for … money は挿入句で，その後ろの arranged が関係代名詞の述語動詞となる。よって関係代名詞は主格であると考えられ，Aの who が正解となる。Bも主格の関係代名詞になり得るが，直前にコンマがあるので非制限用法となり，that は使えない。

(3) **正解は D** ──────────────────────── やや易

　A．「表現（すること）」　　　　B．「構築（すること）」

　C．「到着（すること）」　　　　D．「搬送（すること）」

　当該箇所は「26 時間にわたる配達人たちの乱暴な…の後」という意味になる。ブラウン自身が速達便の中身になっていることを考えると，搬送中の取り扱いが乱暴だったのだと考えられる。よってDが最も適切である。なお，選択肢の ing はいずれも動名詞である。

(4) **正解は B** ──────────────────────── 標準

　A．「～を企てる」　　　　　　　B．「～に続く」

　C．「～を詳しく話す」　　　　　D．「～を妨げる」

　当該箇所は直前の the months を修飾する形容詞句の一部。Bの following を選べば，「彼の逃亡のすぐ後に続く数カ月の間」となって意味がつながる。

(5) **正解は B** ──────────────────────── やや難

　当該文の述語動詞が was putting である点に注意。動詞 put と結びついた表現であると考えられる。put A into B「A（お金など）を B（物，事）につぎ込む」という表現を想起すると文意にかなうのでBが正解。

(6) **正解は A** ──────────────────────── 標準

　A．「歴史」　　　　　　　　　　B．「喪失，損失」

　C．「義務，任務」　　　　　　　D．「完成，完了」

　当該箇所ではブラウンが制作したパノラマ画について説明されており，「ブラウ

ンの個人的な体験や奴隷制度と奴隷貿易の…に関連する一連の場面」という意味に
なる。よってＡが最も適切である。

(7)　**正解は D** ────────────────────────── 標準

　　（使役動詞 have と結びついて）

　　A.「楽しませてもらう」　　　　　　　B.「敬服してもらう」

　　C.「投獄してもらう」　　　　　　　　D.「輸送してもらう」

　　当該箇所はブラウンが自分の逃亡を再現した様子について説明をしている部分で
あり，意味は「ブラッドフォードからリーズまで…よう手配した」となる。これに
合致するのはDである。

(8)　**正解は C** ────────────────────────── 標準

　　A.「だいたい，概して」　　　　　　　B.「どのような場合でも」

　　C.「～だけでなく…も」　　　　　　　D.「～を必要として」

　　空所の直後に名詞表現が続いているので，副詞句のA，Bでは文法的に成立しな
い。候補はCかDになるが，Cならば「彼の歌の歌詞に加えて，逃亡についての追
加情報も含まれた」という意味になり文意に合う。よってCが正解。

(9)　**正解は C** ────────────────────────── やや難

　　ここまでの内容から，ブラウンはアメリカの北部に逃亡し居住していたことがわ
かる。つまり直前の North America は，前置詞 to と共に直後の he returned の後
ろに来て「彼は 1875 年に北米に戻った」という意味になると考えられる。よって
前置詞＋関係代名詞の形になっているCが最も適切である。

(10)　**正解は B** ────────────────────────── 標準

　　A.「人工の」　　　　　　　　　　　　B.「快適な」

　　C.「退屈した」　　　　　　　　　　　D.「おそろしい」

　　当該箇所の意味は「私の人生は，たとえ奴隷であっても，多くの点で比較的…だ
った」となる。even という語に着目すると，「奴隷」という立場とは対照的な語が
入ると推測できる。よって最も適切なのはBである。

(11)　**正解は A** ────────────────────────── やや難

　　A.「極めて重要な」　　　　　　　　　B.「愉快な」

　　C.「賞賛に値する」　　　　　　　　　D.「見当違いの」

　　当該箇所の意味は「ブラウンの英雄的行為の背景を覚えておくことは…である」
となる。世間ではブラウンの逃亡劇の大胆さだけがクローズアップされているが，
その背景にあるのは彼が妻と子供を失ったという事実である。これが過小評価され
ているというのがこの段落の趣旨である。この文脈を成立させるのに最も適切なの
はAである。

(12)　**正解は D** ────────────────────────── 標準

　　A.「続いた」　　　　　　　　　　　　B.「とらえた」

C.「さまよった」　　　　　　　　D.「焦点を合わせた」

　直後の primarily は副詞なので，さらにその後ろの on his escape に注目すると，focus on ～ で「～に焦点を合わせる」という表現が成立し，意味も矛盾しない。よってDが最も適切である。

⒀　**正解は B** ━━━━━━━━━━━━━━━━━━━━━━━━━━━━　標準

A.「平穏」　　　　　　　　　　　B.「希望」

C.「高度，高所」　　　　　　　　D.「名誉」

　当該箇所の意味は「最初にブラウンに計画を立てようと思わせた苦悩と…の深み」となる。奴隷としての生活から自由になろうと決意させた原動力として最も適切なのはBである。

⒁　**正解は C** ━━━━━━━━━━━━━━━━━━━━━━━━━━━　やや易

A.「時には」　　　　　　　　　　B.「しばしば」

C.「決して～ない」　　　　　　　D.「めったに～ない」

　最終段第2文（It would have …）では，ブラウンが妻や子供たちを見つけられる可能性は皆無ではないにしろ低かっただろうと述べられている。この部分から，ブラウンは妻や子供たちに再会できなかったことが推測できる。よってCが最も適切である。A，B，Dの頻度を厳密に区別するのは難しいので全否定のCが正解，というアプローチでも可。

⒂　**正解は A** ━━━━━━━━━━━━━━━━━━━━━━━━━━━━　標準

（主節を～，従節を…とすると）

A.「…なので～」　　　　　　　　B.「…だけれども～」

C.「～，だから…」　　　　　　　D.「…だけれども～」

　当該箇所の意味は「彼らの姓ははるか昔に変わってしまっているだろう…，ナンシーと子供たちを見つけられる可能性は，皆無ではないにしても低かったであろう」となる。つまり，従節が理由で主節の結末になっているのだと考えられる。この流れに合致する接続詞はAである。

B. 内容説明　推定配点　28点（各4点）

⑴　**正解は B** ━━━━━━━━━━━━━━━━━━━━━━━━━━━━　やや易

「ブラウンが奴隷状態から逃亡しようと決断したのは…時だった」

A.「彼が新たな所有者に譲られた」

B.「彼が家族と離れ離れにさせられた」

C.「彼が自分の仕事を始めた」

　ブラウンが奴隷から自由になることを決めたタイミングを選ぶ問題である。第1段最終文（It was in …）で，「（妻の）ナンシーと3人の子供たちがノースカロライナ州の宣教師に売られた時に逃亡を決意した」と述べられているので，Bが最も

適切である。

(2)　正解は B ────────────────────────────────────

「ブラウンは…フィラデルフィアに到着した」

A.「配達人の服を着て」

B.「郵便の荷物に隠れて」

C.「木製の棺桶から運ばれて」

　"Ordinary modes of で始まる第2段では，ブラウンが荷箱の中に入って速達便で送ってもらったと述べられている。この記述に最も近いのはBである。最終文（After 26 hours …）に coffin「棺桶」という語が登場するが，これは比喩的に使われていて実際には棺桶ではなかったのでCは不適。

(3)　正解は C ──────────────────────────────────── 標準

「ブラウンは，自分が世に知られるようになったキャリアの最初から…」

A.「自分の名声と格闘した」

B.「歌手になりたいと願った」

C.「自分の伝説を創作するのが上手であった」

　第3段第1文（"To a great …）参照。ブラウンは，箱から出た時に歌った歌から，その後に築いたキャリアに至るまで，自分の物語を宣伝し，巧みに名声を高めていったと述べられている。この記述に合致するのはCである。

(4)　正解は B ──────────────────────────────────── やや難

「1851年にイングランドに移住した後，ブラウンは…」

A.「そこで裕福になった」

B.「奴隷制度についての自分の話を広めた」

C.「イギリスの奴隷制度廃止論者の手助けをした」

　第5段第1文（By 1851, Brown …）および第2文（In England, where …）参照。移住したイングランドで，個人的な体験や奴隷制度についてのパノラマ画を上演するなどして有名になっていったという内容が述べられている。この内容に合致しているのはBである。

(5)　正解は C ──────────────────────────────────── 標準

「ブラウンは…ために自分の興行を利用することを拒否した」

A.「奴隷制度の各段階を描写する」

B.「奴隷制度の肯定的なイメージを与える」

C.「奴隷制度の恐怖を過度に強調する」

　第6段第3文（Though a charismatic …）に，ブラウンは奴隷制度の過酷な状況を扇情的に表現することはなかったと述べられている。この趣旨に最も近いのはCである。

⑹ **正解は A** ──────────────────────────────────── やや難

「筆者は今日，…ことを後悔している」

A.「ブラウンが成し遂げたことの背後にある悲劇的な物語を私たちが忘れている」

B.「私たちが奴隷制度の歴史についてほとんど知らない」

C.「私たちがブラウンの物語のロマンチックな側面を無視している」

第7段第3文（Still, it's …）以降では，ブラウンの行動の背景を忘れないでおくことの重要性について言及し，それにもかかわらずそれ以外の部分が主に注目されるようになってしまったと述べられている。この趣旨に合致しているのはAである。

⑺ **正解は A** ──────────────────────────────────── 標準

「この文章に対して最も適切な表題は…である」

A.「『ヘンリー゠ボックス゠ブラウンの長い旅』」

B.「『ヘンリー゠ボックス゠ブラウン：奴隷のようにあくせく働くアーティスト』」

C.「『奴隷制度廃止論者のヘンリー゠ボックス゠ブラウン』」

本文の記述によると，ブラウンは，バージニア州で生まれ，リッチモンドに連行され，フィラデルフィアに逃れ，イングランドに移住し，北米に戻り，トロントで亡くなった。80年以上にわたる，時間的にも空間的にも非常に長い旅をしたことがわかる。この内容を最も的確に表現しているのはAである。

A. ⑴—C ⑵—A ⑶—D ⑷—B ⑸—B ⑹—A ⑺—D ⑻—C
   ⑼—C ⑽—B ⑾—A ⑿—D ⒀—B ⒁—C ⒂—A
B. ⑴—B ⑵—B ⑶—C ⑷—B ⑸—C ⑹—A ⑺—A

21

目標解答時間　35 分

A．次の英文の空所（　1　）～（　15　）に入れるのに最も適当なものをそれぞれA～Dから一つずつ選び，その記号をマークしなさい。

As a teenager in Tokyo, coming of age in the 1960s, Jimi Yui was by his own account a wild child and a terrible student. He would spend his days "rocking it" in the neighborhoods of Roppongi and Azabu, and when he wanted to impress a date he would take her to The Guest House, the famous Chinese restaurant his immigrant parents poured their lives into. 5

The last thing that the 16-year-old troublemaker （　1　） coming was a one-way ticket to a Christian high school in the middle of America. But that's the thing about being young—you think you know it all, until you don't. （　2　） Yui, his concerned parents, guided by a wise aunt and uncle, were plotting to have him shipped off to a Catholic high school a 10 world away.

"My uncle and aunt, who were educators in the US, visited Japan on Fulbright scholarships, and they told my parents I would become a functional illiterate," Yui says. "And my parents thought I might turn into a gangster, so collectively the four of them voted that I should leave Tokyo 15 before I （　3　） something."

Yui, now 64, does not look back in anger, though. When the decision was made for him—that he would finish out the remainder of his high school years in America—there was a degree of excitement, even if he was leaving all his childhood friends behind. After all, it was America: Yui had 20 in mind yellow cabs, skyscrapers, and the energy of New York.

"（　4　）, I looked out the plane window and all I could see was miles and miles of flat land. And the plane landed in the middle of cornfields and

I could see a hut outside the window," Yui says, recounting his arrival in the
US. The hut turned out to be the extent of the airport: St. Louis Lambert
International Airport in Missouri.

For the next three years Saint Louis Priory School in Missouri,
established by Benedictine monks from England, would be Yui's home.
While Yui had no (　5　) on the language front—he grew up speaking
Japanese, Chinese, and English— culturally, he says, "it was really intense."

At his new high school Yui garnered a lot of firsts on his first day. "I
was the first Asian, first foreign student, first non-Christian to attend this
Benedictine monastic school in St. Louis," Yui recalls, laughing. It was a
world (　6　) Tokyo, but despite the differences of his new surroundings,
Yui excelled—academically and on the athletic field. "The hierarchy of
these British-style schools, it's like *Oliver Twist*," says Yui. "They're really,
really tough."

After St. Louis, Yui went to Cornell University, an Ivy League school in
New York state. According to his parents' plans, Yui (　7　) study
medicine and then return home to Tokyo. "Every Chinese family wants
their kid to become a doctor. I was determined to become a doctor, that's
what was expected." Yui (　8　) started out on that path, interning at a
hospital near his high school. But a semester of transferring corpses to the
hospital basement, among other things, changed Yui's mind about studying
medicine. Instead, he chose architecture and enrolled at Cornell University.
But then in 1978, in the fourth year of his degree, Yui did the one thing his
parents were set against: He (　9　) out of architecture, changed majors,
and took up hospitality management. It did not matter that Cornell was
one of the most reputable schools for hotel management in the world; Yui's
parents saw it as a return to the working environment that had consumed
their lives.

In some ways it was not surprising. Having grown up in the hospitality
industry, he had an innate understanding of that world. Also, Yui says that

at the time, the job prospects were far better: Graduates from the hotel school were walking into job placements all around the world. So he persisted, in spite of everybody hating the transition.

It was a bold move, but his intuition served him well. After graduating, Yui went to work at Cini-Grissom Associates, a food-service consulting firm in Washington, DC. He put his (10) to work as a kitchen designer, a vocation that for the next 40 years would take him around the world and into hundreds of kitchens. The move into a design practice calmed his parents, too. "They were happy I wasn't closing up a bar in a hotel at 2:00 in the morning," he says.

After six years at Cini-Grissom, Yui left to establish his own design office, YuiDesign, in 1986. One of the first big commissions he landed was outfitting the sushi bar at the Sony Club in Manhattan. The direction from restaurateur Barry Wine was that "Sony Chairman Akio Morita should feel at home there and Janet Jackson should also think it cool."

Early on in his design career Yui considered the idea of setting up a practice in Tokyo. Returning to Japan would have also aligned with his parents' plans, and he even found a backer in the US to help him get started. Eventually, however, Yui decided against the move, as he realized that designing commercial kitchens, at least back then, was an industry that (11) existed in Japan. "It was pretty clear that on the financial side it would be tough," he says.

Over his (12) career Yui has worked with many of the world's most celebrated chefs, including Japanese chefs Masaharu Morimoto and Nobuyuki "Nobu" Matsuhisa. (13), he also picked up a special James Beard Award for his kitchen designs.

One of the keys to his career-long success in a notoriously difficult industry has (14) developing and maintaining friendships and strong relationships. "I understand the business and I love cooks, I love the people in this business, the hospitality people, because their fundamental (15)

is to serve and to make you happy," he says. "There are much easier ways
85   to make money, but what they do is put their heart and soul into it."

(1)   A.   saw   B.   hated

      C.   was   D.   found

(2)   A.   With regard to   B.   In contrast to

      C.   In response to   D.   Unknown to

(3)   A.   caught up with   B.   came into

      C.   burned down   D.   ate up

(4)   A.   Therefore   B.   Instead

      C.   Regardless   D.   Moreover

(5)   A.   trouble   B.   friends

      C.   demand   D.   opinions

(6)   A.   close to   B.   similar to

      C.   away from   D.   east of

(7)   A.   hated to   B.   was to

      C.   began to   D.   used to

(8)   A.   unknowingly   B.   essentially

      C.   gradually   D.   initially

(9)   A.   looked   B.   dropped

      C.   passed   D.   graduated

出典追記：The Japan Times, March 7, 2020

(10)　A．investment　　　　B．speculation

　　　C．talent　　　　　　D．friend

(11)　A．definitely　　　　B．mainly

　　　C．ultimately　　　　D．barely

(12)　A．two-decade　　　　B．three-decade

　　　C．four-decade　　　　D．five-decade

(13)　A．Along the way　　　B．All the way

　　　C．In this way　　　　D．In a way

(14)　A．seen　　　　　　　B．opened

　　　C．been　　　　　　　D．locked

(15)　A．technique　　　　　B．philosophy

　　　C．error　　　　　　　D．problem

B．本文の内容に照らして最も適当なものをそれぞれ A ～ C から一つずつ選び，
　その記号をマークしなさい。

(1)　According to the passage, when Yui was in his teens,

　　A．he helped his parents at their restaurant.

　　B．he had little concern about his future.

　　C．he wanted to have a girlfriend.

(2)　The decision to send Yui to the US was

　　A．unanimously agreed upon by his close family.

　　B．shocking to Yui because he had to leave his school friends.

　　C．a timely chance for Yui to study cooking.

⑶　At the high school in the US,

A．Yui experienced intense culture shock because he missed Tokyo.

B．Yui suffered unfair treatment because he was not a Christian.

C．Yui faced a challenge because he had to learn new ways of life there.

⑷　One reason why Yui majored in hospitality management at Cornell University is that

A．he hoped to satisfy his parents by following in their footsteps in his career.

B．he was optimistic about finding a job and was brave enough to stick to his instincts.

C．he thought he was not intelligent enough to pursue a career to be a doctor.

⑸　After Yui graduated from Cornell University,

A．he traveled around the world to open new restaurants.

B．he eventually started his own kitchen-design company.

C．he ran a bar in Washington, DC, and reconciled with his parents.

⑹　During the early years of Yui's independent career,

A．he designed a sushi bar that was supposed to appeal to the likes of both Japanese and Americans.

B．he realized his parents' wish to come back to Japan and start a new design office.

C．he had to find a sponsor in the US to resolve a money problem with his company.

⑺　According to the last paragraph, one reason why Yui was successful in his career was that

A．he pursued success while taking little notice of his family's
expectations.

B．he had a good understanding of how hard it is to make money in the
hospitality industry.

C．he took great care to build mutual understanding and trust with
people around him.

≪ジミ＝ユイの人生≫

全訳

　10代を東京で過ごし，1960年代に成人となったジミ＝ユイは，本人曰く，反抗的な子供で，ひどい生徒だったという。彼はそのころ，六本木や麻布あたりで「羽目を外して」おり，デートの相手を感心させたいと思った時には，移民の両親が人生を注ぎ込んでいた有名な中華レストランの迎賓館に彼女を連れて行ったものである。

　16歳のトラブルメーカーは，アメリカ中部のカトリック系の高校までの片道切符が自分を待ち受けているなど全く予想だにしなかった。しかし，若いとはそういうものである。何でもわかっていると思っているのだが，結局何もわかってはいないのだ。心配した両親が，ユイの知らないうちに，賢明なユイの叔母と叔父に相談に乗ってもらい，彼を別世界のカトリック系の高校へ送り出す計画を立てていたのだ。

　「私の叔父と叔母はアメリカの教育者で，フルブライト奨学金で日本に来ていて，両親に私が機能的非識字者になるかもしれない，と告げました」とユイは語る。「それで，両親は私が暴力団員になるかもしれないと思い，4人で集まって，私が何かに火をつけて焼き払ってしまう前に，私を東京から離れさせることに決めたのです」

　しかし現在64歳のユイは，怒りを表して当時を振り返ることはない。彼のために，残りの高校生活はアメリカで終えるという決定がなされた時，子供のころからの友達とは離れ離れになるとしても，少しワクワクしていた。やはり何と言ってもアメリカなのだ。彼はイエローキャブや超高層ビル，そしてニューヨークのエネルギーを心に抱いていた。

　「しかしそうではなく，私が飛行機の窓から外を見ると，何マイルも続く平原が見えるだけでした。そして飛行機がトウモロコシ畑の真ん中に着陸すると，窓の外に掘っ立て小屋が見えました」とユイはアメリカに到着した様子を説明しながら語る。その掘っ立て小屋は空港の建物であった。ミズーリ州セントルイス・ランバート国際空港である。

　それから3年間，イングランドから来たベネディクト修道院の修道士たちによって設立されたミズーリ州のセントルイス修道院学校がユイの暮らす場所となる。ユイは言葉の面で苦労することはなかったが——彼は日本語，中国語，英語を話して育った——，文化的には「とても強烈でした」と彼は述べている。

　新しい学校では，初日に多くの初めてのことを経験した。「私はこのセントルイスのベネディクト修道院学校に通う初めてのアジア人，初めての外国人生徒，そして初のキリスト教徒ではない生徒でした」とユイは笑いながら振り返る。そこは東京とはかけ離れた世界で，新たな環境の違いがあったものの，ユイは優秀だった——学業や運動の分野で。「あのような英国スタイルの学校の階層制は，『オリバー＝ツイスト』の世界のようでした」とユイは言う。「本当にめちゃくちゃ大変です」

　セントルイスで過ごした後，ユイはニューヨーク州のアイビーリーグに属するコーネル大学に進んだ。両親の計画では，医学を勉強し，東京に戻って来る予定だった。「中国人の家庭は，どこも子供たちに医者になってもらいたいと思っています。

私も期待された通り，医者になろうと決めました」　当初，ユイはその進路を歩み始め，高校の近くの病院で実習生として働いた。しかし，学期中の病棟の地下室に死体を運び込むという経験が，他のいろいろなことも合わせて，ユイの医学を勉強する気持ちを変化させた。代わりに建築学を選択してコーネル大学に籍を置いた。しかし，その後 1978 年，学士の 4 年目で，ユイは両親が許すことのできない一つのことをした。彼は建築学をあきらめ，専攻を変え，ホスピタリティ・マネジメントを学び始めたのだ。コーネル大学がホテル経営において世界で最も評価の高い学校の一つであったことは関係がなかった。これでは自分たちの生活を疲弊させた労働環境へと逆戻りだとユイの両親は考えた。

　いくつかの点で，それは驚くべきことではなかった。彼はサービス業界で育ち，生まれつきこの世界のことがわかっていた。また，当時その仕事の展望もかなり良くなっていたとユイは言う。ホテル業務のスキルを身につける学校を出た者たちは世界中の職場に足を踏み入れつつあった。それゆえ，周りは皆その変更を嫌がったが，彼はそれを貫いたのである。

　それは大胆な決定であったが，彼の直感は彼を非常に満足させた。卒業後，彼はワシントン DC にある外食産業のコンサルティング会社である Cini-Grissom Associates で働き始めた。彼は，その後 40 年にわたり世界を駆け回り，何百ものキッチンへと入ることになる天職のキッチンデザイナーに自分の才能を向けた。デザイナーの仕事へ移ったことは両親も安心させた。「午前 2 時にホテルのバーを閉めるような羽目にならなかったので両親は喜んでいました」と彼は言う。

　Cini-Grissom で働いて 6 年後の 1986 年，ユイは自身のデザイン事務所であるユイデザインを設立するために会社を辞めた。彼が最初に手にした大きな仕事の依頼の一つは，マンハッタンにあるソニークラブの寿司屋の設計だった。店主のバリー=ワインからの指示は，「ソニー会長の盛田昭夫がくつろげて，ジャネット=ジャクソンにも素晴らしいと思ってもらえる」ようにするというものだった。

　デザインの仕事をするようになった当初，ユイは東京で開業するという考えを持っていた。日本に戻ることは両親の計画にも合致していただろうし，アメリカでその開業を手助けしてくれる資金の提供者も見つけてさえいた。しかし，少なくとも当時，業務用厨房のデザインは日本にはほとんど存在しない仕事であることに気がついたので，最終的に彼は東京では開業しないことに決めた。「金銭的な面で厳しくなることは非常に明白でした」と彼は言う。

　40 年におよぶキャリアを通じて，ユイは多くの世界的に有名なシェフたちと仕事をしてきたが，その中には，日本人シェフの森本正治や松久信幸（ノブ）も含まれている。またその過程では，厨房のデザインでジェームズ・ビアード特別賞も受賞してきた。

　難しいことで有名な業界で彼が長く成功してきた秘訣の一つは，友情と固い絆を築き上げ，それらを維持してきたことである。「私はこの仕事を理解し，料理人を愛していますし，この業界の人たち，つまり接客をする人たちが大好きなのです。なぜなら，彼らの基本的な信条は人々をもてなし，幸せな気持ちにさせることだからです」と彼は語っている。「お金を稼ぐもっと簡単な方法はありますが，彼らが

■■■■ 行っているのは，接客の仕事に気持ちと魂を注ぎ込むことなのです」

●語句・構文……………………………………………………………………………………

☐ *l*. 1　by *one's* own account「本人の言うところでは」

☐ *l*.31　garner「～を得る，集める」

☐ *l*.38　Ivy League「アイビーリーグ（米国東部の名門大学グループ）」

☐ *l*.43　corpse「死体」

☐ *l*.47　set *A* against *B*「*A* と *B* とを敵対させる」　本文ではこの表現が受動態になっている。

☐ *l*.53　innate「生まれつきの」

☐ *l*.69　set up a practice「開業する」

解 説

　キッチンデザイナーのジミ＝ユイの伝記的英文。文学的な言い回しもあり，読みにくいかもしれない。設問自体は標準的なものが多く，丁寧に読んでいけばA，Bとも正解できるだろう。コツとしては，Aは前後の文を読んで意味の流れを推測すること，Bは正誤を裏付ける表現を本文から素早く見つけ出すことである。

Ａ．空所補充　　推定配点　60点（各4点）

⑴　**正解は A** ─────────────────────────── やや難

　A．「想像した」　　　　　　　　　　B．「ひどく嫌った」

　C．「～だった」　　　　　　　　　　D．「見つけた」

　that は the last thing を先行詞とする目的格の関係代名詞。see O *doing* で「O が～することを想像する」の意味になるが，この O が先行詞になって前に出たのである。よってAが正解。なお，the last は「最も…ない」の意味があるので，当該文の主語の意味は「16歳のトラブルメーカーが起こるのを予想だにしなかったこと」となる。

⑵　**正解は D** ─────────────────────────── 標準

　A．「～に関しては」　　　　　　　　B．「～と比べて」

　C．「～に答えて」　　　　　　　　　D．「～に知られずに」

　後続部分は，「心配した両親が，賢明な叔父叔母に相談に乗ってもらって，彼を別世界のカトリック系の高校へ送り出す計画を立てていた」という意味になる。一方，当該段第1文（The last thing …）にあるように，ユイにとってこの件は青天の霹靂であったことがわかる。よってDが最も適切である。

⑶　**正解は C** ─────────────────────────── 標準

　A．「～に追いついた」　　　　　　　B．「～の中に入った」

C.「～を全焼させた」　　　　　　　　D.「～を残さずに食べた」

　当該文は,「両親は私が暴力団員になるかもしれないと思い,私が何か…する前に,東京から離れさせることを決めた」という意味になる。つまり,私が犯罪行為をするかもしれないと考えたのである。これに合致するのはCである。

(4)　**正解は B** ─────────────────────────── 標準

　A.「したがって」　　　　　　　　　　B.「そうではなくて」
　C.「それにもかかわらず」　　　　　　D.「その上」

　直前の文（After all, …）との関係を考える。「彼はイエローキャブや超高層ビル,そしてニューヨークのエネルギーを心に抱いていた」とあるので,ユイがアメリカでの生活に期待していたことがわかる。一方,当該文は,「…,飛行機の窓から外を見ると,何マイルも続く平原が見えるだけだった」とあり,ユイの期待に反する内容になっている。よって最も適切なのはBである。

(5)　**正解は A** ─────────────────────────── やや易

　A.「苦労,困難」　　　　　　　　　　B.「友人」
　C.「要求」　　　　　　　　　　　　　D.「意見」

　当該箇所の意味は「ユイは言葉の面では何の…もなかった」となり,その理由として「日本語,中国語,英語を話して育った」と続いているので,「苦労をしなかった」という意味であると考えられる。よってAが最も適切である。

(6)　**正解は C** ─────────────────────────── 標準

　A.「～に近い」　　　　　　　　　　　B.「～に似ている」
　C.「～から離れている」　　　　　　　D.「～の東」

　当該部分は直前の world を修飾しており,「そこ（新しい学校）は東京…世界だった」というつながりになっている。また,直後の部分で「新たな環境の違いがあったものの」と述べられていることから,新しい学校は全く違う世界であったのだと考えられる。よって正解はCである。

(7)　**正解は B** ─────────────────────────── 標準

　A.「～することを嫌った」　　　　　　B.「～することになっていた」
　C.「～し始めた」　　　　　　　　　　D.「～したものであった」

　当該文の冒頭部分の意味が「両親の計画によると」である点に注意。当該箇所は両親の計画の内容を述べている部分であると考えられる。よって予定を表す be to *do* の表現になっているBが正解。なお,この表現には予定のほかにも義務,可能,運命などもあるので,しっかりと覚えておきたい。

(8)　**正解は D** ─────────────────────────── やや難

　A.「知らないうちに」　　　　　　　　B.「基本的には」
　C.「だんだんと」　　　　　　　　　　D.「初めのうちは」

　当該部分の意味は「…,ユイはその進路を歩み始めた」となるが,直後の2文

(But a semester … と Instead, …)で「医学を学ぶ気持ちが変化した」,「代わり
に建築学を選択した」と続いているので,途中で進路変更したことがわかる。よっ
てDが最も適切である。

(9)　正解は B ――――――――――――――――――――――――――――――　やや易

　　（out of と結びついて）

A.「～の外を見た」　　　　　　　　　B.「～をやめた,退学した」

C.「～を卒業した」　　　　　　　　　D.　graduate out of ～ という表現はない

　　直後で「専攻を変えてホスピタリティ・マネジメントに取りかかった」と述べら
れていることから,建築学の勉強をやめてしまったのだと推測できる。よってBが
最も適切である。

(10)　正解は C ――――――――――――――――――――――――――――――　やや難

A.「投資」　　　　　　　　　　　　　B.「憶測」

C.「才能」　　　　　　　　　　　　　D.「友人」

　　当該箇所の意味は,「彼は自分の…をキッチンデザイナーとしての仕事に注いだ」
となる。後続の部分でキッチンデザイナーの仕事を「天職」と表現していることか
ら,ユイはこの仕事の才能があったのだと推測できる。よってCが最も適切である。

(11)　正解は D ――――――――――――――――――――――――――――――　標準

A.「確かに」　　　　　　　　　　　　B.「主に」

C.「最終的には」　　　　　　　　　　D.「ほとんど～ない」

　　この段落では,ユイが当初東京での開業を考えていたにもかかわらず,最終的に
開業しないと決めたことが述べられている。したがって,「業務用厨房のデザイン
は日本に…存在する仕事であった」という意味になる当該箇所では,その理由が述
べられていると考えられる。よって唯一否定的な意味を持つDが正解。

(12)　正解は C ――――――――――――――――――――――――――――――　標準

A.「20 年間の」　　　　　　　　　　　B.「30 年間の」

C.「40 年間の」　　　　　　　　　　　D.「50 年間の」

　　この設問の答えは少し離れた場所にある。第 10 段第 3 文（He put his …）に,
「その後 40 年間,彼を世界中の何百ものキッチンへと入らせた天職」とあり,これ
が彼のキャリアの年数を指していると考えられる。よってCが正解。

(13)　正解は A ――――――――――――――――――――――――――――――　標準

A.「途中で」　　　　　　　　　　　　B.「ずっと,はるばる」

C.「このようにして」　　　　　　　　D.「ある意味で」

　　当該文の意味は,「…,彼は厨房のデザインでジェームズ・ビアード特別賞も受
賞した」となる。当該段の第 1 文（Over his …）では,ユイが自分のキャリアの
中で世界的に有名な多くのシェフと仕事をしてきたことが述べられており,これに
つながる表現としてはAが最も適切である。

(14)　**正解は C** ──────────────────────────────── 標準

（has と結びついて）

A.「～を見てきた」　　　　　　　B.「～を開いてきた」
C.「ずっと～であった」　　　　　D.「～にカギをかけてきた」

　当該文の主語（One of … difficult industry）の意味は「難しいことで有名な業界で彼が長く成功してきた秘訣の1つは」であり，その答えとなるのが補語の部分（developing and … strong relationships）である。この関係を成立し得るのはCだけである。よってCが正解。

(15)　**正解は B** ──────────────────────────────── 標準

A.「技術」　　　　　　　　　　　B.「考え方」
C.「間違い」　　　　　　　　　　D.「問題」

　当該文ではユイが，接客をする人たちを愛している理由が述べられており，「彼らの基本的な…は，人々をもてなし，幸せな気持ちにさせることだからである」という意味になる。Bの philosophy は「（人生・行動の指針となる）人生観，考え方」という意味があり，これが最も適切である。

B．内容説明　推定配点　28点（各4点）

(1)　**正解は B** ──────────────────────────────── やや易

「本文によると，ユイは10代の時…」

A.「レストランで両親を手伝った」

B.「自分の将来についてほとんど関心がなかった」

C.「ガールフレンドを欲しがっていた」

　第1段第1文（As a teenager …）で，ユイが反抗的な子供でひどい生徒であったと述べられている。この記述から連想される選択肢はBである。両親がレストランを経営しているとの記述はあるが，彼が手伝っていたとは述べられていないのでAは不適。また，第2文後半（, and when …）では，デートの相手を両親のレストランに連れて行ったことが述べられているのでCも不適。

(2)　**正解は A** ──────────────────────────────── 標準

「ユイをアメリカへ送ってしまおうという決定は…」

A.「彼の身近な親族の間で満場一致で同意された」

B.「学校の友人たちを置いて行かなければならなかったので，ユイにはショックなことだった」

C.「ユイが調理を学ぶのにタイミングのよい機会であった」

　第3段最終文（"And my parents …）で，ユイの両親と叔父叔母の4人でユイをアメリカに送ることを決めたことが述べられている。これに合致していると考えられるAが正解。第4段第2文（When the decision …）に「少しワクワクしてい

た」とあるのでBは不適。調理を学ぶためにアメリカに送られたわけではないので
Cも不適。

(3)　正解は C ─────────────────────────────── やや難

「アメリカの高校で，…」

A．「ユイは東京が恋しかったので，強烈なカルチャーショックを経験した」

B．「ユイは自分がキリスト教徒でなかったために，不公平な扱いを受けた」

C．「ユイはそこで新しい生き方を身につけなければならなかったので，問題に直
　　面した」

　第7段ではアメリカでのユイの高校生活が述べられている。ユイはそこで初めて
のことを数多く経験し，その生活は本当に大変だったと自ら語っている。これに合
致しているのはCである。彼が東京を恋しがったという記述はないのでAは不適。
彼が不公平な扱いを受けたという記述はないのでBも不適。

(4)　正解は B ─────────────────────────────── 標準

「ユイがコーネル大学でホスピタリティ・マネジメントを専攻した理由の1つは，
…ことである」

A．「彼が職業で両親の歩んだ道に従うことで彼らを満足させたいと望んだ」

B．「彼が就職について楽観的で自分の直感を貫き通す勇ましさを持っていた」

C．「自分が医師としての仕事に従事できるほど知的ではないと考えた」

　第9段第3文（Also, Yui says …）および最終文（So he persisted, …）参照。
彼がホスピタリティ・マネジメントを学び始めたころは，その業界の展望が良くな
っており，周りが賛成しなかったにもかかわらず彼は自分の意志を貫いたという内
容が述べられている。この主旨に最も近いのはBである。当初両親は彼の決断に反
対だったのでAは不適。彼は成績優秀だったのでCも不適。

(5)　正解は B ─────────────────────────────── 標準

「ユイはコーネル大学を卒業した後，…」

A．「新しいレストランを開店するために世界中を旅して回った」

B．「最終的に自分のキッチンデザイン会社を始めた」

C．「ワシントンDCでバーを経営し，両親と和解した」

　第11段第1文（After six years …）参照。ユイは Cini-Grissom に勤めた6年
後にそこを辞めて自分自身のデザイン事務所を設立したと述べられている。これに
合致しているのはBである。世界中を回ったのはデザイナーとしての仕事のためな
のでAは不適。バーを経営したという記述はないのでCも不適。

(6)　正解は A ─────────────────────────────── 標準

「ユイが仕事で独立して間もないころ，…」

A．「彼は日本人とアメリカ人の両方の好みに訴えかける寿司屋を設計した」

B．「彼は日本に戻ってきて新たなデザイン事務所を始めてほしいという両親の願

いを理解した」

C.「彼は会社に関わる金銭的問題を解決するために，アメリカで資金を提供して
くれる支援者を見つけなければならなかった」

　第11段第2文（One of the …）および最終文（The direction from …）を参照。
「ソニークラブの寿司屋の設計を依頼」され，「ソニー会長の盛田昭夫（＝日本人）
がくつろげて，ジャネット＝ジャクソン（＝アメリカ人）にも素晴らしいと思って
もらえる」店にするよう指示されたと述べられている。これに合致しているのはA
である。ユイは結局日本に戻らなかったのでBは不適。金銭的な問題は東京で開業
した時に予想されるものだったのでCも不適。

(7)　**正解は　C** ―――――――――――――――――――――――――――――――　標準

　「最終段によると，ユイが仕事で成功した理由の1つは，…ことである」

A.「彼が家族の期待をほとんど気にかけない一方で，成功を追い求めた」

B.「彼がホスピタリティ業でお金を稼ぐことがいかに大変であるかをよく理解し
ていた」

C.「彼が周囲の人たちと相互理解と信頼関係を築けるように細心の注意を払った」

　最終段第1文（One of the …）参照。彼が成功してきた秘訣の1つは，友情と
固い絆を築き上げ，それらを維持してきたことであると述べられている。この趣旨
に合致しているのはCである。第10段第4文（The move into …）に「デザイナ
ーの仕事へ移ったことは両親も安心させた」とあるのでAはあてはまらない。Bに
ついてはそのような記述がないので不適。

A. (1)―A　(2)―D　(3)―C　(4)―B　(5)―A　(6)―C　(7)―B　(8)―D
　　(9)―B　(10)―C　(11)―D　(12)―C　(13)―A　(14)―B　(15)―B
B. (1)―B　(2)―A　(3)―C　(4)―B　(5)―B　(6)―A　(7)―C

22

A. 次の英文の空所（　1　）～（　15　）に入れるのに最も適当なものをそれぞ
れ A ～ D から一つずつ選び，その記号をマークしなさい。

　　Benjamin Spock was born in 1903.　He was the first of six children.　The
Spock family lived in New Haven, Connecticut.　His father was a successful
lawyer.　Benjamin was a quiet child.　He attended Phillips Academy, a
private school in Andover, Massachusetts.　Later he attended Yale
University in New Haven.　He joined a sports team at Yale that competed
in rowing boats.　In 1924, he and his team members competed in rowing at
the Olympic Games in Paris, France.　They won the gold medal.

　　While in university, Spock（　1　）a camp for disabled children for
three summers.　He said the experience probably led to his decision to enter
medical school.　He began at Yale School of Medicine, but completed his
medical degree at Columbia University in New York City.　He graduated as
the best student in his class in 1929.　During his second year of medical
school he married Jane Cheney.　They later had two sons, Michael and John.

　　Spock began working as a doctor, treating babies and children in New
York City in 1933.　During the（　2　）ten years he tried to fit the theories
about how children develop with what mothers told him about their
children.　In 1943, a publisher asked him to write a book（　3　）advice to
parents.　He finished the book by writing at night during his two years of
service in the United States Navy.　His wife Jane helped him produce his
first book.　She typed the book from his notes and spoken words.

　　When the book, *The Common Sense Book of Baby and Child Care*, was
published in 1946, it caused a revolution in the way American children were
raised.　The book gave advice to parents of babies and young children.　The

first lines of the book are famous. Doctor Spock wrote: "Trust yourself. You know more than you think you do." This message shocked (　4　) parents. 25

For years, mothers had been told that they should reject their natural feelings about their babies. Before Doctor Spock's book (　5　), the most popular guide to raising children was called *Psychological Care of Infant and Child*. The book's writer, John B. Watson, urged parents to be extremely strict when dealing with children. The book called for a strong 30 structure of rules in families. It warned parents never to kiss, hug, or physically comfort their children.

Doctor Spock's book was very (　6　). He gave gentle advice to ease the fears of new parents, and said that his work was an effort to help parents trust their own natural abilities in caring for their children. Doctor Spock's 35 book discussed the mental and emotional development of children. It urged parents to use that information to decide how to deal with their babies when they are crying, hungry, or tired. For example, he dismissed the (　7　) idea of exactly scheduled feedings for babies. Baby care experts had believed that babies must be fed at the same times every day or they would grow up 40 to be demanding children. Spock said babies should be fed when they are hungry, arguing that babies know better than anyone about when and how much they need to eat, and that feeding babies when they cry in hunger (　8　) make them more demanding. He also believed that showing love to babies by hugging and kissing them makes them happier and more secure. 45

Doctor Spock's book examined the emotional and physical growth of children. He said he did not want to just tell a parent what to do. Instead, he tried to explain what children are (　9　) like at different times in their development so parents would know what to expect.

Doctor Spock's book did not receive much notice from the media when 50 it was published in 1946. Yet, 750,000 copies of the book were sold during the year after its release, and he began receiving many letters of thanks from mothers around the country. Doctor Spock (　10　) his own mother,

Mildred Spock, to be the major influence on his personal and professional
life. He said his ideas about how (　11　) should act were first formed
because of her. He reacted to the way in which his mother cared for him
and his brother and sisters. Doctor Spock described his mother as
extremely controlling. He said she believed all human action was the result
of a physical health issue or a moral one. She never thought that her
children's actions were based on emotional needs. Doctor Spock later
argued (　12　) this way of thinking. Yet, he praised his mother's trust of
her own knowledge of her children. In his book *Spock on Spock*, he wrote
about his mother's ability to correctly identify her children's sicknesses
when the doctors were wrong.

During the 1950s, Doctor Spock became famous. He wrote several other
books as well as articles for a number of magazines, appeared on television
programs, taught at several universities, and gave (　13　) around the
country, talking to parents about their concerns. During this time, he
discovered things he wanted to change in the book. He wanted to make
sure parents knew they should have control (　14　) their children and
expect cooperation from them. So, in 1957 the second version of the book
was published. He continued to make changes to *Baby and Child Care*
throughout his life.

More than 50 million copies of Doctor Spock's *Baby and Child Care* book
have been sold (　15　) it was published. It has been translated into 39
languages. The eighth edition was published in 2004. It included the latest
medical information about nutrition, physical disorders and behavior. It also
deals with social issues such as working mothers, daycare centers, single
parents, and gay and lesbian parenting. Benjamin Spock died in 1998 at
the age of 94. Yet his advice continues to affect the lives of millions of
children and their parents.

Voice of America

(1)　A．played with　　　B．worked at

　　　C．walked into　　　D．studied on

(2)　A．next　　　B．latter

　　　C．previous　　　D．second

(3)　A．taking　　　B．making

　　　C．offering　　　D．demanding

(4)　A．fewer　　　B．quite a few

　　　C．too few　　　D．the few

(5)　A．appeared　　　B．showed

　　　C．disappeared　　　D．read

(6)　A．easy　　　B．similar

　　　C．different　　　D．difficult

(7)　A．new　　　B．people's

　　　C．correct　　　D．popular

(8)　A．must not　　　B．would

　　　C．must　　　D．would not

(9)　A．hardly　　　B．rarely

　　　C．generally　　　D．merely

(10)　A．controlled　　　B．considered

　　　C．compared　　　D．confused

(11) A. relatives   B. doctors

　　　C. parents   D. friends

(12) A. for   B. against

　　　C. with   D. towards

(13) A. thanks   B. presents

　　　C. money   D. speeches

(14) A. over   B. under

　　　C. about   D. near

(15) A. before   B. while

　　　C. since   D. after

B．本文の内容に照らして最も適当なものをそれぞれA〜Cから一つずつ選び，
　その記号をマークしなさい。

(1) Doctor Spock's wife probably assisted him in writing his first book
　because

　　A．he was injured in the military.

　　B．he was busy during the day.

　　C．she loved to use a typewriter.

(2) Previous ideas about parenting at this time

　　A．cautioned against being too close to your children.

　　B．suggested that being too strict was bad for children.

　　C．were about following your feelings when raising children.

(3) Doctor Spock said in his book that

    A. making a schedule for feeding babies is important.

    B. babies understand their hunger better than anyone else.

    C. it is easy to make babies feel happy by feeding them.

(4) In regard to his mother, Doctor Spock

    A. diverged from his mother's beliefs.

    B. agreed with the way his mother raised him.

    C. said that he was scared of his mother.

(5) After Doctor Spock became famous, he

    A. visited camps for disabled children.

    B. started working at a new job.

    C. revised the first book he wrote.

(6) In his later writing, Doctor Spock

    A. included updated knowledge on health care.

    B. talked mainly about problems in society.

    C. explained about parenting in 39 countries.

(7) Doctor Spock would probably tell a parent raising a child,

    A. "Do what science says you should do!"

    B. "Do what your parents did with you!"

    C. "Do what your heart says is right!"

≪スポック博士の育児書≫

全訳

　ベンジャミン＝スポックは1903年に生まれた。彼は6人きょうだいの長子であった。スポック一家はコネチカット州，ニュー・ヘイブンに暮らしていた。彼の父は弁護士として成功していた。ベンジャミンは物静かな子どもだった。彼は，マサチューセッツ州，アンドーバーの私立学校であるフィリップス・アカデミーに通っていた。後に，彼はニュー・ヘイブンにあるイェール大学へ行った。彼はイェール大学のスポーツチームに入り，ボート競技に参加した。1924年，彼と彼のチームのメンバーは，フランスのパリで行われたオリンピックのボート競技に出場し，金メダルを獲得した。

　大学在学中に，彼は3年間，夏になると，身体障害のある子どもたちのためのキャンプで働いた。彼によれば，この経験が恐らく彼が医学部に入る決心をするきっかけになった。彼はイェール大学医学部で勉強を始めたが，学位をとったのはニューヨーク市にあるコロンビア大学であった。1929年に首席で卒業した。医学部2年生のときに，ジェーン＝チェイニーと結婚した。2人はマイケルとジョンの2人の男の子をもうけた。

　スポック博士は1933年にニューヨーク市で医者として働き始め，赤ちゃんと子どもの治療に当たった。それから10年間，博士は，母親たちが自分の子どもについて話すことを，子どもの発達に関する様々な理論に合致させようと努めた。1943年，出版社から彼に親たちへのアドバイスとなる本を書いてほしいと依頼があった。彼はアメリカ海軍に2年間勤務していたとき，夜の時間を使ってその本を書きあげた。妻のジェーンは彼の最初の本の出版を手伝い，博士のノートや口述したものをタイプした。

　『スポック博士の育児書』が1946年に出版されたとき，その本はアメリカの子育て方法に一大革命を引き起こした。その本は赤ちゃんや幼い子どもを育てる親たちへのアドバイス本であった。その本の最初に書かれている言葉は有名である。スポック博士は次のように書いた。「あなた自身を信頼しなさい。あなたは自分が思っているよりも多くのことを知っているのです」と。このメッセージはかなり多くの親に衝撃を与えた。

　ずっと以前から母親たちは「あなたたちは自分の赤ちゃんに対する自然な感情を拒絶すべきだ」と言われてきた。スポック博士の本が出る前は，子育ての最も一般的な指針となる書は，『心理学的育児法』というものであった。この本の著者であるジョン＝B.ワトソンは，親たちに子どもの扱いには非常に厳しい態度をとるように強く求めていた。その本では，家庭にしっかりとした規則を作ることを求めていた。親たちに，子どもにキスをしたり，抱っこしたり，安心感を与えるような行為をすることを厳に慎むように求めていた。

　ところがスポック博士の本はそれとひどく違っていた。博士は，新しく親となった人たちの不安を和らげるような優しいアドバイスをし，自分の仕事は，子育てにおいて，親自身が生まれつき持っている能力に自信が持てるように手助けしようとすることだと語っていた。スポック博士の本が扱っているのは子どもの精神的，情緒的発達である。この本では，赤ちゃんが泣いたり，お腹を空かしたり，疲れてい

るときにどう扱ったらよいかを決めるのに，本に載っている子どもの発達に関する知識を活用することを強く勧めている。たとえば，博士は，正確に決められた時間に授乳するという通俗的な考えを退けた。それまで育児の専門家は，赤ちゃんには毎日同じ時間に授乳しなければならない，さもないと大きくなってわがままな子どもになると信じていた。スポック博士は，赤ちゃんにはお腹が空いたときに授乳するようにすべきだと言い，赤ちゃんは自分がいつどれくらい飲むべきか，誰よりもよく知っていることや，赤ちゃんが空腹で泣いているときに授乳しても，その赤ちゃんをよりわがままにはしないだろうことを主張した。また，博士は，抱っこしたり，キスしたりして愛情を示せば，赤ちゃんは幸せな気持ちになり安心感も増すのだと信じていた。

　スポック博士の本では，子どもの情緒的，身体的成長が詳しく述べられている。博士は，自分は親に「こういうことをしなさい」と言うだけではありたくなかったと言った。その代わり，赤ちゃんが今後どのようになっていくのかが親たちにわかるように，子どもの発達における様々な時期に子どもの示す一般的な様子を説明するようにしていた。

　スポック博士の本は，それが出版された1946年においては，メディアからあまり注目されなかったが，それでも，その本が出版された翌年に75万部を売った。そして，博士は国中の母親たちから感謝の手紙をたくさん受け取るようになった。スポック博士は自分自身の母親であるミルドレッド＝スポックが，自分の私生活や職業生活に大きな影響を与えた人だと考えていた。博士によれば，親がどのように振る舞うべきかに関する自分の考えは，まずは母親の影響を受けて形成されたということである。母親が自分や自分のきょうだいの世話をするやり方に対して反発していたのだ。スポック博士は，母親のことを非常に支配的な人だったと述べている。博士によれば，彼の母親は，すべての人間の行動は，身体的健康問題と道徳的問題の結果であると信じていた。彼女は子どもたちの行動が情緒的欲求からくるものであるとはまったく思っていなかった。スポック博士は後に，このような考え方に反対を唱えた。しかし，母が自分の子どものことに関する彼女自身の知識を信じていたことは，博士も賞賛している。*Spock on Spock*という彼の本のなかで，博士は，医者が間違っているときでも，彼の母親は子どもの病気を正しく見立てる能力を持っていたと述べている。

　1950年代に，スポック博士は有名になった。博士はたくさんの雑誌に記事を書くばかりでなく，他に本を何冊も書いた。テレビ番組に出演し，いくつかの大学で教え，また国のあちこちで演説を行い，親たちが抱えている心配事について，親たちに語った。この時期に，博士は育児書の中に修正を加えたい点を見つけた。博士は親たちに，自分たちは子どもに言うことを聞かせられる力があり，また子どもたちの協力も期待できるということを，しっかりと知ってほしいと思っていた。そこで，1957年にその育児書の第2版を出版した。博士は『スポック博士の育児書』に生涯手を加え続けた。

　発刊以来，『スポック博士の育児書』は5000万部以上が売れている。また，それは39カ国語に翻訳され，2004年には第8版が出版された。第8版には，栄養，身

体疾患，行動に関する最新の医学知識が含まれている。また，ワーキングマザー，保育所，ひとり親，同性愛者の子育てなど，社会問題についてもこの本では扱っている。ベンジャミン＝スポックは1998年に94歳で亡くなった。それにもかかわらず博士のアドバイスは，何百万人の子どもたちとその親たちの生活に影響を与え続けている。

●語句・構文
□ *l.* 8　while節の主語と主節の主語が同じ場合，while節の主語とbe動詞が省略されることが多い。よってWhile he was in universityと考える。この省略は，*l.*30のwhen dealing with childrenの箇所にも見られる。
□ *l.*15　fit *A* with *B*「*B*を*A*に合わせる」 語順に注意。
□ *l.*25　you think you doのdoは代動詞で，knowを指す。
□ *l.*29　urge O to *do*「〜するようOを説得する」
□ *l.*40　or「さもないと，そうでなければ」
□ *l.*41　demanding「わがままな」
□ *l.*43　feeding babies「赤ちゃんに乳をやること」 feedingは動名詞でthat節の主語である。
□ *l.*56　react to 〜　ここでは「〜に反発する」という意味。toよりもagainstが使われることが多い。
□ *l.*69　make sure S V「必ずSがVするよう注意する」
□ *l.*79　parenting「育児，子育て」

解 説

　新しい育児法を提唱した医師の生涯を記した英文。この種の伝記文は事実の紹介が中心で，抽象的・概念的表現があまり登場しない。また，記述が長年にわたることが多いので，時間の経過を表す表現に注意して読み進めれば全体の流れをつかむことができる。

A．空所補充　推定配点　60点（各4点）

⑴　正解は B　　　　　　　　　　　　　　　　　　　　やや易
　A．「〜と遊んだ」
　B．「〜で働いた」
　C．「〜に歩み入った」
　D．動詞studyにはこのような用法はない（名詞ならば「〜の研究」）。
　目的語がcampである点を考えると，Aは人間や動物を目的語に取るので不適。Cの可能性もなくはないが，歩み入った後何をしたのか特に述べられていないので流れが不自然になり不適。Bならば，「夏休み中にアルバイト（あるいはボランテ

ィア）でキャンプで働いていた」という意味になり矛盾しない。

(2)　正解は A ————————————————— 標準

A.「次の」　　　　　　　　　　B.「後半の」

C.「前の」　　　　　　　　　　D.「2番目の」

　直前の文にあるように，スポックが医師として働き始めたのは1933年。また，直後の文を見ると，本の執筆の依頼があったのが1943年で，その間ちょうど10年である。したがって，1933年の出来事に続く表現として適切なのは「次の10年間」となり，Aが正解。

(3)　正解は C ————————————————— 標準

（原形の意味で）

A.「～を受け入れる」　　　　　B.「～を作る」

C.「～を提供する」　　　　　　D.「～を要求する」

　現在分詞の後置修飾で「親にアドバイスを～する本」という意味になる箇所である。第4文型（S V IO DO）を作ることが可能で，さらに第3文型に書き換えたときに前置詞 to を用いる give 型の動詞が入ると考えられる。この条件にあてはまる選択肢はCである。

(4)　正解は B ————————————————— 標準

A.「より少ない」　　　　　　　B.「かなり多数の」

C.「あまりにも少数の」　　　　D.「その少数の」

　語彙の問題。few は基本的に「少ない，少数の，わずかの」という意味だが，Bの quite a few だけは「かなり多数の，相当数の」＝「多い」という意味で，当該文も「このメッセージはかなり多くの親に衝撃を与えた」となり意味が通る。この表現はぜひ覚えておきたい。なお，よく似た表現の quite few は「大変少ない」という意味である。

(5)　正解は A ————————————————— 標準

（原形の意味で）

A.「現れる」　　　　　　　　　B.「見える」

C.「消滅する」　　　　　　　　D.「読書する」

　直後に目的語がないので自動詞の意味で考える。ここで述べられているのは，1946年にスポック博士の著書が出版される以前の子育ての様子である。よって，著書が「現れた（出版された）」となるAが最も適切である。Bの show にも「現れる」という意味があるが，「目に見えるようになる」という意味なので，本文の文脈には合わない。

(6)　正解は C ————————————————— やや易

A.「容易な」　　　　　　　　　B.「類似した」

C.「異なっている」　　　　　　D.「困難な」

　前段では，スポック博士の本が登場する以前の子育てについての心得が説明され
ている。つまり，「厳しい態度をとる」「しっかりとした規則を作る」「キスや抱っ
こを厳に慎む」などである。当該文の意味は，「スポック博士の本はとても～だっ
た」で，その直後の「優しいアドバイス」「手助けする」などの内容を考えると，
前段と対比させていることがわかる。よってCが最も適切である。

(7)　正解は D ―――――――――――――――――――――――――――――――――――――― 標準

　A.「新規の」　　　　　　　　　　　B.「人々の」
　C.「正しい」　　　　　　　　　　　D.「通俗的な」

　当該箇所の意味は「彼は，正確に決められた時間に授乳するという～考えを退け
た」となる。この考えについては直後の文（Baby care experts …）で「赤ちゃん
には毎日同じ時間に授乳しなければならない」と改めて説明されている。スポック
博士の本が出版されるまでは，この考え方が（正しくはないが）広く受け入れられ
ていたので，Dが最も適切である。

(8)　正解は D ―――――――――――――――――――――――――――――――――――――― やや難

　A.「～してはいけない」　　　　　　B.「～するだろう」
　C.「～しなければならない」　　　　D.「～しないだろう」

　同段第6文（Baby care experts …）で述べられている「決まった時間に授乳し
ないと，その赤ちゃんはわがままな子どもに育つ」という内容に対して，スポック
博士の反対意見が述べられている箇所である。意味は「赤ちゃんが空腹で泣いてい
るときに授乳してもその赤ちゃんをよりわがままに～」となるので，本文の趣旨に
合致するのはDである。

(9)　正解は C ―――――――――――――――――――――――――――――――――――――― 標準

　A.「ほとんど～ない」　　　　　　　B.「めったに～ない」
　C.「一般に」　　　　　　　　　　　D.「単に～に過ぎない」

　what children are like の意味は「子どもたちはどのようであるか」となり，空
所には副詞が入る。スポック博士は親に「育児はこうしなさい」と命じたかったの
ではなく，一般的な子どもの様子を説明しようと努めたのである。よってCが最も
適切である。

(10)　正解は B ―――――――――――――――――――――――――――――――――――――― 標準

　（原形の意味で）

　A.「～を管理する」　　　　　　　　B.「～を（…だと）考える」
　C.「～を比べる」　　　　　　　　　D.「～を困惑させる」

　後に不定詞 to be がある点に注意。目的語の his own mother だけだとわかりに
くいが，この部分も合わせて考えると，consider O to be「Oを～だと考える」
の形だと判断できる。よってBが最も適切である。当該箇所の意味は「スポック博
士は自分自身の母親であるミルドレッド＝スポックが，自分の私生活や職業生活に

大きな影響を与えた人だと考えていた」となる。

(11) 正解は C ──────────────────────── やや易

A.「親戚」　　　　　　　　　B.「医師」

C.「親」　　　　　　　　　　D.「友人」

目的節内の主語（his ideas … should act）の一部が間接疑問になっている構造。意味は「～がどのように振る舞うべきかに関する彼の考え」となる。『スポック博士の育児書』という書名からもわかるように，彼が説明しているのは「育児法」である。よって，行動の主体は親であると考えられる。Cが正解。

(12) 正解は B ──────────────────────── 標準

スポック博士がこのような考え方に対してどのような立場で主張したのかを考える。このような考え方とは，第8段第7文（He said she …）にあるように，彼の母親が「すべての人間の行動は身体的健康問題と道徳的問題の結果であると信じていた」ことである。しかし，第6段第3文（Doctor Spock's book …）で述べられているように，彼の本が扱っているのは子どもの精神的，情緒的発達であり，まったく異なるものである。よって，Bの「反対して」が最も適切である。

(13) 正解は D ──────────────────────── やや易

A.「感謝」　　　　　　　　　B.「贈り物」

C.「お金」　　　　　　　　　D.「演説」

第9段第1文（During the 1950s, …）および当該文で述べられているように，スポック博士は有名になり，本や記事の執筆，テレビ出演，大学の授業などに加えて「国のあちこちで～を与えた」のである。この流れで考えれば，最も適切なのはDで，「演説をした」という意味になる。

(14) 正解は A ──────────────────────── やや難

直前の control は名詞で，have control over ～ で「～を支配している，～を好きなようにできる」という意味になる。よってAが正解である。Bの under とともに用いる表現としては under the control of ～「～の支配下で，～に主導権を握られて」がある。

(15) 正解は C ──────────────────────── やや易

現在完了の一般的な表現方法である。接続詞 since を伴って，「～してから今までに…である」という意味になる。したがって，当該箇所は「発刊以来，『スポック博士の育児書』は5000万部以上売れている」となる。正解はCである。

B．内容説明　推定配点　28点（各4点）

(1) 正解は B ──────────────────────── やや難

「スポック博士の妻が彼の最初の著書の執筆を手伝ったのは，おそらく…からである」

A．「彼が軍隊で負傷していた」

B．「彼が昼間は忙しかった」

C．「彼女がタイプライターを使うのが大好きだった」

　スポック博士の妻のジェーンが彼の最初の本の執筆を手伝ったことについては，第3段（Spock began working …）で述べられている。第4文（He finished the …）に「彼はアメリカ海軍に2年間勤務していた時，夜の時間を使ってその本を書きあげた」とあるので，昼間は海軍の仕事で忙しかったのだと推測できる。よってBが最も適切である。A，Cについては本文では述べられていないので不適。

(2)　正解は A ──────────────────────────── 標準

「当時，子育てに関する彼以前の考え方は…」

A．「子どもと親密になりすぎることに対して警告した」

B．「厳しすぎることは子どもにとってよくないと示唆した」

C．「子育ての時には自分の気持ちに従うということに関するものだった」

　スポック博士以前の育児法については第5段（For years, mothers …）で説明されている。第3文（The book's writer, …）以降で述べられているのは，「非常に厳しい態度をとる」「しっかりとした規則を作る」「キスや抱っこは厳に慎む」など，子どもを甘やかさない育児法である。これに合致しているのはAである。B，Cはスポック博士以前の考え方でなく彼自身の意見なのでここでは不適。

(3)　正解は B ──────────────────────────── 標準

「スポック博士は著書の中で…と述べた」

A．「授乳のスケジュールを作ることは大切である」

B．「赤ちゃんは他の誰よりも自分の空腹を理解している」

C．「授乳によって赤ちゃんを幸福だと感じさせることは容易である」

　スポック博士の著書の内容について説明されているのは第6段（Doctor Spock's book was …）以降である。第6段第7文（Spock said babies should …）の後半部分（arguing that babies …）で「赤ちゃんは自分がいつどれくらい飲むべきかを誰よりもよく知っている」と主張したことが述べられている。Bはこの部分に合致している。Aはスポック博士以前の考え方であり，Cのような記述はない。

(4)　正解は A ──────────────────────────── やや難

「自分の母親に関しては，スポック博士は…」

A．「自分の母親の信条と意見を異にした」

B．「母親が自分を育ててくれた方法に同意した」

C．「自分は母親が怖かったと述べた」

　スポック博士の母親についての記述は第8段（Doctor Spock's book did …）にある。第8文（She never thought …）に「彼女は子どもたちの行動が情緒的欲求からくるものであるとはまったく思っていなかった」とあるが，第6段第3文

（Doctor Spock's book discussed …）にあるように，スポック博士自身は子どもの精神的，情緒的発達を重視している。つまり両者の考え方には隔たりがあるのであり，Aはこれに合致している。彼は母親の考え方に反対を唱えたとあるのでBは不適，Cに関する記述はない。

(5)　**正解は C** ―――――――――――――――――――――――――― 標準

「スポック博士は有名になった後，…」

A.「身体障害のある子どもたちのためのキャンプを訪れた」

B.「新しい勤め口で働き始めた」

C.「自分が書いた最初の本を書き直した」

　　第9段（During the 1950s, …）は「1950年代に，スポック博士は有名になった」という文で始まっているので，これ以降の内容を読み取ることになる。同段最終文（He continued to …）に「彼は『スポック博士の育児書』に生涯手を加え続けた」とある点，また第3段および第4段に彼の最初の本が『スポック博士の育児書』であったと述べられている点から，最も適切なのはCである。Aは彼が大学生時代のことであり，Bについては述べられていない。

(6)　**正解は A** ―――――――――――――――――――――――――― やや難

「スポック博士は後の著書の中で…」

A.「医療に関する最新の知識を含めた」

B.「主に社会問題について語った」

C.「39ヵ国の子育てについて説明した」

　　『スポック博士の育児書』の改訂版については，最終段（More than 50 …）で述べられている。第4文（It included the …）に「それ（第8版）には，栄養，身体疾患，行動に関する最新の医学知識が含まれている」とあり，Aはこの部分に合致している。直後の文に「社会問題についても扱っている」とあるが，これが主たる論点というわけではないのでBは不適。Cの「39」という数字は第2文（It has been …）にあるように「翻訳された言語の数」である。

(7)　**正解は C** ―――――――――――――――――――――――――― やや易

「スポック博士なら，子育て中の親に対しておそらくこう言うだろう」

A.「『科学があなたにやるべきだと述べていることをしなさい』」

B.「『あなたの両親があなたにしてくれたことをしなさい』」

C.「『あなたの心が正しいと言っていることをしなさい』」

　　特定の段落を吟味するのではなく，本文全体を眺めて答える問題。第4段第4文（Doctor Spock wrote …）で親に対してスポック博士が「自分を信じなさい」と語りかけているように，また，第6段第2文（He gave gentle …）に「新しく親となった人たちの不安を和らげるような優しいアドバイスをした」とあるように，親が愛情をもって子どもに接することを推奨している。この考え方に最も近いのはCである。

A. (1)—B　(2)—A　(3)—C　(4)—B　(5)—A　(6)—C　(7)—D　(8)—D
　　(9)—C　(10)—B　(11)—C　(12)—B　(13)—D　(14)—A　(15)—C
B. (1)—B　(2)—A　(3)—B　(4)—A　(5)—C　(6)—A　(7)—C

23 2019年度　全学部日程・センター中期2月7日実施分〔Ⅱ〕

目標解答時間 35分

A．次の英文の空所（　1　）～（　15　）に入れるのに最も適当なものをそれぞれA～Dから一つずつ選び，その記号をマークしなさい。

Anger over uncontrolled tourism is getting ugly, even in Barcelona, where the mayor is one of the few politicians dedicated to trying to control the industry. Residents have told me that they have had enough of rising rents, thousands of tourists from cruise ships swamping the city's historic center, and partygoers keeping families awake during the night. And they are increasingly skeptical about the economic benefits for the average citizen.

Every time I look at photographs of drunken tourists crowding a gracious town square, I think of Venice. The annual tourist traffic of more than 20 million visitors has made most Venetians poorer, rather than richer. They have been pushed out, the population cut in half to fewer than 60,000 people. The survivors continue to protest and vote （　1　） giant cruise ships and growing tourism. But those in power have done little. Even the United Nations has warned that the spirit of Venice—its culture, art, and way of life—is being drowned by tourism.

The anger is not limited to Europe. In Cambodia, citizens were kicked out of their fishing villages so that foreign-built resorts could rise on the beautiful beaches. With record crowds and mounds of litter, the once romantic beach at Ipanema in Rio de Janeiro now has drunken tourists annoying the locals. It is no longer possible to dismiss criticism of exploding tourism （　2　） elite arrogance. It is not a question of who has the right to travel and who does not. The dimensions of the industry have grown so vast and so quickly that it has become a serious issue of globalization.

25　　　Few industries were better positioned to take advantage of the 21st century than tourism. Open borders for the first time in modern history, leaps in technology from airplanes to the Internet, and the rise of the global middle class meant travel moved from a pastime to an economic engine. In (　3　) than two decades, travel doubled from 536 million trips abroad in

30　1995 to one billion in 2012. When the Cold War closed off much of the world to tourism, that figure was only 25 million. Tourism has become a monster, with a (　4　) to do great good and great damage. It is an eight-trillion-dollar industry. It is the largest employer on Earth: one in 11 people works in tourism and travel.

35　　　The appeal of travel is obvious: leisure, excitement, education, and adventure. Nothing seems to (　5　) people from traveling: not the 2008 great recession, not terrorism, including attacks on tourist resorts, not even war. Tourists still show up in Afghanistan and North Korea. A tourist was released last week after six years of being held hostage by terrorists in

40　Mali.

　　　Travel is already up 6% this year, according to the United Nations' World Tourism Organization, with a 10% increase in the Middle East, the center of the world's most deadly conflicts, and up 6% in Europe, despite a string of terrorist attacks, particularly in France and England. This boom

45　has translated into crowds of tourists in every corner of the globe and stories of tourists behaving badly. Complaints in Hong Kong about loud, impolite tourists throwing away trash on the street sound a lot like those I heard in Thailand about Chinese tourists (　6　) Buddhist temples. An Internet search of "tourists behaving badly" can keep you entertained for

50　hours.

　　　Many of us hear these stories and congratulate ourselves for (　7　) thoughtful travelers. We avoid the nasty crowds. We seek the less well-known destinations where we enjoy the best in local food and culture.

Some plant trees to (8) any damage their travel might cause to the environment. But this problem cannot be remedied by good consumer behavior. Appealing to the industry to refrain from packing their planes and adding new cruise destinations is not going to work either.

Only governments can handle problematic tourism. Few major industries are so connected to government—at a local, regional, and national level. Governments decide who is eligible for visas, how many cruise ships, airlines, and trains can (9) visitors, how many hotels receive building permits, how many beaches are open to development, how many museums and concert halls are open, even how many farmers receive subsidies to raise food for the restaurants and cafés that are popular with tourists. After years spent tracking the explosion of tourism, I came to the obvious conclusion that without serious (10) coordination, chaos can follow. The current biggest problems are short-term rental companies and cruise ships.

Most governments still measure tourism success simply by the number of visitors: the more, the better. For the moment, officials have been (11) to regulate tourism to the benefit, first of all, of their own citizens. Instead, tourism is seen as an easy moneymaker and a short cut to economic development, although there are some (12). France, Bhutan, Costa Rica, and Canada are among the few countries with governments willing to implement policies of sustainable tourism and they have not suffered: they are among the most popular destinations in the world.

Promoting tourism by the numbers works both ways. The Chinese were allowed to travel abroad only 20 years ago, after generations of forced isolation. (13) the Chinese as a nationality are ranked as the greatest number of travelers in the world and the biggest spenders. President Xi Jinping negotiates favors with other countries (14) more tourist visas for his people.

There is hope. Tourists and governments accept that too much tourism can have a deadly effect on the environment and nature.　Slowly, governments are adapting, sometimes in the extreme.　Last year, Thailand banned all tourists from Koh Tachai as the only way to save that exquisite island.　Cities and societies can be just as vulnerable to increasing tourism as ocean beaches and forests, and governments need to do the hard work of taming tourism for them （　15　）.

(1)　A．for　　　　　　B．inside
　　　C．against　　　　D．behind

(2)　A．with　　　　　　B．in
　　　C．as　　　　　　D．to

(3)　A．greater　　　　B．smaller
　　　C．more　　　　　D．less

(4)　A．warning　　　　B．independence
　　　C．potential　　　D．care

(5)　A．motivate　　　　B．help
　　　C．deny　　　　　D．discourage

(6)　A．suspecting　　　B．disrespecting
　　　C．inspecting　　　D．disregarding

(7)　A．being　　　　　B．seeing
　　　C．doing　　　　　D．having

(8)　A．make up for　　B．put up with
　　　C．give up on　　　D．get up to

(9)　A．take over　　　　　　B．bring in

　　　C．take out　　　　　　D．bring about

(10)　A．government　　　　　B．travel

　　　C．economic　　　　　　D．agricultural

(11)　A．anxious　　　　　　　B．willing

　　　C．reluctant　　　　　　D．working

(12)　A．doubts　　　　　　　B．oppositions

　　　C．examples　　　　　　D．exceptions

(13)　A．Then　　　　　　　　B．Now

　　　C．However　　　　　　D．Therefore

(14)　A．in return for　　　　　B．in cooperation with

　　　C．in spite of　　　　　　D．in regard to

(15)　A．subsequently　　　　　B．otherwise

　　　C．in time　　　　　　　D．as well

B．本文の内容に照らして最も適当なものをそれぞれA～Cから一つずつ選び，
その記号をマークしなさい。

(1)　According to the passage,

　A．about 50% of the residents of Venice left the city due to uncontrolled tourism.

　B．the United Nations has been working hard to regulate tourism in Venice.

C．the average citizen in Venice has benefitted financially from increased tourism.

(2) The number of travelers has significantly increased in the 21st century partly because

A．people work less and have long vacations.

B．terrorist attacks have decreased overall.

C．more people have the money to travel.

(3) This year,

A．the number of visitors to France and England has decreased significantly.

B．tourism to the Middle East has increased at a higher rate than to Europe.

C．more people are traveling to dangerous countries than to safe ones.

(4) One way to deal with problematic tourism is

A．to set limits on the number of travelers who can go to certain places.

B．to make tourists more aware of the negative aspects of their behavior.

C．to track the growth of global tourism as it increases explosively.

(5) It can be inferred that the government has been successful in controlling tourism in

A．England.

B．Cambodia.

C．Bhutan.

(6) The Thai government's policy regarding Koh Tachai suggests that

A. it is difficult for governments to adapt to changes in the environment.

B. drastic policies are sometimes necessary to save beautiful places.

C. tourists should be encouraged to visit cities rather than natural places.

(7) The author is principally concerned with

    A. how we can control the negative effects of increased tourism.

    B. why the number of tourists has increased in recent years.

    C. the positive and negative effects of increased tourism.

≪観光の増加による悪影響の解決策≫

全訳

　市長がこの産業を支配することに専念している数少ない政治家のうちの一人であるバルセロナでさえ，野放しの観光に対する怒りはひどくなっている。住民は，賃料の上昇，市内の歴史的中心部に押し寄せるクルーズ船から降りてくる何千人もの観光客，そして夜間は家族を眠らせないパーティーの参加者にうんざりしているということを私に語ってくれた。そして彼らは平均的な市民のための経済的利益についてますます懐疑的になっている。

　優雅な町の広場に詰めかけている酔った観光客の写真を見るたびに，私はベネチアについて思う。年間2000万人以上訪れる観光客は，ほとんどのベネチア人を豊かにするどころかむしろ貧しくしている。彼らは追い出され，人口は半減して6万人以下になった。残った者たちは巨大クルーズ船と成長する観光に抗議し，反対票を投じ続けている。しかし，権力者たちはほとんど何もしてこなかった。国連でさえ，ベネチアの精神——その文化，芸術，そして生き方——が観光によって破滅させられていると警告している。

　怒りはヨーロッパに限ったことではない。カンボジアでは，外国人が造成するリゾートが美しいビーチに建ち上がるように，市民は自分たちの漁村から追い出された。記録的な人の群れとゴミの山で，リオデジャネイロのイパネマのかつてのロマンチックなビーチは今や，地元の人々を悩ませている酔っ払った観光客を抱えている。急成長する観光に対する批判をエリートの傲慢として却下することはもはや不可能である。誰が旅行する権利をもち誰がそうでないかという問題ではない。この産業の規模は非常に大きくまた急速に成長しているため，グローバリゼーションの深刻な問題となっているのだ。

　観光ほど21世紀を利用できる位置を占める産業はほとんどなかった。近代史上初めての開かれた国境，航空機からインターネットまでの技術面での飛躍，そして世界的な中産階級の台頭は，旅行が娯楽から経済的原動力へ移行したことを意味した。20年もたたないうちに，旅行は1995年の海外旅行5億3600万件から2012年の10億件へと倍増した。冷戦が世界の大部分を観光に対して閉鎖していたとき，その数字はわずか2500万件だった。観光は，大きな利益と大きな損失を与える可能性をもつ巨大なものになっている。それは8兆ドル規模の産業である。地球上で最大の雇用主となり，11人に1人が観光と旅行に従事しているのである。

　旅行の魅力は明らかだ。レジャー，興奮，教育，そして冒険である。人々の旅行を妨げるものは何もないようだ。2008年の大不況も，観光地への攻撃を含むテロも，戦争でさえも妨げるものではない。観光客はいまだにアフガニスタンや北朝鮮に姿を見せる。ある観光客が先週解放されたが，これはマリでテロリストによって人質にされて6年後のことだった。

　国連の世界観光機関によれば，旅行は今年すでに6％増加している。世界の最も激しい紛争の中心地である中東では10％，特にフランスとイギリスにおける一連のテロ攻撃にもかかわらず，ヨーロッパでは6％の増加である。このブームは結果として，世界中の隅々で観光客の群れを生み出し，ひどい行動をする観光客の話となった。香港の路上でゴミを捨てる騒々しく無礼な観光客に関する苦情は，タイの

仏教寺院に無礼な振る舞いをする中国の観光客について私が耳にした苦情とよく似ている。「ひどい振る舞いをする観光客」をインターネットで検索すれば，何時間も楽しめる。

　我々の多くはこれらの話を聞き，自分が思慮深い旅行者であることに対して喜ばしく思う。我々はやっかいな群衆を避ける。地元の食べ物や文化で最高のものを楽しむことのできる，あまり知られていない目的地を探す。自分の旅行が環境に与えているかもしれないいかなる損害をも補うために木を植える人もいる。しかし，この問題はよき消費者行動によっては解決できない。飛行機に乗客を詰め込んだり，新たなクルーズの目的地を加えたりすることを控えるように業界に訴えるのはうまくはいかないだろう。

　政府だけが問題のある観光に対処することができる。政府とそれほど結びついている主要産業はほとんどない──地方のレベルでも，地域のレベルでも，国のレベルでも。誰がビザにふさわしいか，いくつのクルーズ船・飛行機・列車が観光客を連れて来ることができるか，いくつのホテルが建築許可を受けるか，いくつのビーチが開発を受け入れるか，いくつの美術館やコンサートホールが開いているか，そして何人の農業者が観光客に人気のレストランやカフェのための食料を育てるための補助金を受け取るかさえ，これらは政府が決めるのである。観光の急増を追跡して何年も費やした後，私が達した明白な結論は，真剣な政府の調整がなければ混乱が続くことがありうるということである。現在の最大の問題は，短期のレンタル会社とクルーズ船である。

　ほとんどの政府は，観光の成功を依然として単に観光客数で測っている。多ければそれだけよいというわけだ。今のところ，当局者は，まず第一に，彼ら自身の市民の利益のために観光を規制することを渋ってきた。それどころか，若干の例外はあるが，観光は簡単な金儲けであり，経済発展への近道とみなされている。フランス，ブータン，コスタリカ，そしてカナダは，持続可能な観光政策を実行するのに熱心な政府をもつ少数の国々に属する。これらの国々は，苦しんでいないし，世界で最も人気のある目的地となっているのである。

　数値による観光の促進は両方向に働く。中国人の海外旅行が許可されたのは今からほんの 20 年前で，強制隔離が続いた何世代もの後であった。現在，国籍の上での中国人は，世界で最大の旅行者数および最も金を使う者としてランク付けされている。習近平主席は中国人民のためのより多くの観光ビザと引き換えに他の国々と恩恵を交渉している。

　希望はある。観光客や政府は，多すぎる観光は環境や自然に非常な悪影響を及ぼす可能性があることを認めている。政府はゆっくりと，そして時には極端なまでに適応している。昨年，タイはこの上なく素晴らしい島を救う唯一の方法として，タチャイ島から全ての観光客を締め出した。都市や社会は，海のビーチや森林と同様に観光の増加に対して脆弱である可能性があり，政府は都市や社会のためにも観光を管理するという困難な仕事をする必要がある。

●語句・構文

- □ *l.* 2 (be) dedicated to 〜「〜に専念している」
- □ *l.* 3 have enough of 〜「〜にうんざりしている」
- □ *l.*17 so that S can *do*「Sが〜できるように」
- □ *l.*18 record「（形容詞的に）記録的な，空前の」
- □ *l.*26 Open borders 以下の文は，Open borders … middle class が主語，meant が動詞。
- □ *l.*39 be held hostage「人質にとられる」は hold O (as a) hostage「O を人質にとる」の受動態。
- □ *l.*45 translate into 〜「結果として〜になる」
- □ *l.*56 refrain from *doing*「〜するのを差し控える」
- □ *l.*60 be eligible for 〜「〜にふさわしい」
- □ *l.*64 subsidy「補助金」
- □ *l.*85 in the extreme「極端なまでに」

解 説

　近年急激な成長を遂げている観光業について，その問題点と解決策を紹介している英文である。空所補充問題は単語や成句の意味など，語彙力を問われるものが中心であるが，本文の文脈から判断しなければならない問題もあり，注意が必要である。内容説明問題は，それぞれの設問がどの段落についてのものなのかを素早く見つけることが肝要である。

A. 空所補充　　推定配点　60点（各4点）

(1) **正解は C** ――――――――――――――――――――― やや易

　vote と結びついて成句の意味をあらわすものは，Aの vote for 〜「〜に賛成票を投じる」とCの vote against 〜「〜に反対票を投じる」の2つだけなので，本文の趣旨に即して適切なものを選択する。直前に，ベネチアに残った居住者の行動として protest「〜に抗議する」があるので，これと矛盾しないのはCの方である。これならば，直後の文「権力者たちはほとんど何もしてこなかった」が But「しかし」で始まっているのも意味が通る。

(2) **正解は C** ――――――――――――――――――――― やや難

　不定詞中で用いられている動詞 dismiss の用法に注意する。dismiss *A* as *B* で「*A* を *B* として退ける，*A* を *B* だとはねつける」という意味であり，当該部分は「急成長する観光への批判をエリートの傲慢として却下する」となって意味が通る。よって，Cの as が最も適切である。

(3) **正解は D** ――――――――――――――――――――― 標準

　two decades は「20年間」。直後の travel doubled from 536 million trips abroad in 1995 to one billion in 2012 の意味は「旅行は 1995 年の海外旅行 5 億 3600 万件から 2012 年の 10 億件へと倍増した」となり，17 年間の変化を説明している。つまり，当該部分は「20 年もたたないうちに」という意味であると考えるのが妥当である。よって less than ～「～より少ない」となる D が最も適切である。

(4) 正解は C ————————————————— 標準

A.「警告」　　　　　　　　　　B.「独立」
C.「可能性」　　　　　　　　　D.「注意」

　当該部分は「観光は，大きな利益と大きな損失を与える～をもつ巨大なものになっている」という意味である。直後の文に「それ（観光）は 8 兆ドル規模の産業である」とあることから，利益も損失も非常に大きなものになる可能性があることがうかがえる。よって最も適切なのは C である。

(5) 正解は D ————————————————— やや難

A.「～に動機を与える」　　　　B.「～を手伝う」
C.「～を否定する」　　　　　　D.「～を邪魔する」

　直後に目的語（と思われる）people に続いて from *doing* という形がある点に注目する。この表現を伴う動詞は discourage だけで，「人々が旅行するのを思いとどまらせる」となる。この意味ならば本文の趣旨にも合致するので正解は D である。

(6) 正解は B ————————————————— 標準

（原形の意味で）

A.「～を怪しいと思う」　　　　B.「～に無礼をはたらく」
C.「～を詳しく調べる」　　　　D.「～を無視する」

　直後の文は「『ひどい振る舞いをする観光客』をインターネットで検索すれば，何時間も楽しめる」という意味である。この文は前述の内容を受けたものだと考えられるので，当該文でも「ひどい振る舞い」について述べられていると判断できる。よって最も適切なのは B である。

(7) 正解は A ————————————————— やや易

（thoughtful travelers と結びついて）

A.「思慮深い旅行者であること」　　B.「思慮深い旅行者に会うこと」
C.「思慮深い旅行者をすること」　　D.「思慮深い旅行者をもつこと」

　当該箇所は「～を喜ばしく思う」という意味になる。直後で We「私たち」を主語として「やっかいな群衆を避ける」「あまり知られていない目的地を探す」など，思慮深い行動と思われる例が述べられているので，「私たち」＝「思慮深い旅行者」の関係であると考えられる。よって A が最も適切である。

(8) 正解は A ————————————————— 標準

A.「（損失など）を埋め合わせる」　　B.「～を我慢する」
C.「～に見切りをつける」　　　　　　D.「～まで達する」

　当該文の意味は「自分の旅行が環境に与えているかもしれないいかなる損害をも〜ために木を植える人もいる」となる。環境にとって損害はマイナス，木を植えるという行為はプラスの結果をもたらすので，最も適切な行為はAである。

(9)　正解は B ──────────────────────────────── やや難

A.「〜を引き継ぐ」　　　　　　　B.「〜を導入する，参加させる」

C.「〜を持ち出す」　　　　　　　D.「〜を引き起こす」

　政府が決定する事項を列挙している部分である。当該箇所の意味は「どれだけの数のクルーズ船や飛行機や列車が観光客を〜することができるか」となる。よって最も適切なものはBである。

(10)　正解は A ──────────────────────────────── やや易

A.「政府の」　　　　　　　　　　B.「旅行の」

C.「経済の」　　　　　　　　　　D.「農業の」

　当該箇所（that 以下）の意味は「真剣な〜の調整がなければ混乱は続く」となる。この段落の趣旨は「観光業が抱える問題に対処できるのは政府しかない」という内容なので，Aが最も適切である。

(11)　正解は C ──────────────────────────────── 標準

（直前の be 動詞および直後の不定詞と結びついて）

A.「〜することを切望して」　　　B.「〜することをいとわない」

C.「〜したくない」　　　　　　　D.「〜するために働いている」

　直前の内容「（観光客数が）多ければ多いほどよい」に注目する。これがほとんどの政府が採用している考え方であるとするならば，当局者は観光の規制に対して消極的あるいは否定的態度をとってきたと考えられる。この趣旨に合致するのはCであり，これならば直後の文の「それどころか」で始まる内容にも矛盾しない。

(12)　正解は D ──────────────────────────────── やや難

A.「疑い」　　　　　　　　　　　B.「反対」

C.「実例」　　　　　　　　　　　D.「例外」

　当該文前半の趣旨「多くの国にとって観光は簡単な金儲けであり，経済発展への近道だとみなされている」に対して，当該箇所では although「〜だけれども」が用いられていることから，この趣旨に反する内容が述べられていると考えられる。よってDが最も適切である。なお，後続の文の policies of sustainable tourism「持続可能な観光政策」とは観光に公的規制を加えることを意味する。

(13)　正解は B ──────────────────────────────── 標準

A.「その時，それからすぐ」　　　B.「現在」

C.「しかしながら」　　　　　　　D.「それゆえ」

　Cは文頭で用いる場合コンマをつけるのでここでは不適。直前の文の「中国人の海外旅行が許可されたのはほんの 20 年前」という内容は，当該文「中国人は世界

で最大の旅行者数および最も金を使う者としてランク付けされている」ことの理由ではないので，Dも不適。さらに直前の文が過去時制，当該文が現在時制であることから，同時性をもつAも不適。Bならば現在時制の文に適しており，内容の上でも矛盾はない。

⑭ **正解は A**

A.「〜と引き換えに」　　　　　B.「〜と協力して」

C.「〜にもかかわらず」　　　　D.「〜に関して」

　negotiates favors with other countries「恩恵（を与えること）を他国と交渉する」こととと more tourist visas for his people「中国人民により多くの観光ビザ（を発行してもらうこと）」は交換条件であると考えられる。よってAが最も適切である。

⑮ **正解は D**

A.「後で」　　　　　　　　　　B.「さもなければ」

C.「そのうちに」　　　　　　　D.「〜もまた」

　直前の them は当該文の主語の Cities and societies「都市や社会」を指していると考えられる。ocean beaches and forests「海のビーチや森林」を指しているのであれば，前半の「都市や社会も海のビーチや森林と同様に観光の増加に対して脆弱である」という記述は必要ないからである。よってこの部分の趣旨は，「海のビーチや森林に対してだけでなく都市や社会に対しても観光を管理する必要がある」となり，Dが最も適切である。

B. 内容説明　　推定配点　28点（各4点）

⑴ **正解は A**

「本文によれば，…」

　A.「ベネチアの居住者の約50%が，野放しの観光のために街を去った」

　B.「国連はベネチアの観光を規制するために一生懸命働いている」

　C.「ベネチアの平均的な市民は，観光の増加によって経済的に恩恵を受けている」

　ベネチアの観光の現状については第2段（Every time I …）で述べられている。第3文（They have been …）に「彼らは追い出され，人口は半減して6万人以下になった」とあり，Aはこの記述に合致する。最終文（Even the United …）に国連がベネチアに関して警告を発したことは述べられているが，Bのような記述はないので不適。Cは第2文（The annual tourist …）の「ほとんどのベネチア人を豊かにするどころかむしろ貧しくしている」という内容に反するので不適。

⑵ **正解は C**

「21世紀に旅行者数が大幅に増加したのは，一部には…からである」

　A.「人々の仕事量が減り，長い休暇を取る」

　　B．「テロ攻撃が全体的に減少している」

　　C．「旅行できるだけのお金がある人が増えている」

　21世紀の観光事情については第4段（Few industries were …）で取り上げられている。第2文（Open borders for …）で旅行が巨大な市場になった理由が3つ挙げられているが，3番目の the rise of the global middle class「世界的な中産階級の台頭」は，貧しかった階級が豊かになったことを意味している。これに当てはまるのはCである。A，Bはいずれも本文中で述べられていない。

(3)　正解は B ———————————————————————————— 標準

「今年は，…」

　　A．「フランスとイギリスへの訪問者数が大幅に減少した」

　　B．「中東への観光がヨーロッパへの観光よりも高い率で増加した」

　　C．「安全な国よりも危険な国に旅行している人が増えている」

　今年の旅行の増加については第6段（Travel is already …）の前半で述べられている。第1文（Travel is already …）に「中東では10％の増加，ヨーロッパでは6％の増加」とあり，Bはこれに合致している。また，同文のヨーロッパでの増加に関して，「特にフランスとイギリスにおける一連のテロ攻撃にもかかわらず」と加えられていることから，この2国で大幅に減ったとは考えられないのでAは不適。第5段（The appeal of …）に危険な国へも観光客は出かけるとあるが，Cのような記述はない。

(4)　正解は A ———————————————————————————— 標準

「問題のある観光に対処する1つの方法は…である」

　　A．「特定の場所に行くことができる旅行者の数に制限を設けること」

　　B．「観光客に自分たちの行動のよくない面をもっと意識させること」

　　C．「グローバルツーリズムが爆発的に増加する時にその成長を追跡すること」

　第8段（Only governments can …）で，政府が問題のある観光に対処する方法がいくつか説明されている。第3文（Governments decide who …）に1つ目の方法として「誰がビザの対象となるかは政府が決める」とあり，「ビザの対象」＝「特定の場所に行くことの許可」と考えると，Aはこの文の趣旨に合致している。Bの「意識させる」やCの「追跡する」は本文では述べられていないので不適。

(5)　正解は C ————————————————————————————

「…では政府による観光管理が成功していると推察できる」

　　A．「イギリス」

　　B．「カンボジア」

　　C．「ブータン」

　観光の管理がうまくいっている国は，第9段最終文（France, Bhutan, Costa Rica, …）で「フランス，ブータン，コスタリカ，カナダは，持続可能な観光政策

を実行するのに熱心な政府をもつ少数の国々に属する」と説明されている。これら
の国に含まれているのはCである。

⑹　**正解は B** ━━━━━━━━━━━━━━━━━━━━━━━━━ やや難

「タチャイ島に関するタイ政府の方針は，…ということを示唆している」

　A.「政府が環境の変化に適応することは困難である」

　B.「美しい場所を守るためには，時には抜本的な政策が必要である」

　C.「観光客は自然の中にある場所よりもむしろ都市部を訪れるよう奨励されるべ
　　　きである」

　　タチャイ島に関してタイ政府がとった政策は，最終段第4文（Last year,
Thailand …）で「昨年，タイはこの上なく素晴らしい島を救う唯一の手段として，
タチャイ島から全ての観光客を締め出した」と説明されている。この方法は極端な
やり方であり，「抜本的」と言ってよい。よってBが最も適切である。

⑺　**正解は A** ━━━━━━━━━━━━━━━━━━━━━━━━━ 標準

「筆者は主として…に関心がある」

　A.「観光の増加によるマイナスの影響をどうすれば抑制できるか」

　B.「近年観光客の数が増加している理由」

　C.「観光の増加がもたらすプラスの影響とマイナスの影響」

　　本文ではA，B，Cすべての内容について述べられている。したがって，筆者が
最も伝えたいと考えている点，すなわち結論として述べている点を答えればよい。
最終段に述べられている結論は，政府による規制に問題解決の希望があるという内
容なので，Aが最も適切である。

A. ⑴—C　⑵—C　⑶—D　⑷—C　⑸—D　⑹—B　⑺—A　⑻—A
　　⑼—B　⑽—A　⑾—C　⑿—D　⒀—B　⒁—A　⒂—D
B. ⑴—A　⑵—C　⑶—B　⑷—A　⑸—C　⑹—B　⑺—A

24

A．次の英文の空所（　1　）〜（　15　）に入れるのに最も適当なものをそれぞ
　れA〜Dから一つずつ選び，その記号をマークしなさい。

　　A survey conducted over the last 20 years by Benesse Educational
Research and Development Institute shows that children in Japan aged
four to six are increasingly playing with their mothers rather than with
other children after they come home from kindergarten.

5 　　The survey has been conducted by the institute every five years since
1995 by sending questionnaires to Tokyo parents and guardians of children
between one-and-a-half years of age and not yet in grade school.　In 2005,
the survey was（　1　）to include households with children between six
months old and not yet in grade school.　The fifth edition of the
10 questionnaire,（　2　）last year, had over 4,000 respondents.

　　In the latest survey, 82 percent of respondents with children aged four
or older said their children often played with their mother on weekdays
when not at kindergarten, making it（　3　）the most common response.
Only 34 percent of respondents in 1995 gave this answer, but the percentage
15 has risen with every edition of the survey.　Meanwhile, the "plays with
friends" response has dramatically declined in the last 20 years.　For
nursery school students,（　4　）tend to be in school longer each day than
kindergartners, only nine percent played often with friends on weekdays.

　　In both the new survey and the 1995 version, the mothers of these
20 children were a more common playmate than friends.　However, the
percentage of children playing with friends was 25 percent in 1995.（　5　）,
the number fell from one in four 20 years ago to less than one in 10 in 2015.
When kindergarteners and nursery school children are looked at together,
the percentage playing with friends in the latest results was 27 percent.

To (　6　) these results, the institute points to the greater number of children in nursery schools, fewer neighborhood children to play with due to the low birthrate, and changes in the ways that mothers think. There are also more kindergarteners going to school by bus instead of walking, reducing chances for them to play with friends when going to and from school.

(　7　) asked what aspects of raising children they were putting a lot of effort into, the percentage of mothers who responded "having my child play with other children" has fallen somewhat in recent years.

Takashi Muto, professor of developmental education at Shiraume Gakuen University, says, "Play with friends now mostly takes place at nursery schools and kindergartens."

One 46-year-old Tokyo mother whose four-year-old son (　8　) kindergarten says, "There is nowhere for him to play, and there aren't other children nearby, so I send him to lessons every day so he will spend time with other children."

At home the boy plays cards or (　9　) games with his mother. She used to be worried because he was slow to pronounce words, perhaps because of having few chances to play with other children when he was younger. "I wanted to raise him within a group, so I wanted to put him in kindergarten as soon as I could," she says.

Another 44-year-old mother shares similar opinions. "Really, I think it would be fine for my children to just be playing, but instead it's like I'm paying money to send them to lessons so they can play. I would like to let them play freely like in the past, but there aren't any parks, and I'm too worried to let them play without adult supervision, (　10　) in front of my house."

Yoshiko Ikari, professor of health education at Izumi Junior College, who ten years ago conducted a joint study similar to the Benesse Institute's, worries that mothers taking on the role of playmate for their children will contribute to a feeling that raising children is (　11　). "Two-

55　or three-year-old children need to get experience to become able to get along with friends. However, many of their parents and guardians don't understand this, having grown up in a society of low birth rates and not having had many chances to interact with other children growing up. With the social pressure not to cause trouble for others, it isn't (　12　) for

60　parents to avoid the possibility of fights between kids by choosing to play with their children themselves," Ikari says.

　　The paper Ikari co-authored predicts that children raised mostly in the (　13　) of their parents will experience a social development lag. "Parent-child relationships always take the form of the child being protected by and

65　at the same time rebellious against the parent. If, however, there are also equal-level relationships with other children and relationships with local adults that are diagonal, parents and guardians should have an easier time raising their kids," she says.

　　As the reality is that there is often little choice but for much of a child's

70　time to be spent with parents, experts have offered their advice on what can be done. Professor of developmental psychology Nobuko Uchida of Jumonji University says, "(　14　) interacting with their kids in an authoritative way that doesn't leave room for them to think, I want parents to value their children's individuality and share fun experiences with them.

75　Enjoying the things the children want to do with them does (　15　) to encourage their vocabulary and intelligence growth than showing them early education videos."

　　Ikari says, "The five senses develop a lot during a person's early years. I hope that parents will walk through town with their children, sensing the

80　colors and shapes and smells together, and not stop children doing what they want to do because it seems 'dirty' from an adult point of view."

　　The Mainichi, 2016/03/06

(1)　A．reduced　　　　B．expanded

　　　C．received　　　　D．entered

(2) A. contributed B. distributed
C. attracted D. contracted

(3) A. by far B. on top
C. at least D. so long

(4) A. then B. those
C. what D. who

(5) A. Before B. Similarly
C. Thus D. Conversely

(6) A. argue B. conclude
C. explain D. review

(7) A. Whatever B. Why
C. Where D. When

(8) A. attends B. studies
C. meets D. decides

(9) A. extra B. those
C. other D. same

(10) A. so B. as
C. yet D. even

(11) A. difficult B. dramatic
C. bored D. cooperative

(12)　A．likely　　　　　　B．stressful

　　　C．uncommon　　　D．predictable

(13)　A．hope　　　　　　B．company

　　　C．case　　　　　　D．absence

(14)　A．Instead of　　　　B．Away from

　　　C．After　　　　　　D．When

(15)　A．little　　　　　　B．extra

　　　C．enough　　　　　D．more

B．本文の内容に照らして最も適当なものをそれぞれA〜Cから一つずつ選び，その記号をマークしなさい。

(1)　The survey conducted by Benesse revealed changes in

　　A．what children do when they play.

　　B．who children play with.

　　C．why children play together.

(2)　In the latest survey, children were found to play

　　A．less with friends and more with their mothers.

　　B．more with friends on weekdays but not weekends.

　　C．equally with friends on weekends and weekdays.

(3)　Three reasons given for the survey results are

　　A．new ideas of child raising, more children walking to school, and more neglected children.

　　B．more children traveling by bus, new ideas of child raising, and fewer children in local areas.

C．more children in local neighborhood parks, more in kindergarten, and more taking the bus.

(4)　The 46-year-old mother sent her son to kindergarten because

A．his schedule didn't match her schedule.

B．his friends already went to the same school.

C．his language skills were not developing.

(5)　Professor Ikari and her colleagues think that parents can help their children develop socially by

A．making sure that they meet other people.

B．explaining human relationships to them.

C．creating clear rules for them to follow.

(6)　Professor Uchida would probably agree that it is advisable for

A．mothers and children to watch educational videos together.

B．children to spend more time playing with their siblings.

C．mothers to change how they play with their children.

(7)　Professor Ikari recommends that mothers

A．let their young children explore the world around them.

B．don't allow children to choose their own activities.

C．have stronger command over their children's behavior.

≪幼児の遊び相手≫

全訳

　ベネッセ教育総合研究所によって，この20年にわたり行われたある調査によると，日本の4〜6歳の子どもたちは幼稚園から帰宅後に他の子どもたちとよりも母親とますます遊ぶようになっている。

　この調査は，1995年以来5年ごとにその研究所によって，東京で1歳半から未就学の子どもを持つ親や保護者にアンケートを送るというやり方で行われてきた。2005年には，生後6カ月から未就学の子どもたちを持つ家庭を含むよう，調査が拡大された。アンケート第5版は，昨年配布されたのだが，4000以上の回答を得た。

　最新の調査では，4歳以上の子どもを持つ回答者のうち82%が，子どもたちは平日幼稚園にいないときは母親とよく遊ぶと答え，それは断然多い回答であった。1995年の回答者でこの答えをしたのは34%しかいなかったが，この割合は調査の版ごとに増えてきた。一方，「友達と遊ぶ」という回答はこの20年で劇的に減少した。保育園児に関しては，幼稚園児よりも毎日長い時間園にいる傾向があるので，平日に友達とよく遊んでいる子どもは9%しかいなかった。

　新しい調査と1995年の調査の両方において，これらの子どもたちの母親は，友達よりも普通の遊び相手であった。ところが，友達と遊ぶ子どもの割合は1995年には25%だったのだ。要するに，その数字は20年前の4人に1人から，2015年には10人に1人未満に下がったのである。幼稚園児と保育園児を合わせて見れば，最新の調査で友達と遊ぶ割合は27%だった。

　これらの結果を説明するために，その研究所は，保育園に通う子どもたちの数が増えていること，出生率が低いために遊び相手となる近所の子どもたちが少なくなっていること，母親の考え方が変化していることを指摘している。また，徒歩ではなくバスで幼稚園に通う園児が増えており，彼らが幼稚園への行き帰りに友達と遊ぶ機会を減らしているのである。

　子育てのうちどの側面に多くの努力を払っているかを尋ねられたとき，「自分の子どもを他の子どもたちと遊ばせること」だと答えた母親の割合は近年いくぶん下がってきている。

　白梅学園大学の発達教育学の教授である無藤隆氏は「今や友達との遊びはほとんど保育園や幼稚園で行われているのです」と言う。

　幼稚園に通う4歳の息子を持つ，東京の46歳のある母親は，「彼が遊ぶ場所はなく，近くに他の子どももいません。だから彼が他の子どもたちと時間を過ごせるように毎日幼稚園に通わせています」と言う。

　家でその少年は彼の母親とトランプかまたはその他のゲームをして遊ぶ。おそらく彼がもっと幼いころに他の子どもたちと遊ぶ機会がほとんどなかったせいで，言葉を発するのが遅かったので彼女は心配していた。「私は彼を集団の中で育てたいと思っていました。だから，彼をできるだけ早く幼稚園に入れたかったんです」と彼女は言う。

　別の44歳の母親も同様の意見を持っている。「本当は，私は自分の子どもたちがただ遊んでいられればいいのにと思います。でも，その代わりに，私がお金を払っ

て，彼らが遊べるように幼稚園へ通わせているようなものです。私は昔のように彼らを自由に遊ばせてやりたいけれど，公園も全くないし，とても心配なので，たとえわが家の前でも大人の監督なしに彼らを遊ばせるなんてできません」

　和泉短期大学の保健教育学の井狩芳子教授は，10年前，ベネッセ研究所の研究に似た共同研究を行っており，母親たちが，自分の子どもたちの遊び相手という役割を担うことが，子育てが困難であるという気持ちの一因となるのではないかと心配している。「2，3歳の子どもたちは，友達とうまくやっていくことができるようになるよう経験をする必要があります。しかしながら，彼らの親や保護者の多くは，低い出生率の社会で育ち，成長しながら他の子どもたちと関わる機会を多くは持ってこなかったので，このことを理解していません。他人に迷惑をかけてはならないという社会的圧力があるので，親が自分で子どもたちと遊ぶことを選択することにより，子ども同士のけんかの可能性を避けることは珍しいことではありません」と井狩教授は言う。

　井狩教授が共著した論文は，大部分，親と一緒に過ごして育てられた子どもたちは社会的成長に遅れが生じるだろうと予測している。「親と子どもの関係は，常に，子どもは親に守られると同時に，親に対して反抗的であるという形をとります。しかしながら，もし他の子どもたちとの同等の関係や，地域の大人たちとの斜めの関係もあるなら，親や保護者が子育てするのがより簡単になるはずです」と教授は言う。

　現実は，子どもの時間の多くが親と過ごされるより仕方がないのがほとんどであるので，専門家はやれることについて助言をしてきた。十文字（学園女子）大学の発達心理学の内田伸子教授は「子どもたちに考える余地を残さない権威的なやり方で彼らに接するのではなく，親御さん方には子どもたちの個性を尊重し，彼らとともに楽しい経験を共有してもらいたいと思っています。子どもたちが親と一緒にやりたいことを楽しむ方が，彼らに早期教育のビデオを見せるよりも，語彙や知能の発達促進に役立ちます」と言う。

　井狩教授は「五感は幼年期にたくさん発達します。私は，親御さん方が子どもたちと町中を歩いて，一緒に色や形や匂いを感じてくれるといいと思います。そして，大人の観点からすると『汚い』ように見えるからといって彼らがやりたいことをするのをやめさせないでほしいと思います」と言う。

●語句・構文……………………………………………………………………………
- [ ] *l.* 4　kindergarten「幼稚園」
- [ ] *l.* 6　questionnaire「アンケート」
- [ ] *l.* 7　grade school「小学校」
- [ ] *l.*17　nursery school「保育園」
- [ ] *l.*25　point to ～「～を指摘する」
- [ ] *l.*26　due to ～「～のせいで，～が原因で」
- [ ] *l.*34　take place「（物事が）起こる，行われる」
- [ ] *l.*41　be slow to *do*「～するのが遅い」

□ *l.* 49　supervision「監督」

□ *l.* 55　get along with ～「～とうまくやっていく」

□ *l.* 58　interact with ～「～と関わる」

□ *l.* 63　lag「遅れ」

□ *l.* 64　take the form of ～「～という形をとる」　直後の the child が being の意味上の主語となっている。

□ *l.* 67　diagonal「斜めの」

□ *l.* 73　leave room for *A* to *do*「*A* に～する余地を残す」

□ *l.* 80　stop *A doing*「*A* が～するのをやめさせる」

解説

　就学前の子どもの遊び相手の変化や母親の接し方について述べた英文である。Aの空所補充問題は語彙力が問われるものが多いが，文法的知識で対応する設問もいくつかある。Bの内容説明問題は，質問に関わる部分がどの段落にあるのかを素早く見つける必要がある。空所補充は1問1分，内容説明は1問3分程度で解答してほしい。

A．空所補充　　推定配点　60点（各4点）

(1)　**正解は B** ───────────────────────────

　　（was と結びついて）

　　A.「縮小された」　　　　　　　　B.「拡大された」

　　C.「受けとられた」　　　　　　　D.「登録された」

　　直前の文では，1995年から行われている調査で対象となった子どもの年齢が「1歳半から未就学まで」であったと述べられている。これに対して，当該文では2005年の調査の対象年齢が「6カ月から未就学までに～された」と記されている。つまり，対象範囲が広がったことがわかる。よってBが最も適切である。

(2)　**正解は B** ─────────────────────────── やや難

　　（過去分詞の意味で）

　　A.「寄付された」　　　　　　　　B.「配布された」

　　C.「魅了された」　　　　　　　　D.「契約された」

　　当該箇所はこの文の主語である The fifth edition of the questionnaire「アンケート第5版」を修飾している過去分詞の挿入句である。したがってアンケートが昨年どうされたのかを考えればよい。直後に「4000以上の回答を得た」とあることから，アンケートは配られたのだと推測できる。よってBが最も適切である。

(3)　**正解は A** ───────────────────────────

　　A.「はるかに，断然」　　　　　　B.「てっぺんに」

　　C.「少なくとも」　　　　　　　　D.「さようなら」

直後に the most common「最もよくある（多い）」と最上級の表現が続いており、この部分を修飾している箇所であると考えられる。Aの by far は「はるかに」という意味で最上級を修飾し、当該文中の82％という数字は確かに断然多いと考えてよいので、これが最も適切である。

(4)　正解は D ───────────────────────────── 標準

直前に前置詞句、直後に動詞 tend があることから、空所に入るのは tend の主語と考えられ、Aの then は除外される。Bの those とCの what は前置詞句とも後続の文とも結びつかない節を作ってしまうので不適。nursery school students を先行詞とする主格の関係代名詞であるDの who が正解となる。なお、直前にコンマがあることから、この関係代名詞は非制限用法ということになる。

(5)　正解は C ───────────────────────────── やや難

A.「以前は」　　　　　　　　　　B.「同様に」
C.「要するに」　　　　　　　　　D.「逆に」

Aは文頭でコンマとともに用いられることは基本的にはなく、当該文も20年間の変化を述べている内容なので意味が通らない。また、直前の文が「友達と遊ぶ子どもの割合は1995年には25％」という内容で、当該文が「その数字は20年前の4人に1人から、2015年には10人に1人未満に下がった」という内容であるから、その関係は「同様」でも「逆」でもなくB・Dも不適である。流れとしては、前段最終文の「（2015年には）平日に友達とよく遊んでいる子どもは9％しかいなかった」と直前の文の内容をまとめていると考えられる。よってCが最も適切である。

(6)　正解は C ───────────────────────────── やや易

A.「～を主張する」　　　　　　　B.「～を締めくくる」
C.「～を説明する」　　　　　　　D.「～を再考する」

当該箇所は目的を表す不定詞の副詞的用法で、「これらの結果を～するために」という意味である。また、直後でこの調査結果に対する理由が列挙されていることから、その目的が「説明」であることがわかる。よってCが最も適切である。

(7)　正解は D ───────────────────────────── やや難

直後が asked となっている点に注目する。これが過去形であると考えると、空欄に入るのは主語になれる選択肢、つまり関係代名詞であるAの Whatever だけであるが、物を表す Whatever が「尋ねた」の主語になるとは考えにくいので不適。一方、過去分詞であると考えると、接続詞 When の後の主語と be 動詞が省略された形ととらえることができる。その場合の意味は「～を尋ねられたとき、…だと答えた母親の割合は近年いくぶん下がってきている」となり、意味が通る。よってDの When が最も適切である。

(8)　正解は A ───────────────────────────── 標準

A.「（学校）に通う」　　　　　　B.「～を勉強する」

C.「〜と会う」　　　　　　　　　D.「〜を決定する」

当該箇所の主語は「（その母親の）4歳の息子」，目的語は「幼稚園」であることから，最も適切なのはAである。他の選択肢では幼稚園が目的語として成立しない。

⑼　**正解は C**　　　　　　　　　　　　　　　　　　　　　　　　　　　　やや易

A.「余分の，特別の」　　　　　　　B.「それらの」

C.「その他の」　　　　　　　　　　D.「同じ」

直前の等位接続詞 or は cards と（　9　）games をつないでいる。よって「トランプかまたはその他（トランプ以外）のゲーム」という意味になるCが最も適切である。Aは何に対して「余分」なのかが不明なので不適。Bは指示代名詞だが，これが指すものがないので不適。Dは何と「同じ」なのか不明なので不適。

⑽　**正解は D**　　　　　　　　　　　　　　　　　　　　　　　　　　　　標準

直後に in front of my house「わが家の前で」という前置詞句があるので，これを修飾する副詞を選ぶ。直前部分の意味が「私はとても心配なので，大人の監督なしに彼らを遊ばせることはできない」となるので，Dの even を入れると「たとえそれがわが家の前であっても」と強調されることになり，文意が通る。

⑾　**正解は A**　　　　　　　　　　　　　　　　　　　　　　　　　　　　やや難

A.「困難な」　　　　　　　　　　　B.「劇的な」

C.「退屈している」　　　　　　　　D.「協力的な」

worries の後の that は「〜を心配している」の目的節を導く接続詞，a feeling の後の that は同格節を導く接続詞である。当該箇所は「子育てが〜であるという気持ち」という意味になるが，心配しているのであるからマイナス要因が入ると考えられる。また，次段最終文で井狩教授が「もし〜なら，親や保護者が子育てするのがより簡単になるはずだ」と述べていることから，現時点では子育てが難しいという意識があるのだと推測できる。よって最も適切なのはAである。

⑿　**正解は C**　　　　　　　　　　　　　　　　　　　　　　　　　　　　標準

A.「ありそうな」　　　　　　　　　B.「ストレスの多い」

C.「珍しい」　　　　　　　　　　　D.「予測できる」

直前の it は形式主語，to 不定詞以下が真の主語，parents が意味上の主語で，「親が子ども同士のけんかの可能性を避けることは〜でない」という意味になる。文頭の「他人に迷惑をかけてはならないという社会的圧力があるので」を考え合わせると，「よくあること」→「珍しいことではない」と述べているのだと考えられる。よってCが最も適切である。AやDでは意味が反対になってしまうので不適。

⒀　**正解は B**　　　　　　　　　　　　　　　　　　　　　　　　　　　　標準

A.「希望」　　　　　　　　　　　　B.「同伴，同席」

C.「場合」　　　　　　　　　　　　D.「欠席」

この段落では，「友達ではなく親が遊び相手となる子どもたち」について述べら

れている。したがって当該部分は「大部分，親と一緒に過ごして育てられた子どもたち」という意味であると考えられる。in the company of ～で「～と一緒に」という成句になるのでBが最も適切である。

⒁　**正解は A** ──────────────────────────── やや易

A.「～の代わりに」　　　　　　　B.「～から離れて」

C.「～のあと」　　　　　　　　　D.「～のとき」

直後の「権威的なやり方で子どもに接する」と当該文の後半の「親に子どもの個性を尊重してほしい」が対立する内容なので，Aが最も適切である。

⒂　**正解は D** ──────────────────────────── 標準

少し離れているが，後続に than がある点に注意。than は通常比較級とともに用いられるので，比較級のD. more を選択する。当該箇所の意味は「子どもたちが親と一緒にやりたいことを楽しむ方が，彼らに早期教育のビデオを見せるよりも，語彙や知能の発達促進に役立つ」となる。

B．内容説明　　推定配点　28点（各4点）

⑴　**正解は B** ──────────────────────────── やや易

「ベネッセが実施した調査で，…における変化が明らかになった」

A.「子どもたちが遊ぶときに何をするか」

B.「子どもたちが誰と遊ぶか」

C.「子どもたちがなぜ一緒に遊ぶか」

「ベネッセによって行われた調査」とは，第1段冒頭の「ベネッセ教育総合研究所によって，この20年にわたり行われたある調査」のことである。よって shows「～を示している」の目的語の部分が答えとなる。意味は「日本の4～6歳の子どもたちは他の子どもたちとよりも母親とますます遊ぶようになっている」となるので，これに合致しているのはBである。

⑵　**正解は A** ──────────────────────────── 標準

「最新の調査では，子どもたちは…遊ぶということがわかった」

A.「友達とはあまり遊ばず，母親とよく」

B.「週末には遊ばないが，平日には友達とよく」

C.「週末も平日も同様に友達と」

最新の調査については第3段第1文で述べられており，said の目的語の部分が調査結果の内容である。意味は「子どもたちは平日幼稚園にいないときは母親とよく遊んだ」となるので，これに合致しているのはAである。なお，their children の their は 82 percent of respondents with children aged four or older を，their mother の their は their children を指す。

(3)　正解は B ────────────────── やや難

「調査結果に対して与えられた3つの理由は…である」

A.「子育ての新しい考え，より多くの子どもたちが歩いて保育園へ行くこと，よ
り多くの育児放棄された子どもたち」

B.「より多くの子どもたちがバスで行くこと，子育ての新しい考え，近所に子ど
もが少ないこと」

C.「より多くの子どもたちが，近所の公園にいること，幼稚園にいること，バス
を利用すること」

　調査結果を受けてその理由を説明しているのは第5段第1文の points to ～「～
を指摘している」以下の部分である。すなわち，「①保育園に通う子どもたちの数
が増えていること，②出生率が低いために遊び相手となる近所の子どもたちが少な
くなっていること，③母親の考え方が変化していること」である。さらに，第2文
で「④徒歩ではなくバスで通園する子どもたちが増え，行き帰りに友達と遊ぶ機会
が減っていること」が加えられている。Bはこのうちの④，③，②に合致している。
Aは「より多くの子どもたちが歩いて保育園へ行くこと」が④に反し，「より多く
の育児放棄された子どもたち」に関する記述もないので不適。Cは「より多くの子
どもたちが近所の公園にいること」が②に反しているため不適。

(4)　正解は C ────────────────── 標準

「46歳の母親が息子を幼稚園に通わせたのは…からである」

A.「息子のスケジュールが自分のスケジュールと合っていなかった」

B.「息子の友達がすでに同じ幼稚園に通っていた」

C.「息子の言語能力が発達していなかった」

　「46歳の母親」は第8・9段で登場する。第9段第2文で「息子が言葉を発音す
るのが遅かった」理由がおそらく「他の子どもたちと遊ぶ機会がほとんどなかっ
た」ためだったと述べられており，最終文の「だから，息子をできるだけ早く幼稚
園に入れたかった」へと続いている。つまり，Cが理由であったと考えられる。

(5)　正解は A ────────────────── やや難

「井狩教授と彼女の同僚たちは，親は…によって子どもが社会的に成長するのを手
助けできると考えている」

A.「彼らが確実に他の人たちと会えるようにすること」

B.「人間関係を彼らに説明すること」

C.「彼らが従うべき明確なルールを作ること」

　「井狩教授と同僚たち」という表現は本文には出てこないが，第12段第1文の
「井狩教授が共著した論文」がそれにあたると考えてよい。また，「社会的に成長す
る」は同文の「社会的成長の遅れ」と関連している。子育てを容易にする条件が同
段最終文の If 節で提示されているので，この条件部分「他の子どもたちとの同等

の関係や，地域の大人たちとの斜めの関係もあるなら」が答えになる。よって最も適切なのはAである。求められているのは「説明」ではなく「経験」なのでBは不適。

(6)　**正解は C** ————————————————————　標準

「内田教授はおそらく，…が望ましいということに同意するだろう」

　A．「母親と子どもが一緒に教育的ビデオを見ること」

　B．「子どもが兄弟と一緒に遊ぶことにより多くの時間を費やすこと」

　C．「母親が子どもとの遊び方を変えること」

　内田教授についての記述は第13段に見られる。彼女の意見は，「権威的なやり方で子どもに接するのではなく，子どもの個性を尊重し，子どもと楽しい経験を共有し，子どもが親と一緒にやりたいことを楽しむ」べきだというものである。これを端的に述べているのはCである。

(7)　**正解は A** ————————————————————　標準

「井狩教授は母親が…ことを勧めている」

　A．「小さな子どもに周囲の世界を探検させる」

　B．「子どもが自分自身の活動を選ぶのを許さない」

　C．「子どもの行動に対してより強い支配力を持つ」

　井狩教授が勧めている内容は，最終段第2文で述べられている。すなわち，「親が子どもと町中を歩いて，一緒に色や形や匂いを感じる」ことを望んでいるのである。Aはこの部分の趣旨に合致している。BとCは，第13段第2文の内容と正反対の趣旨を述べているので正解にはなり得ない。

A．(1)—B　(2)—B　(3)—A　(4)—D　(5)—C　(6)—C　(7)—D　(8)—A
　　(9)—C　(10)—D　(11)—A　(12)—C　(13)—B　(14)—A　(15)—C
B．(1)—B　(2)—A　(3)—B　(4)—C　(5)—A　(6)—C　(7)—A

25

目標解答時間　35分

A．次の英文の空所（　1　）～（　15　）に入れるのに最も適当なものをそれぞ
　れA～Dから一つずつ選び，その記号をマークしなさい。

　　　Alexis de Tocqueville's *Democracy in America*, published in 1835, has
been described as the greatest work written on one country by the citizen of
another.　Tocqueville's primary concern, however, was democracy, not
America.　He chose to study the United States because it was the first
5　major democracy in the modern world and offered an ideal laboratory for a
close examination of this new form of society and government.

　　　Tocqueville was no liberal or democrat（　1　）.　His family belonged
to an old noble French family, and had suffered in the French Revolution. A
number of his relatives had been sent to the guillotine.　Tocqueville's own
10　sympathies were strongly oriented toward rule by his own class, but he had
（　2　）to the conclusion that democracy was the inevitable political
development of the nineteenth century.　He determined, therefore, to find
out for himself what a democratic government had to contribute to the
establishment of liberty and to a solution to the problems confronting his
15　beloved France, then still in a state of confusion from the Revolution.

　　　Tocqueville's（　3　）came in 1831, at the age of twenty-six, when he
and his young friend, Gustave de Beaumont, were sent by the French
government to study the prison system of the United States for any
developments that might be（　4　）in French prisons.　The two men
20　completed the official mission, though it was not Tocqueville's first concern.
（　5　）of nine months, he and Beaumont traveled widely through the
United States, including New York, Philadelphia, Baltimore, Cincinnati,
Tennessee, New Orleans, and Washington.　Tocqueville was fascinated by
the America that he found.　"I confess," he wrote, "that in America I saw

more than America; I sought the image of democracy itself, with its 　25
tendencies, its character, its prejudices, and its passions, (　6　) to learn
what we have to fear or to hope from its progress." It is astonishing that
Tocqueville was able to understand so (　7　) the essentials of American
society and to write with so much depth and insight after a visit of only
nine months. The first part of his *Democracy in America* appeared in 1835, 　30
when Tocqueville was thirty, and the second half five years later.

　Democracy as practiced in America, he concluded, was full of
contradictions. (　8　), individual liberty was threatened by the rule of
the majority; there were widespread educational opportunities but too
much emphasis on standard opinion; there was respect for authority and 　35
personal rights but also a spirit of irresponsibility. (　9　), he discovered
two deep beliefs in the American people—in equality and in the right of the
majority to rule.

　Tocqueville begins his introduction to *Democracy in America* with a
basic theme: "Among the new objects that attracted my attention during 　40
my stay in the United States, nothing impressed me more than the general
equality of conditions." Tocqueville saw equality as the "fundamental fact"
of American life and, further, that it reached "far beyond the politics and
the laws of the country, and that it has no less influence over society than
over the government; it creates opinions and feelings, controls the ordinary 　45
practices of life, and affects whatever it does not produce." Thus what most
interested Tocqueville in the study of America was not the problem of
democracy in general but of a new society founded upon equality among its
members. "An incredible equality rules in America," he wrote. "All classes
meet continually and no conflict at all results from the differences in social 　50
position. Everyone shakes (　10　)."

　The custom and practice of equality, Tocqueville decided, originated
naturally in the fact that the people had come from approximately the
same social level, they had no feelings of class distinction, and the

55　conditions of life in America did not encourage class feelings. To someone
from a noble family, like Tocqueville, all America seemed （　11　） down
into one ruling class. He writes:

> There is, in fact, an enthusiasm for equality, which inspires men to
> wish all to be powerful and honored. This feeling tends to raise
> 60　ordinary people to the rank of the great; but there is also a bad
> side to this desire for equality, which causes the weak to attempt to
> lower the powerful to their own level.

"Government by the people" brings with it another possible danger: the
rule of the majority. Tocqueville is much worried about what he regards as
65　the unfair rule of the greater number. He was （　12　） the judgment of a
majority of people. The mood of the population could be skillfully controlled
by popular leaders to gain political power. Firmly established principles of
good government and justice were needed to guard against temporary
"mistakes" by the majority. Accordingly, Tocqueville urges that "our
70　judgment of the laws of a nation must not be founded exclusively upon its
tendencies, since those tendencies change from age to age, but upon more
important principles and a more general experience." Regardless of
（　13　） it is held by a king or queen, a ruling class, or a people, "unlimited
power is in itself a bad and dangerous thing," and, continues Tocqueville, "I
75　would not give one person unlimited power （　14　） me, so why should I
give the same power to a great number of people?" The greatest threat in a
popular democracy, Tocqueville holds, is to the freedom of the individual.
Equality, strangely, may lead to powerlessness, because the individual
counts for little in a society （　15　） the majority rules.

(1)　A.　by contrast　　　B.　by nature

　　　C.　by sight　　　　D.　by heart

(2)　A.　brought　　　　B.　thought

　　　C.　gone　　　　　D.　come

(3)　A.　visitor　　　　B.　disappointment

　　　C.　arrest　　　　D.　opportunity

(4)　A.　criticized　　　B.　declared

　　　C.　adopted　　　　D.　excluded

(5)　A.　Before the start　B.　After the time

　　　C.　Over a period　　D.　Beyond a stay

(6)　A.　in order　　　　B.　as much

　　　C.　by way　　　　D.　far more

(7)　A.　little　　　　　B.　hard

　　　C.　incompletely　　D.　thoroughly

(8)　A.　However　　　　B.　For example

　　　C.　Nonetheless　　D.　In conclusion

(9)　A.　Hence　　　　　B.　First

　　　C.　If anything　　D.　Nevertheless

(10)　A.　hands　　　　　B.　fists

　　　C.　sticks　　　　D.　heads

(11)　A．gone　　　　　　　　B．leveled

　　　C．looked　　　　　　　D．put

(12)　A．doubtful of　　　　　B．assisting with

　　　C．vague on　　　　　　D．impressed by

(13)　A．what　　　　　　　　B．whether

　　　C．how　　　　　　　　D．whom

(14)　A．over　　　　　　　　B．for

　　　C．from　　　　　　　　D．to

(15)　A．to which　　　　　　B．to whom

　　　C．where　　　　　　　D．whatever

B．本文の内容に照らして最も適当なものをそれぞれＡ〜Ｃから一つずつ選び，
その記号をマークしなさい。

(1)　Tocqueville was particularly interested in the United States of America
because

　　A．he wanted to do scientific research there.

　　B．it provided him with a unique opportunity for research.

　　C．he believed it was the greatest country in the world.

(2)　Tocqueville did not particularly support democracy,

　　A．and he tried to use his visit abroad to identify its major problems.

　　B．so he limited himself to learning what he could from America's
prisons.

　　C．but he accepted that it would become the dominant system of
government.

(3) What was particularly surprising about Tocqueville was

    A. his ability to comprehend US society after such a short visit.

    B. how young he was when he visited the US for the first time.

    C. that he completely changed his views about the US after visiting.

(4) For Tocqueville, the most interesting aspect of American democracy was

    A. the small influence of society over the system of government.

    B. the far-reaching politics and laws across the country.

    C. the overall level of equality that its people experienced.

(5) We can infer from the passage that one difference between France and the United States at the time was that

    A. class distinctions were greater in the US.

    B. the noble class basically ruled France.

    C. France had fewer class conflicts than the US.

(6) One of the dangers Tocqueville saw with "government by the people" was that

    A. the powerful might always try to make the weak even weaker.

    B. the ordinary people might be raised in rank.

    C. the majority might not make good decisions.

(7) Tocqueville's general attitude toward power can be summarized as

    A. a belief that it should never be unrestricted.

    B. a concern that a head of state might gain too much.

    C. a desire that the individual should rule over the majority.

≪アメリカの民主政治に関する分析≫

　アレクシ゠ド゠トクヴィルの『アメリカの民主政治』は，1835年に発表され，ある国について別の国の人物が描いたものとしては最も優れた作品だと称されてきた。しかし，トクヴィルが最も関心を寄せていたのは，アメリカではなく，民主主義についてであった。彼がアメリカについての研究を選んだのは，近代社会において，アメリカは最初の主要な民主主義国家であり，社会と統治に関するこの新しい形態を詳細に検討するための理想的な実験所を提供してくれていたからである。

　トクヴィルは本来自由主義者でも民主主義者でもなかった。彼の一族は古くからのフランス貴族の家系に属し，フランス革命では苦しむこととなった。多くの親戚が処刑台へと送られたのである。トクヴィル自身の思いは，自分たち貴族階級による統治形態を強く志向する立場だったが，民主主義が19世紀の政治の発展において不可避であるという結論に達していた。それゆえ，彼は民主政治というものが，自由の確立，および未だ革命による混乱状態が続く愛すべき自国フランスが直面している問題の解決にどのように寄与するのか，自分自身で解明しようと決意したのである。

　トクヴィルのチャンスがやって来たのは，彼が26歳であった1831年のことで，フランスの刑務所に取り入れられるかもしれない改善策を求めてアメリカの刑務所制度を調査するため，年下の友人であるグスタフ゠ド゠ボーモンとともにフランス政府によってアメリカに派遣されることになったのである。二人は公の任務を完了したが，それはトクヴィルにとって最も関心のあることではなかった。9カ月間にわたって彼とボーモンは，ニューヨーク，フィラデルフィア，ボルチモア，シンシナティ，テネシー，ニューオーリンズ，ワシントンなどアメリカ中を広く旅した。トクヴィルは自分が発見したアメリカという国に魅了されていた。彼は「私はアメリカという国の中に，単にアメリカにとどまらないものを目の当たりにしたことを打ち明けたい。私は，民主主義の発展から懸念すべきことや期待すべきことを知るため，その傾向，性質，偏見，情熱といったものを含め，民主主義そのものの姿を探し求めていた」と記している。トクヴィルがわずか9カ月の滞在の後で，アメリカ社会の本質的要素を徹底的に理解し，非常に深い洞察力で書き記すことができたのは驚きである。『アメリカの民主政治』の前半部分は，トクヴィルが30歳であった1835年に，後半はその5年後に出版された。

　彼はアメリカで行われている民主主義は矛盾に満ちていると結論づけた。例えば，個人の自由は多数派のルールによって脅かされていたし，教育の機会は幅広く与えられていたが，一般的な意見があまりにも重視されすぎていた。また，権威や個人の権利は尊重されていたが，責任を負わないという考え方も尊重されていた。それにもかかわらず，彼はアメリカ人の中にある二つの深い信念に気づいたのである——平等，そして多数派の支配する権利というものに。

　トクヴィルは『アメリカの民主政治』の序論を，ある基本テーマを軸に書き始めている。「アメリカでの滞在中に私の注意を引いた新しい物事の中で，条件の全般的平等ほど印象に残っているものはない」トクヴィルは平等をアメリカでの生活における「根本的な事実」と見なし，さらに，それは「その国の政治や法をはるか

に超えたもので，行政に対してのみならず，社会に対しても大きな影響を及ぼして
いる。そして意見や感情を生み出し，普段の日常習慣を支配し，平等が生み出すこ
とがないいかなるものに対しても影響を及ぼしている」と気づいた。このように，
アメリカの研究においてトクヴィルが最も興味を持っていたのは，一般的な民主政
治の問題ではなく，社会を構成する人々の平等に基づいて成り立つ新しい社会に関
する問題であった。「アメリカにおいては，信じられないほど平等の考えが支配し
ている」と彼は記した。「あらゆる階級の人々が絶えず交流し，社会的地位の違い
から起こる衝突も全くない。すべての人々が手を握り合っている」

　平等の慣習と実践は，アメリカの人々がおよそ同じような社会レベルの出身で，
階級区別という感覚がなく，アメリカで生活する条件が階級意識を助長することは
ないという事実から必然的に生まれたとトクヴィルは判断した。トクヴィルのよう
な貴族出身の者にとっては，アメリカ全体が一つの支配階級にレベルダウンしてい
るように思えた。彼は次のように記している。

　　　事実，平等に対する熱狂があり，すべての人が力を持ち尊重されるよう願う気
　　　持ちが引き起こされている。この考えは普通の人々を一番上の階級へと押し上
　　　げる傾向がある。しかしながら，この平等を望む気持ちには不都合な側面もあ
　　　り，弱者が力を持つ者を自分たちのレベルまで引きずりおろそうとするのであ
　　　る。

　「人民による統治」には，考えられるもう一つの危険性が伴う。それはすなわち
多数派による支配である。トクヴィルは多数派による不当な支配だと見なすものに
ついて非常に懸念している。彼は多数派の人々の判断は信頼できないと考えていた
のである。政治的な力を得ようとしている人気者の指導者によって，人々の気持ち
は巧みにコントロールされ得る。多数派による一時的な「思い違い」を防ぐには，
善良な統治と正義の確固たる指針が必要とされていた。したがって，トクヴィルは
「風潮というものはその時々によって変わるため，ある国家の司法判断は，時々の
風潮のみに基づくのではなく，より重要な原則や，より一般的な認識に基づいたも
のでなければならない」と強く主張している。それを手にするのが国王や女王であ
れ，支配階級や一般の人々であれ，「無限の支配力というものはそれ自体，有害で
危険なものである」。さらにトクヴィルは「私は自分に対する無限の支配力をある
一人の人物に与えたりはしない。それならば，どうして私は同じ無限の支配力を多
くの人々に与えたりするだろうか？」と続けて述べている。大衆民主主義の最大の
脅威は，個人の自由に対するものだとトクヴィルは考えている。奇妙なことだが，
平等は無力につながってしまう可能性もある。なぜなら，多数派が支配する社会に
おいて，個人はほとんど重視されないからである。

●語句・構文
□ *l.* 2　describe *A* as ～「*A* を～と称する」
□ *l.* 9　send *A* to *B*「*A* を *B* へ送る，*A* を *B* へ行かせる」
□ *l.* 10　be oriented toward ～「（関心などが）～に向けられる」

□ *l*.12 find out what S V「Sが何をVするかを解明する」 本文では for himself「彼自身で」が挿入されている。

□ *l*.25 seek「～を探し求める」

□ *l*.29 insight「洞察力」

□ *l*.33 contradiction「矛盾」

□ *l*.36 irresponsibility「無責任，責任を負わないこと」

□ *l*.44 no less ～ than …「…と同様に～も」

□ *l*.50 result from ～「～から起こる，～に起因する」

□ *l*.52 originate in ～「～から生まれる，～を起源とする」

□ *l*.64 what *A* regard as ～「*A*（人）が～と見なすもの」

□ *l*.68 temporary「一時的な」

□ *l*.77 hold（that）～「～と考える」

□ *l*.79 count for little「ほとんど重要でない，ほとんど価値がない」 little の代わりに nothing を用いると，「全く重要でない」の意味になる。

解 説

　アレクシ＝ド＝トクヴィル著の『アメリカの民主政治』を中心に，彼の視点を説明している英文。内容が政治論なので，読んで理解するのに多少時間がかかるかもしれない。Aの空所補充は標準的な設問が多いが，Bの内容説明は質問部分が本文の表現どおりではないものが多く，難度は高い。答えとなる箇所がどこで述べられているかを素早く見つけてほしい。

A．空所補充　　推定配点　60点（各4点）

(1) **正解は B** ──────────────────────────── 標準

　　A.「対照してみると」　　　　　　　　B.「生来，本来」
　　C.「（know を伴って）顔は見覚えがある」　　D.「暗記して」
　直後の文で「彼の一族は古くからのフランス貴族の家系に属していた」と述べられていることから，トクヴィルが自由主義や民主主義の環境で育ったのではないことがわかる。よって「トクヴィルは本来自由主義者でも民主主義者でもなかった」という意味になるBが最も適切である。

(2) **正解は D** ──────────────────────────── やや易

　直後が to the conclusion that …となっている点に注意。come to the conclusion that …で「…という結論に達する」という意味になる。当該箇所はこの表現であると考えられるので，Dの come が正解。

(3) **正解は D** ──────────────────────────── 標準

　　A.「訪問者」　　　　　　　　　　B.「失望」

C．「逮捕」　　　　　　　　　　　　D．「機会，チャンス」

当該文では，トクヴィルがフランス政府によってアメリカに派遣されたという内容が述べられており，これを指して「トクヴィルの〜は 1831 年にやって来た」と称している。よってBやCでは意味が通らず不適。Aは「トクヴィルの訪問者」となり，意味は通るが文脈に合わず，やはり不適。アメリカへの派遣が彼にとってはアメリカの民主主義を研究する機会となったのであるから，Dが最も適切である。

(4)　**正解は C** ──────────────────────── 標準

　（be 動詞と結びついて）

A．「批判される」　　　　　　　　　B．「宣言される」
C．「採用される」　　　　　　　　　D．「除外される」

当該箇所の意味は「フランスの刑務所に〜かもしれない改善策を求めて」となる。A・B・Dでは文意が通らないが，Cは「フランスの刑務所に取り入れられる」と意味が通るので，これが最も適切である。

(5)　**正解は C** ──────────────────────── 標準

A．「〜の開始の前に」　　　　　　　B．「〜の時期の後」
C．「〜の期間にわたって」　　　　　D．「〜の滞在期間を超えて」

直後に「9カ月」とあり，さらに「彼（トクヴィル）とボーモンはアメリカ中を旅した」と続いているので，前でも後でも超過したわけでもなく，9カ月の間にそれをした，と考えるべきである。よって「9カ月間にわたって」という意味になるCが最も適切である。

(6)　**正解は A** ──────────────────────── やや易

直前部分の意味は「私はその傾向，性質，偏見，情熱といったものを含め，民主主義そのものの姿を探し求めていた」となり，直後の意味は「民主主義の発展から懸念すべきことや期待すべきことを知る」となる。後者は前者の行為の目的であると考えられるので，in order to *do*「〜するために」の表現となるAが正解。

(7)　**正解は D** ──────────────────────── 標準

A．「ほとんど〜ない」　　　　　　　B．「一生懸命」
C．「不十分に」　　　　　　　　　　D．「徹底的に」

当該文は「トクヴィルがわずか9カ月の滞在の後で，アメリカ社会の本質的要素をそれほど〜理解し，非常に深い洞察力で書き記すことができたのは驚きである」という意味になる。つまり，トクヴィルがどの程度アメリカ社会を理解していたかを答える問題である。よってDが最も適切である。

(8)　**正解は B** ──────────────────────── やや易

A．「しかしながら」　　　　　　　　B．「例えば」
C．「それにもかかわらず」　　　　　D．「結論として」

直前の第4段第1文で「彼はアメリカで行われている民主主義は矛盾に満ちてい

ると結論づけた」と述べられており，当該文である第2文ではその矛盾点が具体的
に挙げられている。よってBが最も適切である。

(9) **正解は D** ———————————————————————————— やや難

A.「それゆえ」 B.「第一に」

C.「何かあるとすれば」 D.「それにもかかわらず」

トクヴィルはアメリカの民主主義を研究していく中で，直前の第4段第1・2文
で述べられているように，アメリカの民主主義には矛盾が満ちていると結論づける
一方，アメリカ人の二つの深い信念を発見した，という流れであると考えられる。
この流れを作る表現として最も適切なのはDである。

(10) **正解は A** ———————————————————————————— やや易

直前の文に「あらゆる階級の人々が絶えず交流し，社会的地位の違いから起こる
衝突も全くない」とあり，当該箇所はこの状態を比喩的に表現しているものである
と考えられる。shake hands は「握手する」という行為以外にも「（合意が）成立
する」の意味があり，本文の状況に合致している。

(11) **正解は B** ———————————————————————————— やや難

当該文の意味は「トクヴィルのような貴族出身の者にとっては，アメリカ全体が
一つの支配階級へと〜しているように思えた」となる。後続の引用部分を見ると，
「普通の人々を一番上の階級へと押し上げる傾向がある反面，弱者が力を持つ者を
自分たちのレベルまで引きずりおろそうとする」と述べられている。したがって
「アメリカ全体が一つの支配階級にレベルダウンしているように思えた」という意
味になるBが最も適切である。

(12) **正解は A** ———————————————————————————— 標準

A.「〜に疑いを抱いている」 B.「〜とともに援助している」

C.「〜に関してあいまいな」 D.「〜に感銘を受けた」

直前の文は「トクヴィルは多数派による不当な支配だと見なすものについて非常
に懸念している」という意味である。さらに，直後の文では，「政治的な力を得よ
うとしている人気者の指導者によって，人々の気持ちは巧みにコントロールされ得
る」とも述べられている。つまり，彼は多数派の人々の判断を信頼していなかった
ということになる。よってAが最も適切である。

(13) **正解は B** ———————————————————————————— 標準

後続の部分に等位接続詞の or が用いられている点に注意。whether *A* or *B*（or
C）で「*A* か *B* か（*C* か），*A* であれ *B* であれ（*C* であれ）」という意味になる表
現があり，当該箇所はこれにあたると考えられる。すなわち「それ（無限の支配
力）を手にするのが国王や女王であれ，支配階級や一般の人々であれ」となる。よ
ってBが最も適切である。

⑴ **正解は A** ——————————————————————————— やや難

　直前の「無限の力」と直後の「私」との関係を考える。over には「～を支配して，～を制して」という意味があり，ここでは「私を支配する無限の力，私に対する無限の支配力」という意味になっていると考えられ，意味が通る。よってAが最も適切である。

⑮ **正解は C** ——————————————————————————— 標準

　関係詞を選ぶ問題。直後の「多数派が支配する」は直前の「社会」を修飾していると考えられるので，a society を先行詞とする関係詞が入ると判断してよい。よって人を先行詞にとる whom を含むBと先行詞をとらないDの whatever は除外される。また，Aは rule to a society という言い方が成立しないので不適。関係副詞の where ならば「多数派が支配する社会では」という意味になり文法的にも誤りはない。よってCが最も適切である。

B．内容説明　推定配点　28点（各4点）

⑴ **正解は B** ——————————————————————————— やや難

「トクヴィルがアメリカに特に関心を持ったのは…からである」

　A．「そこで科学的な調査を行いたかった」

　B．「アメリカが他にないような研究機会を彼に与えてくれた」

　C．「アメリカが世界で最も素晴らしい国だと信じていた」

　トクヴィルがアメリカを研究対象に選んだ理由は第1段第3文で述べられている。その趣旨は「アメリカが理想的な実験所を提供してくれる国であった」であるので，「理想的な」＝「他に類のない」と考えれば，Bが最も適切だと考えられる。AまたはCに当てはまる記述がないので，消去法でも正解できる。

⑵ **正解は C** ——————————————————————————— やや難

「トクヴィルは特段民主主義を支持していたわけではなかった。…」

　A．「そして，彼は民主主義の主要な問題を確認するため，海外への訪問を利用しようとした」

　B．「したがって，彼はアメリカの刑務所から学べることを学ぶにとどめた」

　C．「しかし，彼はそれが統治の最も有力なシステムになるであろうと認めていた」

　第2段第1文で，トクヴィルは自由主義者でも民主主義者でもなかったと述べられており，それに続いて同段第4文後半で「しかし，民主主義が19世紀の政治の発展において不可避であるという結論に達していた」と述べられている。Cはこの部分と合致している。

⑶ **正解は A** ——————————————————————————— 標準

「トクヴィルに関して特に驚くべきだったのは…であった」

　A．「非常に短い滞在の後でアメリカ社会を理解した彼の能力」

　　B．「初めてアメリカを訪れたとき彼がどれほど若かったかということ」

　　C．「訪問後彼がアメリカについての考えを完全に変えてしまったこと」

　　　第3段第6文参照。「トクヴィルがわずか9カ月の滞在の後で，アメリカ社会の本質的要素を徹底的に理解し，非常に深い洞察力で書き記すことができたのは驚きである」と述べられている。この部分に合致しているのはAである。本文中のastonishing が設問では surprising に変わっているので注意が必要。

(4)　正解は C

「トクヴィルにとって，アメリカ民主主義の最も興味深い側面は…であった」

　　A．「社会が統治システムに対して持つ小さな影響力」

　　B．「国中の広範囲に及ぶ政治活動と法律」

　　C．「アメリカの人々が経験した平等の全般的な水準」

　　　第5段第1文のコロン（：）以下を参照。「アメリカでの滞在中に私の注意を引いた新しい物事の中で，条件の全般的平等ほど印象に残っているものはない」と述べられている。これが最も興味深かったと考えてよいので，Cが最も適切である。nothing＋比較級＋than 〜は，比較級を用いているが意味は「〜よりも…なものはない」と最上級を表す。

(5)　正解は B

「本文から，当時のフランスとアメリカの違いの一つは…であったと推測できる」

　　A．「アメリカの方が階級的区別が大きかった」

　　B．「基本的に貴族階級がフランスを支配していた」

　　C．「フランスはアメリカよりも階級闘争が少なかった」

　　　第5段第4・5文参照。「アメリカにおいては，信じられないほど平等の考えが支配している」「あらゆる階級の人々が絶えず交流し，社会的地位の違いから起こる衝突も全くない」とあるので，AとCはこの記述に反しており不適。当時フランスは革命を経験していたが，アメリカと比較すれば貴族階級の支配力は大きかったはずであり，Bが最も適切である。

(6)　正解は C 標準

「トクヴィルが『人民による統治』に関して気づいていた危険性の一つは…ということであった」

　　A．「力のある者たちは常に弱者をさらに弱い立場にしようとする可能性がある」

　　B．「普通の人々は地位を上げるかもしれない」

　　C．「多数派は適切な決定を下せないかもしれない」

　　　最終段第2文参照。トクヴィルが多数派による不当な支配を懸念している，と述べられている。その理由として，多数派の判断に疑問を抱いていたこと，多数派の意見が容易にコントロールされ得ることなどが挙げられている。Cはこの部分と合致していると考えられる。Aについては本文では述べられていない。Bについては直前の引用部分に記述があるが，危険性として挙げられているわけではない。

(7) **正解は A** ──────────────────────────────────── 標準

「権力に対するトクヴィルの一般的な考えは…だとまとめられる」

A.「権力は決して無制限なものであってはならないという信念」

B.「国家の指導者があまりにも大きな権力を持つかもしれないという心配」

C.「個人が多数派を支配すべきだという願望」

　最終段第7文参照。「それを手にするのが国王や女王であれ，支配階級や一般の人々であれ，『無限の支配力というものはそれ自体，有害で危険なものである』」と述べられており，これがトクヴィルの一般的意見であると考えてよい。これに合致しているのはAである。

A. (1)—B (2)—D (3)—D (4)—C (5)—C (6)—A (7)—D (8)—B
　　(9)—D (10)—A (11)—B (12)—A (13)—B (14)—B (15)—C
B. (1)—B (2)—C (3)—A (4)—C (5)—B (6)—C (7)—A

26

A. 次の英文の空所（ 1 ）～（ 15 ）に入れるのに最も適当なものをそれぞれA～Dから一つずつ選び，その記号をマークしなさい。

The Beatles, immensely popular English rock superstars in the 1960s, were often surrounded by hysterical fans on their concert tours. In 1963, when they were being driven to a Royal Variety Show in the West End of London, they wondered why there were crowds of people blocking their way through the streets. It gradually occurred to them that the people were there to try and get a quick look at the four stars themselves.

In the 19th century, Charles Dickens, the writer of *The Adventures of Oliver Twist*, *A Christmas Carol*, and *David Copperfield*, was （ 1 ） a massively popular author and speaker. He was like a rock star of his time. As he approached theaters and lecture halls in Dublin, Glasgow, New York, and many other cities, where he gave readings from his books, Dickens must have had a similar （ 2 ） as the Beatles.

Tens of thousands of people （ 3 ） come to try and get into Dickens's shows or just to get a look at him. These shows were fashionable events in themselves and were places at which individuals with a high opinion of themselves were eager to be seen. Although Dickens was by no means the first writer to go on lecture tours of the United Kingdom and United States, it's fair to say that people went wild at Dickens's shows. While people in those days were more controlled than they would be at a contemporary rock concert, their reactions to Dickens did echo some of the craziness （ 4 ） similar events today.

Apart from his immense writing skills, Dickens was also a good actor who loved to perform in amateur and professional shows. In fact he'd started giving public readings as （ 5 ） as 1853, but these were always for

charity. Then, in 1858, he realized that he did not have to do it for charity;　25
this was in fact both a very nice way to make money and meet his public. He
wouldn't just read from a written text but would make things up and
encourage audience participation.

In the last year of his life, Dickens would often end his readings with the
(　6　) from *Oliver Twist* where Bill Sikes murdered Nancy, and this was　30
a particularly intense and exhausting performance. When he had finished his
reading, he would close his book and walk away towards the sides to the
sound of his own echoing footsteps. The audience would then suddenly
(　7　) enthusiastic applause.

Dickens's tours were carefully planned and an efficient system of　35
publicity was developed in the form of newspaper advertisements and
printed pamphlets. Some illegal aspects of show business also became
(　8　) during his tours. Tickets for his shows were extremely valuable, so
local gang members would hire people to wait in lines outside theaters all
night so that they could get tickets, which were then sold on a very (　9　)　40
black market.

Dickens's books were widely copied illegally in the United Kingdom,
usually in slightly different versions. Nevertheless, existing laws did allow
him to get compensation from the publisher of a false version of *A Christmas
Carol*. On the other hand, he lost a lot of money on sales in the United States　45
because there was no such copyright protection there.

One of the more amusing aspects of his American tours was that, once it
could be seen how much money he was worth, a number of people who
pretended to be Charles Dickens appeared. They performed onstage to some
praise and financial (　10　). They must have had courage to try this, but　50
in those days, people could only rely on fuzzy black and white photos in the
newspaper.

There is no reason to believe that Charles Dickens ever (　11　) illegal
drugs but he was certainly fond of a drink. His daily diet during his later

55 tours included a glass of cream with two tablespoons of brandy for breakfast; a glass of sherry wine at noon; a pint of champagne at three o'clock and, just before he went onstage, a glass of sherry mixed with an egg. He was also a regular drinker of laudanum, which was a legal and freely available (12) of alcohol and the drug called opium.

60 　　Nineteen shows in twenty-three nights isn't an easy schedule for any touring band in the modern world and, of course, Dickens wasn't traveling in a tour bus but (13) by rather slow trains. He made a great deal of money from these tours, especially the American one, and he left a substantial estate when he died. Just like nowadays, although he profited from these tours 65 himself, agents also made plenty of money out of his hard work. He (14) loved performing, though he was well aware of the price it was taking on his health. However, these tours greatly increased his popularity and helped bring more and more variety to his work.

　　Whatever he did, he did it with a great intensity and his life on the road 70 during the last phase of his life almost certainly exhausted him and contributed to his death at the relatively early age of fifty-eight. It seems that he thought he lived a good enough life, though. In one of his letters, he tells a friend that he just couldn't (15) and that he'd rather keep busy and die sooner.

(1)　A．so　　　　　　　B．for
　　　C．either　　　　　D．both

(2)　A．experience　　　B．experiment
　　　C．expertise　　　　D．explanation

(3)　A．would　　　　　B．could
　　　C．should　　　　　D．had

(4)　A．available to　　　　B．witnessed at

　　　C．located by　　　　D．missing from

(5)　A．early　　　　　　　B．late

　　　C．soon　　　　　　　D．quickly

(6)　A．book　　　　　　　B．scene

　　　C．show　　　　　　　D．cover

(7)　A．explode into　　　　B．quiet down

　　　C．warm up　　　　　D．jump onto

(8)　A．aware　　　　　　　B．apparent

　　　C．ready　　　　　　　D．expensive

(9)　A．reasonable　　　　　B．delayed

　　　C．profitable　　　　　D．regulated

(10)　A．losses　　　　　　　B．problems

　　　C．recommendation　　D．reward

(11)　A．consumed　　　　　B．promoted

　　　C．committed　　　　　D．manufactured

(12)　A．gift　　　　　　　　B．mixture

　　　C．meal　　　　　　　　D．solid

(13)　A．not　　　　　　　　B．also

　　　C．instead　　　　　　D．rarely

(14)　A．occasionally　　　B．clearly

C．hardly　　　D．practically

(15)　A．hang on　　　B．move about

C．keep still　　　D．stay up

B．本文の内容に照らして最も適当なものをそれぞれA〜Cから一つずつ選び、
その記号をマークしなさい。

(1)　The writer compares Charles Dickens to a rock band because Dickens
also

A．performed in the West End of London.

B．approved of many in his audience.

C．attracted a large number of people.

(2)　Fans of Dickens differed from those of modern rock concerts in that they
were

A．clearly less wealthy.

B．somewhat better behaved.

C．much more united.

(3)　Dickens's readings were exciting because he told stories

A．about real crimes that included murder.

B．in a very energetic and dramatic way.

C．to give money to charities and his fans.

(4)　One possible result of the illegal activities surrounding Dickens's
readings was that

A．tickets could be very expensive.

B．fans had to wait in lines all night.

C．advertisements promoted his shows.

(5)　One difference between the United Kingdom and United States was that in the United Kingdom

A．copyright protection laws were very weak.

B．more of his books were made illegally.

C．there were laws related to illegal publishing.

(6)　It was possible for people to pretend to be Dickens because

A．the images at that time were not clearly printed.

B．many American fans didn't really care at all.

C．they were excellent and successful actors.

(7)　The advantages and disadvantages of Dickens's travels were that they made

A．others rich but resulted in a large amount of wasted wealth.

B．people aware of his writings but were physically tiring for him.

C．him ride slow trains but this reduced the variety of his work.

≪チャールズ＝ディケンズの人気≫

　1960年代，非常に人気のあったイギリスロックのスーパースター，ビートルズは，コンサートツアー中，異常に興奮したファンに囲まれることがしばしばあった。1963年，ロンドンのウェスト・エンドでのロイヤル・バラエティ・ショーに彼らが車で移動しているとき，なぜ大勢の群衆が通りにあふれ，彼らの行く手をふさいでいるのだろうと思っていた。そのうち彼らは，その群衆は4人のスターである自分たちを一目見ようとそこにいることに思い至った。

　19世紀，『オリバー＝ツイスト』，『クリスマス・キャロル』，『デイヴィッド＝コパフィールド』の著者であるチャールズ＝ディケンズは，大人気の作家であり，話し手でもあった。彼はその時代のロックスターのようなものだった。自身の著作の朗読会を行ったダブリン，グラスゴー，ニューヨークや多くの他の都市にある劇場や講堂に近づいたとき，ディケンズはビートルズと似たような経験をしたに違いない。

　何万人もの人々がディケンズのショーに入ろうとして，あるいは彼を一目だけでも見ようとして，やって来ていたものだ。ディケンズのショーはそれ自体が上流階級向けのイベントで，自分たちのことを高く評価している人たちが姿を見せたがる場所だった。ディケンズはイギリスとアメリカでのツアー公演を行った最初の作家では決してなかったが，人々はディケンズのショーに熱狂していたと言ってよい。当時の人々は，現代のロックコンサート会場にいる人々よりも統制されてはいたが，彼らのディケンズに対する反応は今日の似たようなイベントでも見られる狂乱を思わせるものだった。

　素晴らしい文章能力に加えて，ディケンズはアマチュアおよびプロのショーで演じることを愛する優れた俳優でもあった。実際，彼は早くも1853年には公開朗読を始めていたのだが，それらはいつも慈善活動であった。その後，1858年に，彼はそれを慈善活動としてやる必要はないと思うようになった。実際にそれはお金を稼ぎ，かつ大衆の要望に応えるための非常によい方法であった。彼はただ書かれた文章を読むだけでなく，さまざまな話を作り上げ，聴衆の参加も促したのである。

　彼の人生の最後の年，ディケンズはよく『オリバー＝ツイスト』のビル＝サイクスがナンシーを殺害する場面で朗読を終えていたのだが，これはとりわけ情熱的で，へとへとになる上演だった。彼は朗読を終えると，本を閉じ，自分の足音が響くのを聞きながら，舞台の袖へと歩いて立ち去るのだ。すると聴衆の反応は突然，熱狂的な拍手喝采に変わったものだった。

　ディケンズのツアーは入念に計画され，宣伝の効果的なシステムが新聞広告や印刷されたパンフレットという形で展開された。また彼のツアー中，ショービジネスの違法な側面もいくつか明らかになった。彼のショーのチケットは非常に価値があったため，地元のギャングのメンバーたちは人を雇い，劇場の外で一晩中列に並ばせてチケットを手に入れ，その後，チケットは非常に儲かる闇市場で販売されていたのだ。

　ディケンズの本はイギリスで広範囲にわたって違法にコピーされたのだが，少しバージョンが異なるものが多かった。しかし，当時の法律によって，ディケンズは

『クリスマス・キャロル』の偽物の出版社から補償を得ることが認められた。一方，アメリカではそういった著作権の保護がなかったため，ディケンズは売上では多くの損失を被った。

　彼のアメリカのツアーでより面白かった点の一つは，どれほどの金銭的価値がチャールズ＝ディケンズにあるかわかるとすぐに，彼のふりをする多くの人が現れたことだ。彼らはステージ上でパフォーマンスを行い，なかなかの賞賛と金銭的報酬を得た。彼らにそうしたことをする勇気があったのは間違いないが，当時人々は新聞の不鮮明なディケンズの白黒写真を信頼するしかなかったのだ。

　チャールズ＝ディケンズが違法ドラッグを摂取していたと確信する理由はないが，酒が好きだったのは確かである。最後の方のツアーを行っているときの彼の日々の食事には，朝食に大さじ2杯のブランデーを入れたコップ1杯のクリーム，お昼にグラス1杯のシェリー酒，3時に1パイントのシャンパン，そしてステージに上がる直前に，卵を1個混ぜたグラス1杯のシェリー酒を飲んでいた。また彼は，合法で自由に手に入れられる，アルコールとアヘンと呼ばれる薬物との混合物，アヘンチンキを常用していた。

　23晩で19回のショーを行うというのは，現代のいかなるツアー中のバンドにとっても容易なスケジュールではないし，もちろんディケンズはツアーバスで移動していたのではなく，かなり遅い列車で移動していた。彼はそうしたツアー，特にアメリカのツアーで大金を稼ぎ，亡くなったときには，かなりの遺産を残した。今日と同様，彼自身もツアーで儲けたが，彼が懸命に働いたおかげで，代理人たちも大金を手にした。彼は自分の健康に犠牲をもたらしているということをよく知っていたが，明らかに舞台を愛していた。しかしそのツアーのおかげで彼の人気は非常に高まり，また彼の仕事にさらなる多様性をもたらした。

　何をするにしても，彼はそれを熱心に行い，人生の終わりのころの巡業暮らしは，彼をほぼ間違いなく疲弊させ，58歳という比較的若い年齢で亡くなる一因となった。しかし，彼は十分によい人生を過ごしたと考えていたようだ。彼は手紙の中である友人に，自分はただじっとしていることはできず，むしろ忙しいままで早く死にたいと語っている。

●語句・構文

- [ ] *l.* 1　immensely「非常に」
- [ ] *l.* 5　it occurs to A (that) ～「A は～ということに思い至る，～という考えが A に浮かぶ」
- [ ] *l.*15　with a high opinion of ～「～を高く評価して」
- [ ] *l.*16　by no means ～「決して～でない」
- [ ] *l.*19　contemporary「現代の」
- [ ] *l.*20　echo「～を思わせる」
- [ ] *l.*22　apart from ～「～に加えて，～のほかに」
- [ ] *l.*27　make A up「A（話など）を作る」

- [ ] *l.* 34　applause「拍手喝采」
- [ ] *l.* 36　publicity「宣伝」
- [ ] *l.* 49　pretend to be ～「～のふりをする」
- [ ] *l.* 51　rely on ～「～を信頼する，～に頼る」
- [ ] *l.* 54　be fond of ～「～が好きである」
- [ ] *l.* 58　laudanum「アヘンチンキ」
- [ ] *l.* 59　opium「アヘン」
- [ ] *l.* 63　substantial「かなりの」
- [ ] *l.* 63　estate「遺産」
- [ ] *l.* 64　profit from ～「～で儲ける，～から利益を得る」
- [ ] *l.* 71　relatively「比較的」

解 説

　ロックバンド並みの人気を誇ったチャールズ＝ディケンズの朗読公演についての英文。Aの空所補充は紛らわしい選択肢が少なく，標準的な内容のものが多いので確実に正解を選んでほしい。Bの内容説明は，設問がどの段落に関わるものなのかを素早く見つけなければならない点と，本文の記述がそのまま答えになっていない（ある程度の咀嚼をしなければならない）設問がある点がポイントとなる。先に設問文を読んでから本文を読むなど，時間を有効に使う工夫が必要だろう。

A．空所補充　　推定配点　60点（各4点）

(1)　**正解は D**　————————————————————　やや易

　直後が a massively popular author and speaker の形で等位接続詞 and が用いられている点に注意。これは a massively popular author and a massively popular speaker をまとめたものであると考えられる。したがって，空所にはこの and を生かす語が必要となる。both *A* and *B*「*A* と *B* 両方」の意味を作るDが最も適切である。

(2)　**正解は A**　————————————————————　標準

　　A.「経験」　　　　　　　　　B.「実験」
　　C.「専門技術」　　　　　　　D.「説明」

　当該部分は「ディケンズはビートルズと似たような～を持っていたに違いない」という意味になる。筆者は第1段でビートルズの人気のすごさを説明した後，第2段では本文の主人公となるディケンズもそうであったと述べている。よってAが最も適切である。have an experience で「経験をする」の意味なので，用法の点でも合致している。

(3)　**正解は A**　————————————————————　標準

A.「〜したものだった」　　　　B.「〜することができた」

C.「〜すべきである」　　　　　D.「〜してしまっていた」（過去完了）

　当該部分は「何万人もの人々がディケンズのショーに入ろうとして，あるいは彼を一目だけでも見ようとして，やって来る〜」となる。この意味に当てはまる表現として最も適切なのは，「（よく）〜したものだ」と過去の習慣や回想を表す would である。よってAが正解。

(4) 正解は B ─────────────────────── やや難

A.「〜に利用できる」　　　　　B.「〜で目撃される」

C.「〜のそばにある」　　　　　D.「〜からはずれて」

　当該箇所は直前の the craziness「狂乱」を後から修飾している形容詞句部分。直後が「今日の似たようなイベント」となっているので，Bを当てはめれば「今日の似たようなイベントでも見られる狂乱」という意味になり，文脈にも合致する。

(5) 正解は A ─────────────────────── 標準

　as 〜 as の部分を含まない意味は，「実際，彼は 1853 年に公開朗読を始めていた」となる。後続の文が「1858 年に…」となっていることから，「お金を得たり大衆の要望に応えるために朗読をするようになったのは 1858 年だが，朗読そのものはもっと早くに始めていた」という趣旨であると考えられる。よって「早くも1853 年には」という意味になるAが最も適切である。

(6) 正解は B ─────────────────────── 標準

A.「本，書物」　　　　　　　　B.「場面」

C.「ショー」　　　　　　　　　D.「表紙」

　後に where がある点に注意。これは当該箇所の語を先行詞とする関係副詞であると考えられ，意味は「ビル＝サイクスがナンシーを殺害する〜」となる。また，空欄直後に「『オリバー＝ツイスト』から」とあることから，答えとなるのは「『オリバー＝ツイスト』という作品の中にあるもの」だということもわかる。この2つの条件を満たすのはBである。

(7) 正解は A ─────────────────────── やや難

A.「急激に〜に変わる」　　　　B.「〜を静かにさせる」

C.「〜を温める」　　　　　　　D.「〜に飛び乗る」

　この段落ではディケンズのパフォーマンスと聴衆の反応，特にその変化が描かれている。suddenly「突然」という副詞が使われていることからも，「聴衆の反応は突然，熱狂的な拍手喝采に変わったものだった」という意味となるAが最も適切である。

(8) 正解は B ─────────────────────── 標準

A.「知って，気づいて」　　　　B.「明白な」

C.「用意ができて」　　　　　　D.「高価な」

　当該文の意味は,「彼のツアー中, ショービジネスのいくつか違法な側面も～になった」となる。直後の文でディケンズのショーのチケットが地元のギャングに買い占められて転売されていたという実例が紹介されている。この趣旨に合致しているのはBである。

(9)　**正解は C** ─────────────────────────────── 標準

　　A.「妥当な, 手ごろな」　　　　　　B.「遅れた」
　　C.「儲かる」　　　　　　　　　　D.「規制された」

　当該箇所は直後の「闇市場」を修飾する形容詞である。この闇市場は, 人気の高いディケンズのショーのチケットが転売されている場所なので, Cが最も適切である。

(10)　**正解は D** ─────────────────────────────── やや易

　　A.「損失」　　　　　　　　　　　B.「問題」
　　C.「推薦」　　　　　　　　　　　D.「報酬」

　当該文の意味は「彼らはステージ上でパフォーマンスを行い, なかなかの賞賛と金銭的～を得た」となる。賞賛とともに得られるもので, financial「金銭的な」という形容詞にマッチする語はDの「報酬」である。

(11)　**正解は A** ─────────────────────────────── 標準

　　A.「～を摂取していた」　　　　　B.「～を推奨していた」
　　C.「～を犯していた」　　　　　　D.「～を製造していた」

　目的語が illegal drugs「違法ドラッグ」である点に注意。当該文の意味は「チャールズ＝ディケンズが違法ドラッグを～と確信する理由はないが, 酒が好きだったのは確かである」となり, 飲酒と併せて述べられているので, Aが最も適切である。

(12)　**正解は B** ─────────────────────────────── 標準

　　A.「贈り物」　　　　　　　　　　B.「混合物」
　　C.「食事」　　　　　　　　　　　D.「固体」

　当該部分は「合法で自由に手に入れられる, アルコールとアヘンと呼ばれる薬物との～」という意味で, laudanum「アヘンチンキ」の説明をしている。alcohol と opium の両方を含んでいることから, Bの「混合物」が最も適切である。

(13)　**正解は C** ─────────────────────────────── 標準

　当該箇所はディケンズがツアーを行っていたときの移動手段を説明している。動詞に not がついている点に注意。これは not A but B の形で「A ではなく B」の意味となる表現の一部であると考えられる。B にあたる部分は by rather slow trains「かなり遅い列車で」とすでに述べられているので,「そうではなくて」と補足的な意味を持つCが最も適切である。

(14)　**正解は B** ─────────────────────────────── 標準

　　A.「ときどき」　　　　　　　　　B.「明らかに」

C.「ほとんど～ない」　　　　　　D.「実際に，ほとんど」

　当該文後半は，「彼はそれ（ツアー公演）が自分の健康に犠牲をもたらしているということをよく知っていたが」という意味になる。though という逆接の接続詞が用いられていることから，当該部分はそれとは逆の内容が述べられていると考えられる。つまり，彼がパフォーマンスを愛していたことが肯定的に述べられているはずである。最も適切な表現はBの「明らかに」である。

⒂　**正解は C** ──────────────────　標準

　　A.「すがりつく」　　　　　　　B.「動き回る」
　　C.「じっとしている」　　　　　D.「寝ないで起きている」

　直後に and があることから，当該部分はこの部分と相反することのない内容であると考えられる。後続は「むしろ忙しいままで早く死にたい」という意味なので，これと矛盾しないのは couldn't とともに「じっとしていられない」の意味になるCである。

B．内容説明　　推定配点　28点（各4点）

⑴　**正解は C** ──────────────────　やや易

「筆者がチャールズ＝ディケンズをロックバンドにたとえているのは，ディケンズも…からである」

　　A.「ロンドンのウェスト・エンドで公演した」
　　B.「聴衆の多くを認めた」
　　C.「非常に多くの人々を引きつけた」

　第2段第2文で「彼はその時代のロックスターのようなものだった」，第3段第1文で「何万人もの人々がディケンズのショーに入ろうとして，あるいは彼を一目だけでも見ようとして，やって来ていた」と述べられているように，ディケンズの高い人気の様子がロックバンドのビートルズに匹敵するほどであった，という比較である。よってCが最も適切である。

⑵　**正解は B** ──────────────────　やや難

「ディケンズのファンたちは…という点で現代のロックコンサートのファンとは異なっていた」

　　A.「明らかに裕福ではなかった」
　　B.「いくぶん振る舞いがよかった」
　　C.「はるかに団結していた」

　第3段最終文の前半部分に「当時の人々は，現代のロックコンサート会場にいる人々よりも統制されてはいたが」とあり，「統制されている」→「羽目をはずさない」→「振る舞いがよい」と考えれば，Bの内容がこれに合致していると言える。よってBが正解。

⑶　**正解は B**

「ディケンズの朗読がワクワクするものであったのは，彼が…話をしたからである」

A.「殺人を含む実際の犯罪について」

B.「非常にエネルギッシュで劇的な方法で」

C.「慈善事業と彼のファンに対してお金を与えるために」

　　ディケンズの朗読の仕方については，第4段および第5段で説明されているが，最も注目すべきは第5段第1文の後半部分。「これはとりわけ情熱的で，へとへとになる上演だった」と述べられている。Bはこの部分と合致していると考えてよい。Aの殺人の話は実際の出来事ではないので不適。Cはファンに対してお金をあげたとは述べられていないので不適。

⑷　**正解は A**

「ディケンズの朗読にまつわる違法行為の一つの結果としてあり得るものは…ということだった」

A.「チケットが非常に高価になる」

B.「ファンが一晩中並んで待たねばならない」

C.「宣伝が彼のショーを推奨した」

　　第6段参照。ディケンズのショーにまつわる違法行為として，地元のギャングがチケットを買い占めて，非常に儲かる闇市場で転売した，という事実が例として挙げられている。この違法行為の結果として，チケットが高値で売買されたことが推測されるのでAが最も適切である。Bについては，ファンが自分のチケットを求めて並ぶことは違法行為の結果ではないので不適。Cの宣伝についても，違法行為とは無関係なので不適。

⑸　**正解は C**

「イギリスとアメリカの間の違いの一つは，イギリスでは…という点であった」

A.「著作権保護の法律がとても弱かった」

B.「より多くの彼の作品が不正に作られた」

C.「違法な出版に関連する法律があった」

　　第7段第1・2文で述べられているように，イギリスではディケンズの本が不正にコピーされることがあったが，法律によって偽物を出版した会社から補償を得ることが認められていた。これに対して同段最終文では，アメリカにはそのような著作権保護の法律がないために多くの損失を被った，と述べられている。つまりイギリスには著作権を守る法律があり，アメリカにはなかったということである。よってCが最も適切である。

⑹　**正解は A**　標準

「人々がディケンズになりすますことが可能だったのは，…からである」

A.「当時その姿がはっきりと印刷されていなかった」

　　B.「多くのアメリカ人ファンは実は全く気にしていなかった」

　　C.「彼らが卓越していて成功をおさめた俳優であった」

　　第8段最終文参照。「彼らにそうしたことをする勇気があったのは間違いないが，当時人々は新聞の不鮮明なディケンズの白黒写真を信頼するしかなかった」とあり，人々がディケンズになりすますことができた理由として，勇気以外のものが述べられている。これに合致しているのはAである。

⑺　**正解は　B**　——————————————————————————— やや難

「ディケンズの旅のよい点と悪い点は，その旅によって…ことである」

　　A.「他の人たちが裕福になったが，多額の富を浪費する結果になった」

　　B.「人々が彼の著作を知るようになったが，ディケンズを身体的に疲れさせるものであった」

　　C.「彼が遅い列車に乗ることになったが，そのために彼の作品の多様性が減った」

　　第10段第4文に，ディケンズ自身ツアーが健康に及ぼす影響をよくわかっていたと述べられており，最終段第1文後半では，巡業暮らしが彼を疲弊させ早死にに至らせた，と述べられている。これらの点から，Bが最も適切であると考えられる。

A. ⑴—D　⑵—A　⑶—A　⑷—B　⑸—A　⑹—B　⑺—A　⑻—B
　　⑼—C　⑽—D　⑾—A　⑿—B　⒀—C　⒁—A　⒂—C
B. ⑴—C　⑵—B　⑶—B　⑷—A　⑸—C　⑹—A　⑺—B

27

目標解答時間 35分

A. 次の英文の空所（　1　）～（　15　）に入れるのに最も適当なものをそれぞ
　れA～Dから一つずつ選び，その記号をマークしなさい。

　　Locked in a dark, damp shelter like a prisoner by his cruel owners,
Tommy the chimpanzee has been condemned to conditions we wouldn't
tolerate in any modern jail.　The floor beneath him is cement and the shelter
is terribly cold.　His owners keep a collection of exotic animals for exhibition
5　at a trailer park in New York State.

　　When I read of Tommy's（　1　）situation last week, my blood boiled.
How could anyone lock up a chimpanzee—that most intelligent and curious of
creatures—and allow him to get thinner and thinner in these terrible
conditions?

10　　Sadly, Tommy's story is not（　2　）.　Far from it.　Millions of animals
around the world are kept in the most shocking conditions.　This degrades
and shames not only the animals but also the humans who keep them there.

　　（　3　）I am in full support of a group called the Nonhuman Rights
Project, which has started legal action in a New York court.　It is demanding
15　that Tommy should have legal rights—similar to our human rights—to
ensure he cannot be unfairly kept any longer.　Even though his owners deny
Tommy is in as（　4　）a space as has been claimed, I can't think of any
reason why they have a right to keep animals in such conditions, just as I
cannot understand the mentality of any human being who could look at that
20　suffering animal and not feel sympathy.

　　I have grown up with great apes at my family's wildlife parks in
England.　They are as close to me as friends.　When you get to know them,
you start to understand that they each have their own personalities.　You
（　5　）how much apes and humans share.　They love each other as we do.

They feel complex emotions such as loyalty and jealousy.   25

Apes share all the characteristics and emotions that we think of as human. They do experience deep sadness when they are lonely or when they are suffering from the death of a parent or their young. It can be heartbreaking to witness. They can also show great (6). I have witnessed their complete happiness after the birth of a baby, as they gather   30 to inspect and admire it. And I have seen them angry, bored, determined, passionate, cheerful, relaxed, thoughtful and jealous—(7) that they clearly communicate without any need for words.

There's plenty of evidence that chimpanzees are highly intelligent— perhaps even cleverer than us at some tasks. Researchers in Japan (8)   35 tests of short-term memory with five-year-old chimpanzees and human adults. Numbers appeared in random order on a computer screen, and then disappeared. The chimpanzees could immediately point to where the numbers had been, in the correct order. They easily beat the humans.

They can (9) learn sign language. A chimpanzee called Nim at   40 Columbia University learned 125 words using sign cards, and was able to put together short sentences such as "Tickle me Nim play," "Banana me eat," and "Hug me Nim."

Chimpanzees are thought to be our closest animal relatives. There is just a 1.23 percent difference in DNA between us. Humans and chimpanzees   45 have obvious (10), such as expressive faces. But the connections go far deeper, as they share so much behavior once regarded as purely human. Chimpanzees can make and use tools such as hammers and spears. They co-operate to solve problems such as driving predators away from their territory, they devote great effort to educating their young, and they use   50 clever tactics to hunt in groups. A group of chimpanzees hunting in the jungle will use a technique of hiding themselves before a surprise attack, which is as well-planned as any human battle strategy.

In the 1960s, when the English biologist Jane Goodall first (11) that chimpanzees had emotions and culture, scientists didn't believe it. Now every researcher accepts that she was right; at the primate center in Kyoto, Japan, scientists have proved apes are more able than even Professor Goodall ever guessed. Young chimpanzees can learn to stack building blocks and make shapes from Lego. They recognize their reflection in a mirror, and will comb their fur or do funny things. Chimpanzees have a great sense of humor, in some ways very similar to our own.

(12) special cameras, researchers in the Congo have captured amazing films of chimpanzees using an entire set of tools to fish for ants. They use a sharp stick to make a small hole in the ant-hill, drill into it with a larger stick and (13) the ants with a variety of sticks and grasses. Some chimpanzees have learned to chew the ends of their fishing sticks, softening the wood so that the fibers pick up more ants—a bit like using a spoon instead of a fork.

This extraordinary intelligence and emotional sophistication is (14) I believe we should give them the same rights as we have. It would be wrong to say "human rights" because they are not human—but that doesn't mean their rights are any less significant. The conditions imposed on Tommy are similar to those of a human jail. But it's not just physical: apes experience depression in these situations, just as humans do.

If human children were being kept in these conditions, there would be international (15). The front page of every newspaper would be screaming about it. But Tommy is a chimpanzee, not a child. Should that make a difference? I do not believe it should.

From Apes feel love, joy and sadness just like us —— so give them human rights:
From conservationist DAMIAN ASPINALL by Damian Aspinall, Mail Online
(2013/12/10), Associated Newspapers Ltd.

(1)　A．original　　　　　B．ideal

　　　C．unreliable　　　　D．miserable

(2)　A．interesting　　　　B．entertaining

　　　C．usual　　　　　　D．unique

(3)　A．Even if　　　　　B．And so

　　　C．Nevertheless　　　D．Moreover

(4)　A．comfortable　　　 B．wide

　　　C．awful　　　　　　D．dangerous

(5)　A．dismiss　　　　　 B．regret

　　　C．realize　　　　　 D．express

(6)　A．joy　　　　　　　B．anger

　　　C．sorrow　　　　　 D．sympathy

(7)　A．ideas　　　　　　 B．actions

　　　C．claims　　　　　 D．moods

(8)　A．conduct　　　　　 B．conducted

　　　C．were conducting　 D．will conduct

(9)　A．even　　　　　　 B．never

　　　C．only　　　　　　D．still

(10)　A．differences　　　　B．traditions

　　　C．expressions　　　 D．similarities

(11)　A．dreamed　　　　　B．proposed

　　　C．rejected　　　　　D．refused

(12)　A．Relying　　　　　B．Finding

　　　C．Using　　　　　　D．Buying

(13)　A．annoy　　　　　　B．kill

　　　C．collect　　　　　D．stir

(14)　A．how　　　　　　　B．why

　　　C．what　　　　　　　D．because

(15)　A．protests　　　　　B．projects

　　　C．prevention　　　　D．prejudice

B．本文の内容に照らして最も適当なものをそれぞれA～Cから一つずつ選び，
　その記号をマークしなさい。

(1)　The chimpanzee, Tommy, described in this passage

　　A．shares his shelter with other exotic animals.

　　B．is kept in a place which is like an old prison.

　　C．is locked inside a house with his wicked owners.

(2)　Research carried out in Japan showed that chimpanzees performed
　　better than humans in

　　A．learning how to use sign language.

　　B．pointing to numbers as someone called them out.

　　C．remembering numbers flashing on a screen.

(3)　According to the passage, chimpanzees

　　A．are human beings with different DNA.

　　B．hunt in a way similar to humans fighting a war.

　　C．scold their children in the same way as humans do.

(4)　These days, all primate researchers seem to agree that chimpanzees

　　A．are just as stupid as human beings are.

　　B．have emotions and culture as humans do.

　　C．are usually funnier than humans are.

(5)　Scientists at the primate center in Kyoto have demonstrated that

　　A．chimpanzees engage in similar activities to human children.

　　B．apes are more skillful than human children at using blocks and Lego.

　　C．Jane Goodall's ideas about chimpanzees were fundamentally incorrect.

(6)　Researchers in the Congo have found that chimpanzees

　　A．enjoy catching fish by using a variety of equipment.

　　B．are able to make spoons and forks from wooden sticks.

　　C．have developed clever techniques for gathering food.

(7)　The author's main purpose in writing this article is to

　　A．argue for protecting the rights of animals such as chimpanzees.

　　B．tell the story of a chimpanzee named Tommy so that he may be freed.

　　C．describe the intelligence and emotional maturity of chimpanzees.

≪チンパンジーにも人間と同様な権利を≫

全訳

　チンパンジーのトミーは，残酷な飼い主によって暗くてじめじめとした檻の中に囚人のように閉じ込められており，現代の刑務所なら容認されないような環境を強いられている。セメントの床にじかにいて，檻はひどく寒い。その飼い主たちは見世物用に珍しい動物を収集し，ニューヨーク州のトレーラー・パークで飼育している。

　先週トミーの悲惨な状況について読んだとき，私は腹わたが煮えくりかえった。どうして生物の中で最も知性があり好奇心の強いチンパンジーを閉じ込めて，そんなひどい環境の中でますます痩せていくのを見過ごせるのか，と。

　悲しいことに，トミーの話は珍しいものではない。むしろ珍しいどころではないのだ。世界中で何百万匹もの動物がとても衝撃的な環境に置かれている。このような行為はその動物だけでなく，そこでその動物を飼育している人間の品位も失墜させ，名誉を傷つけるものである。

　そういうわけで，私はニューヨークの裁判所で裁判を起こした「非人間権利プロジェクト」という団体を全面的に支援している。要求しているのは，トミーは人間と同等の法的権利を有すべきで，これ以上トミーを不当に扱うことがあってはならないということである。たとえトミーの飼い主たちがトミーの環境は訴えられているようなひどいものではないと述べていても，彼らに動物をそのような環境下で飼育する権利があるとする理由が私にはまったく思いつかない。これは，そのように苦しんでいる動物を見て同情を感じない人の精神構造が私にはまったくわからないのと同じである。

　私はイングランドにある家族が所有する野生動物公園で素敵な類人猿とともに育った。彼らは私にとって，友人と同じくらい近い存在である。あなたも彼らと仲良くなれば，それぞれに特有の性格があることがわかってくるだろう。そして類人猿と人間がいかに多くのことを共有しているか，ということに気づく。彼らは私たちと同様に互いに愛しあい，忠誠や嫉妬といった複雑な感情も抱くのだ。

　類人猿は私たちが人間らしいと考えるあらゆる性質や感情をもっている。彼らは寂しいときや親や子どもたちの死に直面しているときには，深い悲しみをまさに感じている。それを目撃すれば胸が張り裂ける思いになるだろう。彼らは大きな喜びを示すこともできる。赤ちゃんが生まれたときに，集まって赤ちゃんをしげしげ見つめたり見ほれたりして，最高に喜んでいるのを私は見たことがある。さらに，怒っている，退屈そうにしている，断固とした意志を表している，情熱的である，元気がいい，リラックスしている，考え込んでいる，嫉妬しているところを見てきた。こうした気分を，彼らは言葉を要せずともはっきりと伝えることができる。

　チンパンジーがとても知的であるということを示す証拠が数多くある。課題によっては人間よりも利口に行うものがあるかもしれない。日本の研究者が5歳のチンパンジーと大人の人間に対して短期記憶に関するテストを行った。コンピュータの画面上に順不同に数字が現れては消える。チンパンジーは数字が現れた場所を，正しい順序で即座に指し示すことができた。彼らはやすやすと人間を打ち負かしたの

である。

彼らは手話を覚えることすらできる。コロンビア大学のニムと呼ばれるチンパンジーは手話を表すカードを使って125語を覚え、「僕のことくすぐって遊んでよ」「僕バナナ食べる」「僕をハグして」などのような短い文を組み立てることもできた。

チンパンジーは動物の中で人間に最も近縁であると考えられている。チンパンジーと人間のDNAの違いは1.23パーセントしかない。人間とチンパンジーには表情が豊かであるといった、明らかな類似点がある。それどころか、両者の関連はさらに奥深く、彼らはかつて人間にしか見られないと思われていた多くの行動をとる。チンパンジーはハンマーや槍といった道具を作り、それを使うことができる。彼らは捕食者を居住エリアから追い払うといった問題を解決するために互いに協力し、子どもたちを教育するのに多大な努力をし、巧みな戦略を使って集団で狩りを行う。ジャングルで狩りをするチンパンジーの集団は不意打ちをするために身を潜めるという技を使うが、これは人間が戦争で使う戦略と同じくらい巧みに計画されたものである。

1960年代にイギリスの生物学者ジェーン＝グドールが、チンパンジーは感情と文化をもつということを初めて提唱したとき、科学者たちはそれを信じなかった。今では全研究者が彼女が正しかったことを認めている。日本の京都にある霊長類センターでは、類人猿はグドール教授でさえ推測できなかったほど有能であるということが科学者によって証明されている。若いチンパンジーは積み木を積み重ねることも、レゴで形を作ることも学ぶことができる。鏡に映る自分の姿を認識し、くしで毛をといたりふざけたりする。チンパンジーはすばらしいユーモアのセンスの持ち主で、いくつかの点で人間のユーモアのセンスととても似ている。

コンゴの研究者たちは、チンパンジーが道具一式を使ってアリを捕まえるという驚くべき記録映像を、特別なカメラを使って撮影した。彼らは先の尖った棒でアリ塚に小さな穴を開け、もっと大きな棒で穴を貫通させ、さまざまな種類の棒や草を差し込んでアリを集める。捕食用の棒の先を噛んで柔らかくし、繊維状にしてより多くのアリを拾い上げられるようにするチンパンジーもいる。これはフォークの代わりにスプーンを使うようなものだ。

この非凡な知性と情緒面の洗練度が、彼らに私たちがもつ権利と同じ権利を与えるべきだと私が考える理由である。彼らは人間ではないので「人権」と言うのは間違っているだろう。しかしだからといって、彼らの権利が少しも重要ではないということにはならない。トミーに課された環境は人間で言えば刑務所の環境に似ている。しかしそれは物理的な意味だけではない。類人猿はそうした環境で人間と同じようにうつを経験するのである。

もし人間の子どもがこのような状況に置かれれば国際的な抗議が起こり、あらゆる新聞の第一面で大々的に取り上げられるだろう。しかし、トミーはチンパンジーであって人間の子どもではない。そこに違いはあるだろうか。私はないと思う。

●語句・構文……………………………………………………………………………………
- □ *l.* 2　be condemned to ～「～（苦境など）を強いられる」
- □ *l.* 6　*one's* blood boil「激怒する」
- □ *l.*10　far from ～「少しも～ではない」
- □ *l.*11　degrade「～の品位を傷つける」
- □ *l.*13　in support of ～「～を支持して」
- □ *l.*26　think of *A* as *B*「*A* を *B* と見なす」　本文では *A* が関係代名詞を伴って前に出ている。
- □ *l.*28　young は名詞で「（動物・鳥などの）子どもたち」。
- □ *l.*40　sign language「手話」
- □ *l.*42　tickle「～をくすぐる」
- □ *l.*50　devote *A* to *B*「*A*（身・心・努力・時間など）を *B*（仕事・目的・人など）にささげる」
- □ *l.*56　primate「霊長類の動物」
- □ *l.*57　able「有能な」
- □ *l.*58　stack「～を積み上げる」
- □ *l.*78　make a difference「違いを生む」

解　説

　チンパンジーなどの知的な動物にも人間と同様な権利を与えるべきであるという意見を述べている英文。論旨の構成，語彙や表現などは標準的な難度で，設問も標準的なものが多い。Aの空所補充問題の多くは標準的な語彙の違いを見分ける力を問うもので，特に難解な語が出てくるわけではない。文脈から十分に正解を導くことができるだろう。Bの内容説明の問題は特に段落を指定していないので，後から探すと時間のロスとなる。先に設問に目を通しておくことをすすめたい。

A．空所補充　推定配点　60点（各4点）

(1)　**正解は D** ─────────────────────────────── やや易
- A．「最初の，もとの」
- B．「理想的な」
- C．「あてにならない」
- D．「みじめな，悲惨な」

　チンパンジーのトミーが置かれている環境を説明している部分。第1段第1文で「暗くてじめじめした檻の中に囚人のように閉じ込められている」と述べられている点や，第2段最終文に「このようなひどい環境」という表現がある点から，Dが最も適切であると考えられる。

(2)　**正解は D** ─────────────────────────────── 標準
- A．「興味深い」
- B．「おもしろい」

C.「いつもの，ふつうの」　　　　　　D.「とても珍しい」

　第3段第3文参照。「世界中で何百万匹もの動物がとても衝撃的な環境に置かれている」とある。「衝撃的な環境」とは，冒頭で述べられているトミーの環境と同様のものであると考えられる。この流れに最もふさわしいのはDで，文頭の Sadly「悲しいことに」とも矛盾しない。

(3)　**正解は B** ————————————————————————————————— 標準

　A.「たとえ〜でも」　　　　　　　　　B.「それで，そういうわけで」
　C.「それにもかかわらず」　　　　　　D.「その上，さらに」

　空所直後の「私は『非人間権利プロジェクト』という団体を全面的に支援している」の一文と，第1〜3段とのつながりを考える。「トミーをはじめ多数の動物が悲惨な状況下で飼育されている」という主旨と，「トミーは人間と同等の法的権利を有すべきである」という主張とは，相反するものではないので，順接の接続詞または副詞で結ばれるべきである。これに合致するのはBである。

(4)　**正解は C** ————————————————————————————————— 標準

　A.「快適な」　　　　　　　　　　　　B.「広い」
　C.「ひどい」　　　　　　　　　　　　D.「危険な」

　当該箇所は，「これまで主張されてきたような〜な場所にトミーが置かれていることを飼い主が否定したとしても」という意味になる。つまり，ここまでトミーの住環境がどのように述べられているかを見ればよい。最も適切なのはCである。Dも否定的なイメージをもつ語だが，危険であると具体的に述べられているわけではないので不適。

(5)　**正解は C** ————————————————————————————————— 標準

　A.「〜を却下する」　　　　　　　　　B.「〜を後悔する」
　C.「〜に気づく」　　　　　　　　　　D.「〜を表現する」

　当該箇所は，「類人猿と人間がいかに多くのことを共有しているかということに〜」という意味になる。直前で「あなたも彼ら（類人猿）と仲良くなれば，それぞれに特有の性格があることがわかってくるだろう」と述べられていることから，空所には「わかる，気づく」という言葉が入ると推測できる。よって正解はCである。

(6)　**正解は A** ————————————————————————————————— 標準

　A.「喜び」　　　　　　　　　　　　　B.「怒り」
　C.「悲しみ」　　　　　　　　　　　　D.「同情」

　当該箇所の意味は「彼らは大きな〜を示すこともできる」となり，直後で具体例が述べられている点に注目する。「赤ちゃんが生まれたときに，集まって赤ちゃんをしげしげ見つめたり見ほれたりして，最高に喜んでいるのを見たことがある」とあるので，Aが最も適切である。

(7)　**正解は D** ──────────────────────── 標準

A.「考え」　　　　　　　　　B.「行動」
C.「主張」　　　　　　　　　D.「気持ち」

　直前で，angry, bored, determined…thoughtful and jealous といった語が並び，これをダッシュを用いてまとめているのが当該箇所である。これらの語はAやCのように論理的なものではなく，気持ちや感情に関する言葉である。よってDが最も適切である。

(8)　**正解は B** ──────────────────────── やや易

A.「行う」　　　　　　　　　B.「行った」
C.「行っていた」　　　　　　D.「行うつもりである」

　語彙の問題ではなく時制の問題である。「日本の研究者たちが短期記憶に関するテストを～」という意味になる。直後の文でどのようなテストであったかが説明されているが，動詞は過去形になっている。よって当該箇所の動詞も過去形であると考えられる。正解はBである。

(9)　**正解は A** ──────────────────────── やや難

A.「～さえ」　　　　　　　　B.「決して～ない」
C.「ただ～だけ」　　　　　　D.「まだ～」

　直前の段落で，チンパンジーの知能の高さについて述べられており，当該段落でも「手話を覚えることができる」と，知能の高さを裏づけるような説明がなされている。Aならば「（他の能力に加えて）手話を覚えることさえできる」と強調されることになり，これが最も適切である。

(10)　**正解は D** ─────────────────────── 標準

A.「違い」　　　　　　　　　B.「伝統」
C.「表情」　　　　　　　　　D.「類似点」

　当該段落の第1・2文で「チンパンジーは動物の中で人間に最も近縁」「両者のDNA の違いは1.23 パーセントしかない」など，人間とチンパンジーが似ていることが述べられている点に注意。また，後続の文でも「かつては人間にしか見られないと思われていた多くの行動をとる」と述べられており，この文脈に最も適しているのはDである。

(11)　**正解は B** ─────────────────────── 標準

A.「～を夢に見た」　　　　　B.「～を提唱した」
C.「～を拒絶した」　　　　　D.「～を拒否した」

　まず，CとDは程度の差はあるものの，ほぼ同じ意味ととらえてよいので正解ではあり得ない。また，当該箇所は「チンパンジーは感情と文化をもつということを初めて～したとき，科学者たちは信じなかった」という意味になり，ジェーン＝グドールが自説を提唱したのだと考えられる。よってBが最も適切である。

⑿ **正解は C** ──────────────────────── 標準

A.「あてにして」　　　　　　B.「〜を見つけて」
C.「〜を使って」　　　　　　D.「〜を買って」

　まず，Aの rely は on を伴って「〜をあてにする」という意味になるのでここでは不適。B・C・Dはいずれも文法的には成立可能だが，後続の部分が「驚くべき映像を撮影した」となっているので，「特別なカメラを使用して」と考えるのが自然である。よって正解はCである。

⒀ **正解は C** ──────────────────────── 標準

A.「〜をいらいらさせる」　　B.「〜を殺す」
C.「〜を集める」　　　　　　D.「〜をかき回す」

　チンパンジーが道具を使ってアリを捕食する様子を説明している箇所である。棒や草を何のために利用するのかを考える。また，直後の文に「より多くのアリを拾い上げられるように」とあるので，アリを集めて捕まえるためのものだと考えられる。よってCが最も適切である。

⒁ **正解は B** ──────────────────────── やや難

　This extraordinary … sophistication が主語，is が動詞の第2文型の構造になっている。まず，S is why … は「Sが…の理由である」の意で，Sが原因，why 以下が結果を示している。一方，S is because … は「…なのでSである」の意で，Sが結果，because 以下が原因を示している。主語の意味は「この非凡な知性と情緒面の洗練度」，空所以下の意味は「彼らに私たちがもつ権利と同じ権利を与えるべきだと私が考える」となるので，前者が原因，後者が結果であると考えられる。よってBの why が正解。なお，Aの場合 S is how … で「Sは…する方法である」という意味になり不適。また，Cの what は主格または目的格の関係代名詞ととらえられるので，後続の節内の主語または目的語が不足しているはずである。その形跡がないのでやはり不適である。

⒂ **正解は A** ──────────────────────── 標準

A.「抗議」　　　　　　　　　B.「計画」
C.「予防」　　　　　　　　　D.「偏見」

　当該箇所は「もし人間の子どもがこのような状況に置かれたなら，国際的な〜が起こるだろう」という意味になる。最終段で筆者は再度自分の主張をまとめている。つまり，チンパンジーを今のような状況で飼育することは許されないという考えである。この考えに沿っているのはAであろう。

B．内容説明 　推定配点　28点（各4点）

(1) 正解は B ————————————————————————————— 標準

「この文章で説明されているチンパンジーのトミーは，…」

A．「他の珍しい動物と檻を共有している」

B．「昔の刑務所のような場所で監禁されている」

C．「不道徳な飼い主といっしょに，ある家の中で監禁されている」

　　第1段第1文に「チンパンジーのトミーは，現代の刑務所なら容認されないような環境を強いられている」とあるので，昔の刑務所のような環境の悪さであることが推測できる。よってBが最も適切である。他の動物と同じ檻を共有しているとは述べられていないのでAは不適。また，飼い主が監禁されているという記述もないのでCも不適。

(2) 正解は C ————————————————————————————— 標準

「日本で行われた研究によって，チンパンジーは…において人間よりも勝っていることが明らかになった」

A．「手話の使い方を覚えること」

B．「誰かが大声で叫んだ数字を指し示すこと」

C．「画面上に点滅する数字を覚えること」

　　第7段第2～4文で，この研究の目的が「5歳のチンパンジーと大人の人間の短期記憶」を調べることであり，その内容が「コンピュータの画面上に数字が順不同に現れては消える」ことであり，その結果「チンパンジーは数字が現れた場所を，正しい順序で即座に指し示すことができた」と述べられている。さらに，同段最終文では「彼ら（チンパンジー）はやすやすと人間を打ち負かした」とあり，チンパンジーのほうが人間よりも短期記憶にすぐれていることがわかる。これらのことより，研究によって明らかになったのはCである。Aはこの実験とは無関係であり，Bは数字の与え方が本文と異なっている。

(3) 正解は B ————————————————————————————— 標準

「この文章によれば，チンパンジーは…」

A．「異なるDNAをもつ人間である」

B．「人間が戦争で戦うのと似たような方法で狩りをする」

C．「人間がするのと同じやり方で子どもを叱る」

　　第9段最終文に，チンパンジーが使う狩りの技術について「不意打ちをするために身を潜めるという技を使うが，これは人間が戦争で使う戦略と同じくらい巧みに計画されたものである」と述べられている。この主旨に合致しているのはBである。チンパンジーが人間であるとは一切述べられておらず，Aは明らかに言い過ぎである。また，子どもの叱り方についての記述もないので，Cも不適。

⑷　**正解は B** 標準

「最近では，霊長類の研究者たちはみな，チンパンジーが…ということに同意しているようである」

A.「人間とまったく同じように愚かである」

B.「人間と同じように感情や文化をもつ」

C.「たいていの場合人間よりも滑稽である」

　第10段第1・2文参照。ジェーン＝グドールの「チンパンジーは感情と文化をもつ」という提唱が，1960年代当時は受け入れられなかったが，「今では彼女が正しかったことを全研究者が認めている」と述べられている。この主旨に合致しているのはBである。

⑸　**正解は A** やや難

「京都の霊長類センターの科学者たちは，…ということを示した」

A.「チンパンジーは人間の子どもと同じような行動をする」

B.「類人猿は積み木やレゴを使うことに関しては人間の子どもよりも上手である」

C.「チンパンジーについてのジェーン＝グドールの考えは根本的に間違っていた」

　第10段第3文に「若いチンパンジーは積み木を積み重ねたり，レゴで形を作ったりするのを学ぶことができる」とある点に注目する。積み木やレゴは人間の子どもが好んで行うことであるので，Aはこの記述に合致していると考えてよい。Bには積み木やレゴなどの具体的な語が含まれているが，本文にはどちらが上手であるかについての説明は見当たらず不適。Cは同段第2文の内容と矛盾しており不適。

⑹　**正解は C** 標準

「コンゴの研究者たちは，チンパンジーが…ということを発見した」

A.「さまざまな道具を使って魚を捕まえることを楽しむ」

B.「木の棒からスプーンやフォークを作ることができる」

C.「食糧を収集するための巧みな技術を発展させた」

　第11段では，チンパンジーが棒を使ってアリ塚のアリを捕食する様子が述べられているが，魚の捕食については記述がないのでAは不適。また，同段最終文にスプーンやフォークが出てくるが，これはチンパンジーが棒の先に工夫を加える様子を比喩的に説明したものであり，実際にそれらを作るわけではないのでBも不適。Cはやや具体性に欠けるが，主旨そのものは第11段の内容に合致していると考えてよい。

⑺　**正解は A** やや難

「筆者がこの文章を書いた主たる目的は，…ことである」

A.「チンパンジーのような動物の権利保護に賛成の意見を述べる」

B.「トミーという名前のチンパンジーの話を伝えて，トミーが解放されるようにする」

C.「チンパンジーの知性と情緒面での円熟さを述べる」

　　本文の構成は,「具体例の紹介」→「それに関連する筆者の主張」→「主張を支える事実や根拠の説明」→「主張を再度強調」という形になっている。つまり,第4段の内容が筆者の主張(文章を書いた主たる目的)であり,同様の主張が最終の2段落で繰り返されているのである。この主張に合致しているのはAである。Bも筆者の目的ではあろうが,トミーの解放のみに限定されており,筆者の主張を完全に言い表しているとは言えない。また,Cについても本文中で述べられているが,筆者の主張の根拠であり主張そのものではない。

A. (1)—D　(2)—D　(3)—B　(4)—C　(5)—C　(6)—A　(7)—D　(8)—B
　　(9)—A　(10)—D　(11)—B　(12)—C　(13)—C　(14)—D　(15)—A
B. (1)—B　(2)—C　(3)—B　(4)—B　(5)—A　(6)—C　(7)—A

28

目標解答時間　35 分

A．次の英文の空所（　1　）～（　15　）に入れるのに最も適当なものをそれぞ
れA～Dから一つずつ選び，その記号をマークしなさい。

In 2001, Margie Richard traveled to a city called The Hague, in the
Netherlands, to attend a directors' meeting for one of the most powerful oil
companies in the world. She was holding on to a valuable piece of evidence
that she would present at the meeting. It was a plastic bucket containing a
bag of polluted air from her hometown, Old Diamond, in Louisiana, USA.　5

Margie was the last speaker.　A small, determined woman, she（　1　）
through the crowd until she was facing a row of the company's leaders. She
looked straight at them and held up her bucket. "Would you want your
children to breathe this air?" The men looked puzzled. "What's this about?"
one of them asked. Margie replied, "The people of my community have to　10
breathe polluted air from your factory day and night. I have come across the
world to ask if you will help us move to a safer place." One of the directors
said he would look（　2　）it.

After the meeting, Margie found the man in the hall and insisted on
telling him her story. The smoke from his company's factory（　3　）　15
people in Old Diamond. They had been getting rare forms of cancer, and they
had been trying to get the company to help them move. The man（　4　）.
He was an oil company man, but he was also a father. And he didn't want
bad publicity for his company. He said he would see what he could do.

Margie's town was an African American community near New Orleans.　20
Sandwiched between a giant oil producing facility and a chemical plant, its
residents were subject to some of the worst industrial pollution in the
country. Previously many of them had owned pieces of rich farmland here,
including Margie's grandfather. Then, in 1953, when Margie was nine, her

family was pressured to sell their land to the oil company next door.
(　5　) wanted to build a new plant to manufacture chemicals for products
such as pesticides. African Americans in the South had limited human rights
in those years, so it would have been difficult to fight back. Everyone in Old
Diamond had to move to a much smaller piece of land—right up against the
fence of the new chemical plant. Emissions from the factory turned the air
into a cloud of chemicals, making everybody sick.

There were other (　6　), too. In 1973, an explosion in the town
caused by a leak from an oil pipeline killed a 16-year-old boy and his elderly
neighbor. Margie was grown by that time and was teaching school. But like
everybody else in Old Diamond, she was scared. "I started sleeping in my
clothes, so I could jump up and run for my life if I had to."

Most of the people in Old Diamond wanted to move—and they wanted
the oil company to pay for it. But (　7　) could they make one of the most
powerful companies in the world listen to them? Margie remembers going to
a meeting of elder churchwomen to decide what to do. The minute she
walked in, they looked up. "There she is," one of them said. "We choose you
to be our leader." "How could I say no," Margie says, "when I cared about
them so much?"

Margie organized a group of concerned citizens to deal with the problem.
They met every week in members' houses, often in Margie's, to discuss and
write down their concerns. At the top of the list was a demand to be moved
to a new location.

The group started a legal action against the oil company. All of them had
relatives or friends who had become sick or had died. They believed this was
because they had been (　8　) emissions from the oil and chemical plants
for a long time. Margie's sister had died of a rare lung disease at age 43. "In
the end, she had to breathe pure oxygen from a tank," Margie remembers.

The legal action failed. Even though people were getting sick, the oil
company said that it wasn't their fault. Where was the proof? Margie was

extremely disappointed. Some of her supporters (　9　) her, saying that 　55
she was foolish to think she could win against such a powerful opponent. But
Margie continued speaking out. Over time, people from across the country
—scientists, environmentalists, lawyers—began coming to her house with
offers of help.

　In 1998, Denny Larson, an environmentalist from California, arrived 　60
with a way to prove that Old Diamond air (　10　) dangerous chemicals.
Denny brought an ordinary bucket that had a special plastic bag inside with
a hose and pump, so that people could take samples of the bad air and send
them to a laboratory to be tested. The laboratory reports (　11　) that the
air had a mix of dangerous chemicals. Here was the evidence Margie was 　65
looking for. It was one of these buckets that she took to the meeting in The
Hague.

　In 2001, two weeks after Margie returned from that meeting, a big car
pulled up in front of her house. It was a warm sunny day. The air didn't
smell too bad. The man in the car said, "Hello, are you Margie Richard? I 　70
just stopped by for a chat." He was one of the managers of the company, and
he wanted to know the extent of the problem. There (　12　) seem to be a
problem to him.

　(　13　), flames exploded from one of the plants. The man started to
cough. He rubbed his eyes. "What's that?" Margie smiled. How many 　75
times had she and her supporters told the company the air was dangerous in
Old Diamond?

　Finally, on March 4, 2002, the oil company began talking to Margie and
her group about moving. Four months (　14　), the oil company agreed to
buy the homes of everyone who wanted to move and pay them enough to buy 　80
another house in a safe location. Almost all of the nearly 400 residents took
the offer. After 14 years of struggle, Margie and her supporters had won!

　This victory of a small, poor African American community against one of
the most powerful companies in the world was inspiring to other communities

85 throughout the world. Today, Margie travels all over to help other communities get fair treatment from big oil companies. Everywhere she goes, she speaks out about (15). "I get accused of talking too much," she says, "but if you don't tell people the problem, how can you expect them to solve it?"

(1) A. walked away　　　B. made her way
　　C. stared at them　　D. stood straight up

(2) A. for　　　　　　　B. around
　　C. through　　　　　D. into

(3) A. was poisoning　　B. poisons
　　C. will poison　　　D. is poisoning

(4) A. returned　　　　 B. refused
　　C. laughed　　　　　D. listened

(5) A. The citizens　　 B. Margie's family
　　C. The company　　　D. The farmers

(6) A. companies　　　　B. explosions
　　C. dangers　　　　　D. fights

(7) A. where　　　　　　B. how
　　C. what　　　　　　 D. whether

(8) A. exposed to　　　 B. experienced with
　　C. frightened by　　D. fighting back

(9)　A．confused　　　　B．embarrassed

　　 C．assisted　　　　 D．criticized

(10)　A．consisted　　　 B．contained

　　 C．restrained　　　 D．remained

(11)　A．denied　　　　　B．confirmed

　　 C．doubted　　　　 D．replied

(12)　A．hardly　　　　　B．wouldn't

　　 C．didn't　　　　　 D．won't

(13)　A．Suddenly　　　 B．Constantly

　　 C．Slowly　　　　　D．Unfortunately

(14)　A．later　　　　　 B．away

　　 C．past　　　　　　D．over

(15)　A．herself　　　　 B．talking

　　 C．oil　　　　　　 D．injustice

B．本文の内容に照らして最も適当なものをそれぞれA〜Cから一つずつ選び，
　その記号をマークしなさい。

(1)　Margie Richard met with the directors of a powerful oil company to

　　A．discuss the use of plastic buckets in Old Diamond.

　　B．negotiate the purchase of rich farmland in Old Diamond.

　　C．confront them with the problem of pollution in Old Diamond.

(2)　In the 1950s the landowners in Margie's community sold their land because

　　A．they needed more money to live.

　　B．the oil company forced them to do so.

　　C．they wanted to work for the big oil company.

⑶　The reason why the legal action against the company failed is that

　　A．there was no evidence that the company was guilty.

　　B．Margie's community did not support her enough.

　　C．the pollution was believed to be related to sickness.

⑷　Later, Margie was able to present her case in The Hague because

　　A．employees of the oil company also died of air pollution.

　　B．she had scientific proof that the company was polluting the area.

　　C．a member of the oil company had pity on the residents of Old Diamond.

⑸　One of the oil company managers finally understood the problem in Old Diamond when he

　　A．felt the pollution immediately upon his arrival in the town.

　　B．experienced pollution firsthand after an explosion at a nearby factory.

　　C．heard that an oil-related explosion had killed two individuals in the past.

⑹　In 2002, the oil company finally

　　A．decided to move its factory away from Old Diamond.

　　B．said it would rebuild the houses of all residents for free.

　　C．helped residents of Old Diamond move to less dangerous places.

⑺　The best title for this passage would be

　　A．"Standing Up for One's Rights."

B．"Struggles of African Americans."

C．"Pollution Problems in US History."

≪故郷の人々を救おうとするマージー＝リチャードの闘い≫

全訳

　2001年に，マージー＝リチャードは，世界で最も有力な石油会社のひとつの取締役会に出席するためにオランダのハーグと呼ばれる都市に赴いた。彼女はその会合で提示するつもりの重要なひとつの証拠をしっかりとかかえていた。それは故郷のアメリカ，ルイジアナ州はオールドダイヤモンドの汚染された空気を入れた袋が入ったプラスチックのバケツだった。

　マージーは最後の発言者だった。小柄で決然とした表情のその女性は，一列に並んでいる会社の指導部に向き合うところまで群衆の中を進んで行った。彼女は彼らをまじまじと見つめて，バケツを持ち上げた。「自分の子どもにこの空気を吸わせたいですか？」　彼らは当惑の表情を浮かべた。「これは一体どういうことですか？」と彼らのひとりが尋ねた。マージーは次のように答えた。「私の住む地域の人たちはあなた方の工場から出た汚染された空気を昼も夜も吸わなければなりません。私たちがもっと安全な場所に移動するのを助けていただけるかどうかうかがうために，はるばるやって来たのです」　役員のひとりはその件を調査すると語った。

　会合の後で，マージーはホールでその男性を見つけて，自分の話をぜひ聞いてほしい，と言った。彼の会社の工場から出る煙はオールドダイヤモンドの人々に有害な影響を与えていた。彼らは珍しい型のがんにかかっており，引っ越すための援助をその会社に求めようとしていた。その男性は耳を傾けた。彼は石油会社の人間だったが，父親でもあったのだ。そして自分の会社の評判が悪くなることを望んでいなかった。彼は何ができるか考えてみましょう，と言った。

　マージーの住む町は，ニューオーリンズ近郊のアフリカ系アメリカ人地域だった。巨大な石油製造施設と化学工場の間にはさまれて，そこに住む住民は国内で最悪の産業公害の一部を被っていた。以前，マージーの祖父を含めた彼らの多くは，そこで豊かな農地を各自所有していた。その後，マージーが9歳になった1953年に，家族は隣の石油会社に土地を売るようにという圧力を受けた。その会社は，殺虫剤のような製品に使う化学薬品を製造する新しい工場を建てたかったのである。当時，南部のアフリカ系アメリカ人の人権は制限されていたので，抵抗するのは困難だった。オールドダイヤモンドに住む人たち全員が，はるかに狭い土地——新しい化学工場のフェンスのすぐそば——に越さなければならなくなった。工場から出る排出ガスのために，大気は化学物質の雲となり，誰もが病気になってしまった。

　他にも危険なことがあった。1973年に石油パイプラインからの漏れが原因で町で爆発が起こり，16歳の少年と隣に住む高齢者が亡くなっていた。マージーはその頃には大人になっており，学校の教師をしていた。しかし，オールドダイヤモンドに住む他のみんなと同様に，彼女もおびえていたのだ。「私は服を着たまま寝るようになりました。やむを得ない場合には飛び起きて，死にものぐるいで逃げられるようにするためです」

　オールドダイヤモンドの住民の大半は住み替えを望んでおり，石油会社にその金銭的負担をしてもらいたいと思っていた。しかし，どうしたら世界で最も有力

な企業のひとつに耳を傾けさせることができるだろうか。マージーは対策を決定するために教会の長老婦人部の会合に出たことを覚えている。彼女が中に入った途端に，みんなが顔を上げた。「マージーが来てくれました」とひとりが言った。「私たちはあなたをリーダーにすることに決定します」「断るなんてことができたでしょうか」とマージーは語る。「みんなのことをとても気にかけていたのですから」

マージーは問題に対処するために，当該市民のグループをつくった。彼らは毎週メンバーの家で——マージーの家が多かったが——懸念事項を討議し記録するために会合を開いた。最優先事項は，新しい場所に住み替えをさせてもらうという要求だった。

グループは石油会社に対して訴訟を起こした。メンバー全員に，病気になったり，亡くなった身内や友人がいた。それは石油工場と化学工場からの排出ガスに長期間さらされたためだと彼らは信じていた。マージーの姉は43歳で珍しい肺の病気のために亡くなっていた。「最終的に姉はタンクから純酸素を吸引しなければならなくなりました」と，マージーは記憶している。

訴訟は失敗に終わった。人々は病気になってはいたが，自分たちのせいではないというのが石油会社の言い分だった。証拠はどこにあると言うのか。マージーは深く落胆した。支援者の中には，そんな強大な敵に対して勝てると思うことは愚かである，と言って彼女を批判する者もいた。しかし，マージーは発言を続けた。やがて，科学者や環境問題専門家，弁護士などのアメリカの至るところからやって来た人々が彼女の家を訪ねて，援助を申し出るようになってきた。

1998年には，カリフォルニアの環境問題専門家デニー＝ラーソンが，オールドダイヤモンドの空気は危険な化学物質を含んでいるということを証明する方法を携えて到着した。デニーは，人々が悪い空気のサンプルを取って，研究所に送って検証してもらうことができるように，ホースとポンプが付いた特殊なビニールの袋が中に入っている普通のバケツを持って来た。研究所の報告では，空気に危険な化学物質の混合物が入っていることが確認された。マージーが求めていた証拠はこれだった。彼女がハーグでの会合に持って行ったのは，それらのバケツのうちのひとつだったのだ。

2001年，マージーがその会合から戻った2週間後に，家の前に大きな車が停まった。天気がよくて暖かい日のことだった。空気はそれほどひどいにおいはしなかった。車の中の男性は次のように語った。「こんにちは。マージー＝リチャードさんですか？ ちょっとお話がしたくて立ち寄ったのですが」 彼は例の会社の重役のひとりで，問題の大きさを知りたかったのだ。彼には問題があるようには思えなかったようだった。

突然，工場のひとつで炎が爆発するように立ち上った。その男性は咳き込み始めた。目をこすった。「あれは何ですか？」 マージーは微笑んだ。オールドダイヤモンドの空気は危険であると，自分と支援者たちはその会社に対して何度訴えたことだろう。

ようやく，2002年の3月4日に，石油会社はマージーとそのグループに対して

住み替えの話をするようになった。4カ月後に石油会社は住み替えを望む人たち全員の家を購入し，安全な場所で別の家を買うのに十分な金額を支払うことに合意した。400名近くの住民のほぼ全員がその申し出を受け入れた。14年にわたる闘いの後に，マージーと支援者たちは勝利を収めたのだ。

　世界で最も有力な企業のひとつに対して小さな貧しいアフリカ系アメリカ人地域が勝利を収めたことに，世界中の他の地域は勇気づけられた。今日では，マージーは他の地域が大きな石油会社から公正な扱いを受けられるよう支援するために世界中を回っている。彼女は行く先々で不正に対してはっきりと発言する。「私は話をしすぎるということで責められるのですが，人々に問題の話をしなかったら，彼らがそれを解決することをどうして期待できるのでしょうか？」と彼女は語る。

●語句・構文

- □ *l.* 3　hold on to ～「～を離さないでいる，～を固守する」
- □ *l.*14　insisted on telling him her story は，直訳すると「彼に自分の話を伝えることを強く主張した」となるが，「自分が話す」=「相手が聞く」なので「自分の話をぜひ聞いてほしいと言った」と考えるほうがより日本語的である。
- □ *l.*19　publicity「評判」
- □ *l.*21　sandwiched between *A* and *B*「*A* と *B* の間にはさまれて」
- □ *l.*22　be subject to ～「～の支配下にある」
- □ *l.*27　pesticide「殺虫剤」
- □ *l.*28　fight back「抵抗する」
- □ *l.*33　leak「(水・ガス・空気などの) 漏れ」 oil pipeline とあるので，ここでは石油の漏れであろう。
- □ *l.*36　for *one's* life「必死で」
- □ *l.*69　pull up「(車が) 止まる，横付けになる」
- □ *l.*71　stop by「ちょっと立ち寄る」
- □ *l.*84　inspiring は形容詞で「鼓舞する，発奮させる」。
- □ *l.*87　get accused of *doing*「～するという理由で責められる」

解説

　マージー＝リチャードという女性がオールドダイヤモンドという地域の住民代表として，その地域の大気汚染の原因となっている工場を管理する企業の重役たちに公正さを求めて立ち向かっていったことが述べられている英文である。話の流れがわかりやすいので，意味を把握するのにそれほど苦労しなくてすむ。Aの空所補充は標準的な難度のものがほとんどで，一読すればほぼ正解できるだろう。⒂はまとめの部分なのでやや手こずるかもしれない。Bの内容説明は迷わせるような選択肢はほとんどなく，素直に正解に到達できるはずである。

A．空所補充　　推定配点　60点（各4点）

(1) 正解は B ───────────────── 標準

A.「歩いて去って行った」　　　　　B.「進んで行った」

C.「彼らをじっと見つめた」　　　　D.「まっすぐ立ち上がった」

　直後に「一列に並んでいる会社の指導部に向き合うところまで群衆の中を」という記述が続いているので，何らかの移動をしたのだと考えられる。よってBが最も適切である。Aではその後の行動と矛盾するので不適。

(2) 正解は D ───────────────── 標準

(look と結びついて)

A.「～を探す」　　　　　　　　　　B.「～を見回す」

C.「～に目を通す」　　　　　　　　D.「～をよく調べる」

　直後の it は直前のマージーの発言にある大気汚染の問題を表しているので，これを目的語とする表現としてはDが最も適切である。

(3) 正解は A ───────────────── 標準

A.「有害な影響を与えつつあった」　B.「有害な影響を与える」

C.「有害な影響を与えるだろう」　　D.「有害な影響を与えつつある」

　時制を問う問題。第3段全体が過去時制である点に注意する。直説話法ならば現在進行形になるであろうが，そうではないので過去（進行）形のAが最も適切である。直後の文が過去完了進行形であることからも推測可能である。

(4) 正解は D ───────────────── 標準

A.「戻って来た」　　　　　　　　　B.「拒否した」

C.「笑った」　　　　　　　　　　　D.「耳を傾けた」

　後続の3文に注目する。その男性も子どもをもつ父親の身であり，会社の評判を気にかけており，自分にできることを考えてみると答えている。つまり，彼はマージーの主張に対して肯定的な態度をとったものと考えられる。よってDが最も適切である。

(5) 正解は C ───────────────── 標準

A.「市民たち」　　　　　　　　　　B.「マージーの家族」

C.「会社」　　　　　　　　　　　　D.「農民たち」

　「～は殺虫剤のような製品に使う化学薬品を製造する工場を新たに建設したいと思っていた」という意味になる箇所である。この主語として最も適切なのはCである。なお，The company は前文の the oil company next door のことである。

(6) 正解は C ───────────────── やや易

A.「会社」　　　　　　　　　　　　B.「爆発」

C.「危険なこと」　　　　　　　　　D.「闘い」

　当該箇所は「他にも～があった」という意味で，前段で述べられている工場の排

出ガス以外の例として，爆発事故についての記述が続いている。両者を表現するのに最も適切なのはCである。

(7)　正解は B ──────────────────────────── 標準

　適切な疑問詞を補う問題。当該箇所は「～彼らは世界で最も有力な企業のひとつに耳を傾けさせることができるだろうか」という意味になる。直後の文で「何をすべきかを決めるために会合に出た」と述べられていることから，ここには「どうすれば」という方法を表す語が入ると考えられる。よってBが最も適切である。

(8)　正解は A ──────────────────────────── 標準

（be動詞と結びついて）

A.「～にさらされた」

B.　文法的に不可。「～の経験が豊かな」の意味か。

C.「～を怖く思っていた」

D.「～に抵抗して」

　直前の this は親戚や友人が病気になったり死んだりしたことを指している。その原因だと考えられていることを述べている箇所である。直後の「石油工場や化学工場の排出ガス」「長期間」などの表現から，Aが最も適切である。

(9)　正解は D ──────────────────────────── 標準

A.「～を混乱させた」　　　　　　　B.「～を当惑させた」

C.「～を援助した」　　　　　　　　D.「～を批判した」

　当該箇所の意味は「支援者の中には，そんな強大な敵に対して勝てると思うとは愚かだ，と言って彼女を～する者もいた」となる。つまり，「愚かだ」という否定的な表現に即した動詞が入ることになる。最も適切なのはDである。

(10)　正解は B ──────────────────────────── 標準

（現在形の意味で）

A.「構成される」　　　　　　　　　B.「～を含んでいる」

C.「～を抑制する」　　　　　　　　D.「～のままである」

　当該箇所の意味は「オールドダイヤモンドの空気が危険な化学物質を～ということを証明する方法」となる。これに合致するのはBである。Aは意味的には妥当だが，自動詞なので of などの前置詞が必要となり不適。Dは第2文型になるので，「空気」=「危険な化学物質」となり，言い過ぎである。

(11)　正解は B ──────────────────────────── 標準

A.「～を否定した」　　　　　　　　B.「～を確かめた」

C.「～を疑った」　　　　　　　　　D.「～だと答えた」

　当該箇所の意味は「研究所の報告は，空気に危険な化学物質の混合物が入っていることを～」となる。直後の文で「これがマージーが求めていた証拠であった」と述べられているので，Bが最も適切である。

⑿　正解は C ─────────────────────────── 標準
A.「ほとんど〜ない」　　　　　　B.「〜しようとしなかった」
C.「〜しなかった」　　　　　　　D.「〜しようとしない」

　彼は問題の大きさを知りたいと思っていたのだが，同段第3文に「空気はそれほ
どひどいにおいはしなかった」とあることから，彼はそれほど問題だと考えていな
かったことが推測できる。この文が過去時制であると考えられる点と併せて，Cが
最も適切である。

⒀　正解は A ─────────────────────────── やや易
A.「突然」　　　　　　　　　　　B.「常に」
C.「ゆっくりと」　　　　　　　　D.「不幸なことに」

　前段の第2・3文から，その日は穏やかで何事もないような日であったことがわ
かる。一方，直後では「工場のひとつで炎が爆発するように立ち上った」とあり，
両者の対比を考えるとAが最も適切である。

⒁　正解は A ─────────────────────────── やや易
　直前の文に「石油会社はようやく住み替えの話を始めた」とあり，当該箇所は
「4カ月〜，石油会社は合意した」という意味になるので，「4カ月後」となるAが
最も適切である。

⒂　正解は D ─────────────────────────── やや難
A.「彼女自身」　　　　　　　　　B.「しゃべること」
C.「石油」　　　　　　　　　　　D.「不正」

　当該箇所の意味は「彼女は〜に関してはっきりと発言する」となる。直前の文に
あるように，彼女が話をして回っているのは「他の地域が大きな石油会社から公正
な扱いを受けられるよう支援するため」である。つまり，その地域の現状は不正な
扱いを受けているものと考えられる。よってDが最も適切である。

B. 内容説明　推定配点　28点（各4点）

⑴　正解は C ─────────────────────────── 標準
「マージー゠リチャードは…ために有力な石油会社の幹部に面会した」
A.「オールドダイヤモンドでプラスチック製のバケツを使用することについて話
　し合う」
B.「オールドダイヤモンドの豊かな農地の購入を交渉する」
C.「オールドダイヤモンドの汚染問題を彼らに突きつける」

　第1・2段で，マージーは故郷のオールドダイヤモンドの空気をプラスチックバ
ケツに入れて取締役会に持ち込み，それが汚染されていることを幹部に直訴してい
る。この内容に合致しているのはCである。

(2)　**正解は B** ──────────────────────────────────── 標準

「1950年代にマージーの地域の土地所有者たちは自分たちの土地を売ったが，それは…からである」

A.「生きていくためにもっとお金が必要だった」

B.「石油会社が彼らに無理やりそうさせた」

C.「大きな石油会社で働きたかった」

　　第4段第4文参照。「（マージーの）家族は隣の石油会社に土地を売るようにという圧力を受けた」とある。また，後続の文を読むと，これはマージーの家族だけのことではなく，その地域のすべての人たちにあてはまっていたことがわかる。よってBが最も適切である。

(3)　**正解は A** ──────────────────────────────────── 標準

「会社に対する訴訟が失敗したのは…ためである」

A.「その会社に責任があるという証拠がなかった」

B.「地域がマージーを十分に支援しなかった」

C.「汚染は病気と関係があると信じられていた」

　　第9段第1～3文参照。訴訟が失敗したのは，会社が「（住民の病気は）自分たちのせいではない，どこに証拠があるのだ，と主張した」からであると述べられている。この内容に合致しているのはAである。

(4)　**正解は B** ──────────────────────────────────── 標準

「その後，マージーがハーグで自分の主張を述べることができたのは…からである」

A.「石油会社の従業員も大気汚染が原因で亡くなっていた」

B.「会社がその地域を汚染しているという科学的な証拠を彼女が持っていた」

C.「石油会社に属するひとりがオールドダイヤモンドの住民に同情の気持ちを持っていた」

　　第10段参照。環境問題専門家のおかげで空気のサンプルを採取し，研究所に送って有害物質が入っていることが検証されたので，マージーは求めていた証拠をつかんだ，と述べられている。これに合致しているのはBである。

(5)　**正解は B** ──────────────────────────────────── 標準

「石油会社の重役のひとりは，…ときにようやくオールドダイヤモンドの問題を理解した」

A.「町に到着してすぐに汚染を感じた」

B.「近くの工場の爆発のあとでじかに汚染を経験した」

C.「石油に関連する爆発で過去に2名が亡くなったと耳にした」

　　第11・12段参照。その重役は町に着いたときは問題ないように思っていたものの，工場で炎が立ち上ったとき咳き込み目をこすった，と述べられている。この経験によってオールドダイヤモンドの空気の危険性を理解したことがわかるので，B

が最も適切である。

(6)　**正解は　C** ──────────────────────────── 標準

「2002 年に石油会社はようやく…」

A.「工場をオールドダイヤモンドから離れた場所へ移転させることを決定した」

B.「すべての住民の家屋の再建を無償で行うと言った」

C.「オールドダイヤモンドの住民が危険の少ない場所へ転居するのを援助した」

　第 13 段第 1・2 文参照。2002 年に石油会社はマージーたちと住み替えの話をし始め，4 カ月後に「住み替えを望む人たち全員の家を購入し，安全な場所で別の家を買うのに十分な金額を支払うことに合意した」とある。この内容に最も近いのはCである。

(7)　**正解は　A** ──────────────────────────── 標準

「この文章に最も適した表題は…であろう」

A.「自分の権利のために立ち上がる」

B.「アフリカ系アメリカ人の奮闘」

C.「アメリカ史における汚染問題」

　全体を通して描かれているのは，マージー＝リチャードの奮闘によって，オールドダイヤモンドを故郷とする住民が企業から正当な権利を獲得していく様子である。これを最もよく表しているのはAである。この権利はアフリカ系アメリカ人のためだけの権利とは言えずBは不適。また，強調されているのは，汚染そのものよりもそこから生まれた運動の中身なので，Cも不適。

A.　(1)—B　(2)—D　(3)—A　(4)—D　(5)—C　(6)—C　(7)—B　(8)—A
　　(9)—D　(10)—B　(11)—B　(12)—C　(13)—A　(14)—A　(15)—D
B.　(1)—C　(2)—B　(3)—A　(4)—B　(5)—B　(6)—C　(7)—A

29

目標解答時間 35分

A. 次の英文の空所（　1　）～（　15　）に入れるのに最も適当なものをそれぞ
　れA～Dから一つずつ選び，その記号をマークしなさい。

　　Before I moved to California, I knew very little about cars.　Ours was
locked up in a garage and only taken out for occasional trips to the country.
Normally, I used subways, buses, and taxis.　All the maintenance on our car
was done by the mechanics at the garage where we kept it.　My sole
5　contribution to our car life was choosing the color whenever we bought a new
vehicle, and my main purpose in getting a driver's license was to be able to
go to the supermarket during our summers in the country or drive down to
the lake for a swim.　I rarely, if ever, drove in the city.

　　When we moved to California, everything was suddenly much farther
10　（　1　）.　Now, I *had* to use the highway even just to go shopping.　But I soon
started to enjoy that marvelous feeling of freedom（　2　）regular driving
gives you.　Before I knew it, I was looking for a car of my own.

　　Because it had been very expensive to move to California, the best I
could do was a six-year-old Ford that had already been driven for over
15　70,000 miles.　A friend of mine who knew about cars checked it out and said
it was drivable.　He said that it might need "a little work."　We took it to a
reliable mechanic, who checked it over, and told me that it was "a classic."

　　Thus reassured, I drove the car to the Department of Motor Vehicles to
register it.　I（　3　）the car, turned it off, locked it, and found that, sitting
20　there in the middle of the parking lot, the car was making a singing noise!　A
bit puzzled, I rechecked the engine and the radio, but everything was truly
shut off.　And still the car sang.　By the time I returned, all was quiet.
（　4　）, that night, when I took the family out to dinner, the car began to
sing again.　After several weeks of filling and refilling the radiator, and

(　5　) out other things, I managed to reduce the singing somewhat. After 　25
spending a lot of money, I found out that all it had needed was a new $2
radiator cap. This made me aware of two things. First, the car was mine, and
my responsibility. If it didn't work, I wasn't going to be able to, either.
Second, if I didn't know anything about (　6　) it myself, the repair bills
were going to make it impossible to carry on driving. 　30

　So I (　7　) a friend of mine (who happened to have two sets of car
tools) into taking a car maintenance class with me at a local adult education
center. I discovered that cars are rather simple things to deal with. I had
thought that cars contained a bewildering collection of weird metal objects
and hoses that would blow up if I turned a screw in the wrong direction. 　35
However, I soon found that a car is just a series of simple mechanisms linked
together. Most maintenance and many repairs involve only a few parts, and
cars are very good about sending out signals telling you clearly what's wrong
—(　8　) you know how to hear, see, smell, or feel them.

　At first, my plan had been to learn just (　9　) to be able to know what 　40
might be wrong and to understand what professional mechanics were saying
to me. However, before long, I wanted to be able to do more than just
communicate with a mechanic; I wanted to be the mechanic myself whenever
possible. Not only did I save money, but my car began running better, and
I found that I was having fun! 　45

　Doing it yourself can really save you money. The major difference
between doing the work yourself and taking it to a professional is that
professional mechanics often try the most expensive solution first. If that
doesn't work, they try the next thing, and continue to try things until they
find the right one. This method can cost you a lot. 　50

　On the other hand, when you do your own repair, you can try the cheaper
solutions (　10　). For example, if your engine has been overheating
constantly, you replace the radiator cap, pressure-test the system, and check
(　11　) other things before buying and installing a new water pump. And

55　if you finally decide that you have to change the pump, you try to find a second-hand one and install it yourself (which is usually not difficult). The money you save is well （　12　） the effort.

　　If you can learn how to （　13　） your own car, you will find that it stops being a mystery and begins to be fun to spend time with. You may even, as
60　I did, enter into the closest relationship you'll ever have with a non-living object. When you realize that a car （　14　） most of the signs of life—it moves, it reacts to things, consumes fuel and discharges waste, and even manages to "sing" a little now and then—it's really hard （　15　） to respond to it as though it were another living thing.

From Auto Repair For Dummies by Deanna Sclar, Wiley

(1)　A.　apart　　　　　　　B.　aside
　　　C.　close　　　　　　　D.　far

(2)　A.　so　　　　　　　　　B.　because
　　　C.　that　　　　　　　　D.　when

(3)　A.　started　　　　　　　B.　sold
　　　C.　repaired　　　　　　D.　parked

(4)　A.　Therefore　　　　　　B.　Moreover
　　　C.　However　　　　　　D.　Consequently

(5)　A.　making　　　　　　　B.　trying
　　　C.　looking　　　　　　　D.　breaking

(6)　A.　how to drive　　　　　B.　where to park
　　　C.　why I broke　　　　　D.　how to fix

(7)　A.　persuaded　　　　　　B.　taught
　　　C.　proposed　　　　　　D.　showed

(8)　A．so　　　　　　　　B．if

　　C．whether　　　　　D．as

(9)　A．hardly　　　　　　B．scarcely

　　C．enough　　　　　　D．some

(10)　A．often　　　　　　　B．sometimes

　　C．last　　　　　　　　D．first

(11)　A．few　　　　　　　　B．a few

　　C．little　　　　　　　D．a little

(12)　A．worth　　　　　　　B．spent

　　C．valuable　　　　　　D．making

(13)　A．drive in　　　　　　B．spend on

　　C．look after　　　　　D．put over

(14)　A．exhibits　　　　　　B．denies

　　C．hates　　　　　　　D．enjoys

(15)　A．yet　　　　　　　　B．not

　　C．what　　　　　　　D．when

B．本文の内容に照らして最も適当なものをそれぞれA～Cから一つずつ選び，
　その記号をマークしなさい。

(1)　The most important reason for the author's getting a driver's license was
　to

　A．have fun driving in the city.

B． be able to use the car during vacation.

C． contribute to choosing the color of the car.

(2) When the author bought a car, a friend of the author's said that

A． some repairs could be required.

B． the author should learn to drive.

C． the car the author bought was "a classic."

(3) The problem with the radiator cap taught the author that

A． any problem can be fixed by spending enough money.

B． we should always try many things to find a solution.

C． she needed to know how to take care of the car.

(4) According to the author, a car is such a simple series of mechanisms that

A． it prevents you from doing something wrong.

B． it is not difficult to find out what is causing a problem.

C． adults do not need to be trained to understand how it works.

(5) After becoming a good mechanic, the author

A． could not communicate with professional mechanics.

B． never fixed her car engine with new parts again.

C． experienced both financial benefits and enjoyment.

(6) One reason why working on your car yourself saves money is that

A． professionals don't try to save you money.

B． you will have fewer solutions to choose from.

C． professionals are not really interested in fixing your car.

(7) The main purpose of the passage is to

A． outline the benefits of learning how to fix your own car.

B．warn readers against trusting professional mechanics too much.

C．describe how learning to drive in California changed the author's life.

≪自分で車を修理することのメリット≫

　カリフォルニアに引っ越して来る前，車のことに関して私はほとんど知らなかった。私たちの車はガレージに入れてあり，たまに郊外に出かけるときだけ，その車をひっぱり出した。普段は地下鉄やバスやタクシーを使っていた。車のメンテナンスは，車が保管してあるガレージで，整備士にすべてやってもらっていた。私が唯一，車に関して寄与することと言えば，新車を買うときに色を選ぶことだけで，車の免許を取った一番の目的も，郊外で夏を過ごしたときにスーパーマーケットに行けるようにするためであったり，車で湖に泳ぎに行けるようにするためであった。まずめったに街に車で出かけることなどなかった。

　カリフォルニアに引っ越すと，急にすべてのものがはるか遠くになってしまった。それからというもの，ちょっと買い物に行くだけでも，大きな幹線道路を走らなければならなくなってしまったのだ。しかし，すぐに私はいつものドライブが与えてくれる自由というすばらしい感覚を享受するようになった。いつしか私は自分用の車を探すようになっていた。

　カリフォルニアへの引っ越しには非常にお金がかかったので，私が手に入れられる最高の車は，すでに7万マイル以上走った6年落ちのフォードだった。車についてある程度知っている友人の一人はその車を見て，走ることはできると言ってくれた。彼によると，「少しの整備」が必要かもしれないとのことだった。私たちが信頼できる整備士のもとにその車を持って行くと，その整備士はざっとチェックをして，この車は「いい車」だと言った。

　こうして安心した私は，その車を登録するため車両管理局まで車を走らせた。車を駐車し，エンジンを切り，カギを掛けると，駐車場の真ん中に駐車した車から何か変な音がしているのに気づいた！　少し困惑し，もう一度エンジンやラジオを確認したが，すべて間違いなくスイッチは切ってあった。しかしまだ車からは音が聞こえる。戻って来るまでに，すっかり静かにはなっていた。しかし，その夜，家族を夕食に連れ出したとき，また車から音が鳴り出した。ラジエーターの水を何度も補充してみたり，他にもさまざまなことを試し，数週間後には，なんとかその音を少し小さくすることができた。たくさんのお金を使ったあと，必要だったのは2ドルの新しいラジエーターキャップだけであったことがわかった。この出来事は私に2つのことを気づかせてくれた。まず1つ目は，この車は私の所有物であり，私がその責任を負っているということである。この車が動かなければ，私も動けない。2つ目は，自分で車を修理する方法について何も知らなければ，その修理代金のおかげで，車を維持することができなくなってしまうということだった。

　そこで，私は友人の一人（たまたま車の整備道具を2セット持っていた）を説得して，地元にある社会人教育センターで，車の整備クラスをいっしょに受講してもらった。私はそこで車というものは，その扱いがかなり簡単なものだとわかった。それまで私は，車には不可思議な金属の物体とホースのやっかいな集合体が積んであり，間違ってネジを回すと爆発してしまうと考えていた。ところがすぐに，車はそれぞれが結びついた一連の単純な構造だとわかった。大半の整備と多くの修理は，

ほんの数カ所に関わるもので，車はどこの調子が悪いのかをはっきりと示す徴候を伝えるのも非常に得意としている——それらを聞いたり，見たり，においを嗅いだり，感じる方法を知っていればだが。

　当初，私の計画では，ただ調子が悪い可能性がある箇所を見つけ，本職の整備士の言うことが理解できるようになれば十分であった。しかし，まもなくすると，ただ整備士と話をするというレベル以上のことができるようになりたくなった。つまり，できれば自分自身でいつでも車の整備ができるようになりたくなったのだ。お金が節約できるだけでなく，自分の車はよく走るようになり，しかもこれがとても楽しかったのだ！

　自分で車を整備すれば，本当にお金が節約できる。その作業を自分でやるのと本職にやってもらうのとの大きな違いは，本職の整備士は，まず最も費用のかかる解決方法を試すことが多いという点だ。それがうまくいかなければ，次の方法を試し，適切な解決策が見つかるまでさまざまな方法を試すのである。この方法では多くの費用がかかってしまう可能性がある。

　一方，自分自身で修理すれば，最初により費用のかからない解決策を試すことができる。例えば，エンジンがいつもオーバーヒートしてしまうのであれば，新品のウォーターポンプを買って取りつける前に，ラジエーターキャップを交換し，システムの圧力テストをし，他の数カ所をチェックする。そして，最終的にウォーターポンプを交換しなければならないと判断したなら，中古品を探し，それを自分で交換すればよい（通常，この作業は難しいものではない）。節約できるお金は，その労力に十分に値するものとなる。

　もし自分の車の管理方法を知ることができれば，車が不可思議なものではなくなり，車といっしょに過ごす時間が楽しくなり始めるだろう。私がそうだったように，今後，生き物ではないものと密接な関係が築けるようになる可能性さえある。車が生き物であることの大半のしるし——移動し，さまざまなものに反応し，燃料を消費し，廃物を排出し，時にはなんとか少し「歌う」ことさえも——を示すということに気づくと，それがまるで別の生き物であるかのように反応しないでいるのは非常に難しくなるのだ。

●語句・構文
- *l.*12　Before I knew it は，before *one* knows it で「いつのまにか，あっというまに」という意味のイディオムであるが，ここでは前者の意味だと考えられる。家族用の車があるので，意識の上では自分専用の車を買おうとは思ってもいなかったが，気がついてみると（たまたまディーラーの前を通りかかる機会があったとすると）知らず知らずのうちに車を探すようになっていた，ということ。
- *l.*15　check out ～「～をよく調べて確かめる」
- *l.*17　classic「一流の作品」
- *l.*18　reassure「～を安心させる」　本文では過去分詞の分詞構文になっている。
- *l.*19　sitting there in the middle …　この部分は分詞構文になっているので主語は the

car である。sit の意味は「位置する，止まる」などである。

- ☐ *l.* 34　bewildering「当惑させるような」
- ☐ *l.* 34　weird「わけのわからない」
- ☐ *l.* 43　whenever possible「できればいつでも」
- ☐ *l.* 44　not only *A* but (also) *B*「*A* だけでなく *B* も」　*A* が主語・動詞を含むときには倒置が起こる。
- ☐ *l.* 53　pressure-test「～を圧力テストする」　動詞である。
- ☐ *l.* 54　install「（設備など）を取りつける」
- ☐ *l.* 62　discharge「～を排出する」
- ☐ *l.* 64　as though ～「まるで～かのように」　後ろに来る節は仮定法過去になるので were が用いられている。

解 説

　自分で車を修理することのメリットを述べた英文。車に関する専門的な単語もいくつか出てくるが，本文理解の妨げになることはなく，設問のレベルも標準的である。Aの空所補充は前後の文脈から推測させるものが多いが，文法的に不可能な選択肢もあるので，問題によっては消去法も効果的である。Bの内容説明についても，紛らわしい選択肢は見当たらないので，比較的短時間で正解を見つけることができるだろう。

A．空所補充　　推定配点　60点（各4点）

(1)　**正解は A**　───────────────────────────────　標準

　A．「離れて」　　　　　　　　　　B．「わきへ，横に」
　C．「すぐ近くに」　　　　　　　　D．「遠くに」

　直前に「すべてのものが急にはるか遠くになった」とあるので，反対の意味のCは不適。また，Bも大きな隔たりを表すものではないので不自然。直前の farther は far の比較級であるから，さらにDの far を重ねるのはおかしい。far apart「遠く離れて」となるAならば矛盾はない。

(2)　**正解は C**　───────────────────────────────　標準

　直後の regular driving gives you という形に注目する。これは第4文型 S V IO DO の DO が欠落したものであると考えられる。したがって，直前の that marvelous feeling of freedom「自由というあのすばらしい感覚」が DO であり，これが目的格の関係代名詞を伴って前に出たことになる。よって正解はCである。A・B・Dにはそのような機能はないので不適。

(3)　**正解は D**　───────────────────────────────　標準

　A．「～を始動させた」　　　　　　B．「～を売った」
　C．「～を修理した」　　　　　　　D．「～を駐車した」

後続の表現に注目する。「エンジンを切り，カギを掛けた」と続いているので，これよりも前に行ったと考えられるものが正解となる。可能な選択肢はDしかない。Aは，直前の文で「車両管理局まで運転して行った」とあるので，すでにエンジンは動いていたことになり矛盾する。

(4)　**正解は C** ─────────────────────────────── やや易

 A.「したがって」   B.「その上」

 C.「しかしながら」   D.「その結果」

 当該箇所の前では，筆者は駐車場に停めた車から音がしているのに気づいたが，自分が戻って来たときには静かになっていた，と述べられている。一方，直後には，その夜にまた音が鳴り始めたという記述がある。よって逆接の意味をもつCが最も適切である。

(5)　**正解は B** ─────────────────────────────── 標準

(out と結びついて原形の意味で)

 A.「〜を理解する」   B.「〜を試す」

 C.「外を見る，気をつける」 D.「突然起こる」

 当該部分では，筆者が車の異音を止めるために行ったことが述べられている。直前ではラジエーターの水を何度も補充したとあり，それに続いて「他のことを〜した」という意味になるので，Bが最も適切である。CとDは目的語をとらないのではじめから除外できる。

(6)　**正解は D** ─────────────────────────────── 標準

 A.「運転する方法」   B.「駐車できる場所」

 C.「故障させた理由」   D.「修理する方法」

 当該文の意味は，「もし私が車を自分で〜を知らなければ，修理費のために車に乗り続けることができなくなるだろう」となる。つまり，自分で修理できないと修理費が高くついてしまうということを言いたいのである。この主旨に合致するのはDである。

(7)　**正解は A** ─────────────────────────────── 標準

 A.「〜を説得した」   B.「〜を教えた」

 C.「〜を提案した」   D.「〜を見せた」

 友人の説明が挿入されているので少し離れてしまっているが，後続が into taking となっている点に注意する。persuade *A* into *doing* で「*A* を説得して〜させる」という意味になる。他の選択肢にはこのような用法はないので，正解はAである。

(8)　**正解は B** ─────────────────────────────── やや難

 A.「それで〜」   B.「もし〜であれば」

 C.「〜かどうか」   D.「〜なので」

　文脈を考慮して適切な意味の接続詞を選ぶ問題。直前で，車はどこの調子が悪いのかを示す徴候を伝えるのが得意だと述べられているので，「それらの徴候を聞いたり，見たり，嗅ぎとったり，感じたりする方法を知っていれば」という条件の意味になるBが最も適切である。

⑼　正解は C ——————————————————————————————— 標準

A.「ほとんど〜ない」　　　　　　　　B.「ほとんど〜ない」
C.「必要なだけ，十分に」　　　　　　D.「いくつか，少し」

　直前の learn の程度を説明している箇所。「調子が悪い可能性がある箇所を見つけ，本職の整備士の言うことが理解できる〜」という意味になる。つまり，そういうことができれば十分だ，と考えていたのである。よってCが最も適切である。AとBはほぼ同じ意味なので正解にはなり得ない。

⑽　正解は D ——————————————————————————————— 標準

A.「しばしば」　　　　　　　　　　　B.「ときどき」
C.「最後に」　　　　　　　　　　　　D.「最初に」

　文頭の On the other hand という表現に注目する。これはすでに述べたことと対比する内容を述べるときに用いる表現である。前段第2文に「本職の整備士は，まず最も費用のかかる解決方法を試すことが多い」とあり，当該箇所はこの部分と対比させていると考えられる。対比となるためには「より安い解決策をまず試すことができる」となるDが正解。

⑾　正解は B ——————————————————————————————— 標準

A.「ほとんどない」　　　　　　　　　B.「2，3の」
C.「ほとんどない」　　　　　　　　　D.「少しの」

　直後が other things と複数形になっている点に注意。CとDは可算名詞に用いることはないので不適。また，ここでは車のエンジンがオーバーヒートしてしまう場合の対処法が述べられており，いくつかの具体例が挙げられていることを考えると，「ない」ことに焦点が当てられているAよりも，「ある」ことに焦点が当てられているBのほうが適切であることがわかる。

⑿　正解は A ——————————————————————————————— やや難

A.「〜に値する」　　　　　　　　　　B.「費やされる」
C.「貴重な」　　　　　　　　　　　　D.「作っている」

　直後に the effort と定冠詞のついた名詞がある点に注意。まずCの valuable「貴重な」は形容詞なので，定冠詞の前に置くことは文法的に不可である。Bの spent は直前の is と合わせて受動態で考えることになるが，その場合後ろに the effort が続くと意味不明になり不適。Dの making は現在分詞と考えても動名詞と考えても文意が通らない。Aの worth ならば文法的にも矛盾はなく，「節約できるお金は，その労力に十分値する」となり，意味も通る。

⒀　**正解は C** ──────────────────── 標準

A.「(杭など) を打ち込む」　　　　B.「~に費やす」
C.「~の世話をする」　　　　　　D.「~を延期する」

　当該箇所は「もし自分の車を~する方法を知ることができれば，車が不可思議なものではなくなり，…」という意味になる。本文全体を通して，自分で車を修理することの利点について述べられている点や，当該段落が最終段で文全体のまとめになっている点を考慮すると，Cが最も適切である。

⒁　**正解は A** ──────────────────── 標準

A.「~を示す」　　　　　　　　　B.「~を否定する」
C.「~を憎む」　　　　　　　　　D.「~を楽しむ」

　目的語が「生き物であることの大半のしるし」であることと，ダッシュ以下でその具体例が挙げられていることから，Aが最も適切であると判断できる。

⒂　**正解は B** ──────────────────── やや難

　最終段第2文で，車と密接な関係を築く可能性について述べられている点，また，When 以下の「車が生き物であることの大半のしるしを示すということに気づくと」という内容を考慮すると，「それがまるで別の生き物であるかのように反応しないでいるのは非常に難しい」という意味になるBが最も適切であると考えられる。直前の it は形式主語で，not to respond to it 以下が真の主語である。不定詞が否定形になるときは，to の前に not が置かれる。

B．内容説明　　推定配点　28 点（各 4 点）

⑴　**正解は B** ──────────────────── 標準

「筆者が運転免許を取った最も重要な理由は，…ことであった」

A.「街中をドライブして楽しむ」
B.「休暇中に車を使うことができる」
C.「車の色選びに貢献する」

　第1段第5文の後半で，「車の免許を取った一番の目的は，郊外で夏を過ごしたときにスーパーマーケットに行ったり，湖に車で泳ぎに行ったりできるようになるためであった」と述べられている。この内容に最も近いのはBである。

⑵　**正解は A** ──────────────────── 標準

「筆者が車を買ったとき，筆者の友人は…と言った」

A.「ある程度の修理が必要かもしれない」
B.「筆者は運転を習うべきである」
C.「筆者が買った車は『いい車』だ」

　第3段第3・最終文参照。「彼 (友人) は a little work (ちょっとした仕事) が必要かもしれないと言った」とあり，その後筆者と友人は信頼できる整備士のとこ

ろに車を持って行ってチェックをしてもらっている。つまり、「ちょっとした仕事」
とは、整備や修理のことであると判断できる。よってAが最も適切である。

(3)　**正解は C** ────────────────────────────────── 標準

「ラジエーターキャップの問題は、筆者に…ということを教えてくれた」

　A.「十分なお金を使うことでどのような問題でも修理可能である」

　B.「一つの解決策を見つけるためには、常に多くのことを試すべきである」

　C.「車の整備の仕方を知る必要があった」

　　設問に関わる部分は第4段第9～最終文。気づかされたことが2つ言及されてい
るが、2つ目の「自分で車を修理する方法について何も知らなければ、その修理代
のために車を維持することができなくなってしまう」という記述から、最も合致す
るのはCであるとわかる。

(4)　**正解は B** ────────────────────────────────── 標準

「筆者によれば、車はとても単純な一連の構造なので…」

　A.「あなたが何か間違ったことをするのを防いでくれる」

　B.「問題を引き起こしているものを見つけるのは難しくない」

　C.「大人は車がどのように動くのかを理解するために訓練を受ける必要はない」

　　第5段第2～最終文参照。車の構造は非常に単純で、その扱いは簡単であり、修
理もほんの数カ所に関係しているだけで、どこが悪いのかを車自身が示してくれる、
と述べられている。これらの主旨に合致しているのはBである。

(5)　**正解は C** ────────────────────────────────── 標準

「うまく整備ができるようになったあと、筆者は…」

　A.「本職の整備士と交流できなくなった」

　B.「再び自分の車のエンジンを新しい部品で修理することはなかった」

　C.「金銭的な恩恵と楽しみの両方を経験した」

　　第6段最終文参照。「お金が節約できるだけでなく、自分の車はよく走るように
なり、しかもこれがとても楽しかった」と述べられている。「お金の節約」＝「金銭
的な恩恵」と考えられるので、Cはこの部分の内容と合致している。

(6)　**正解は A** ────────────────────────────────── 標準

「自分で車を整備するとお金が節約できる理由の一つは、…ということである」

　A.「本職の人たちはあなたのためにお金を節約しようとはしない」

　B.「選ぶべき解決方法が少なくなる」

　C.「本職の人たちは本当はあなたたちの車を修理することに興味がない」

　　第7段第2文参照。「本職の整備士は、まず最も費用のかかる解決方法を試すこ
とが多い」と述べられている。この内容に最も合致してるのはAである。

(7)　**正解は A** ────────────────────────────────── 標準

「この文章の主たる目的は…ことである」

A.「自分の車を修理する方法を学ぶことの恩恵について概要を述べる」

B.「本職の整備士を信頼しすぎることに対して読者に警告する」

C.「カリフォルニアで運転を習得したことが筆者の人生をどのように変えたかを説明する」

　本文全体を通して述べられているのは，筆者自らの体験から車を自分で修理することの利点を知ったということである。よってAが正解。整備士が信頼できないとは書かれていないのでBは不適。筆者の人生を変えたとすれば，それは運転そのものではなく整備や修理の仕方を身につけた点であるからCも不適。

A.　(1)—A　(2)—C　(3)—D　(4)—C　(5)—B　(6)—D　(7)—A　(8)—B
　　 (9)—C　(10)—D　(11)—B　(12)—A　(13)—C　(14)—A　(15)—B
B.　(1)—B　(2)—A　(3)—C　(4)—B　(5)—C　(6)—A　(7)—A

30

目標解答時間　35 分

A．次の英文の空所（　1　）〜（　15　）に入れるのに最も適当なものをそれぞ
　れ A〜D から一つずつ選び，その記号をマークしなさい。

　　Columbus and the European explorers who followed him looked upon the
continent of America as a promising "new world." It may have been a "new"
and unknown world to them, but to the tens of millions of people already
living there—the Native Americans—it was home and had been for
thousands of years.

　　By some estimates, more people were living in North America and South
America when Columbus sailed than lived in all of Europe. The central
Mexican highland, center of the Aztec empire, may have contained as
（　1　）as 25 million people, compared to fewer than 10 million living in
Spain and Portugal. That would have（　2　）Mexico the most densely
populated place on Earth at the time, with more people per square mile than
China or India.

　　Early explorers were amazed at the crowds of people they encountered.
In 1542, Father Bartolomé de las Casas, a Spanish missionary, described the
New World as a crowded, busy place, a land so populous that "it looked as
if God had placed a greater part of the entire human race in these countries."
At about the same time, Hernando de Soto, traveling with his army through
the Mississippi valley, described a landscape filled with great towns.

　　Across the whole continent, native peoples spoke some 1,200 separate
languages. Some lived in cities larger than any in Europe. They had
invented more than a dozen different systems of writing, devised calendars
as（　3　）as any in use today, and built astronomical observatories from
which they tracked the orbits of the planets. And they belonged to almost
every（　4　）kind of human society, from small wandering groups of
hunters and gatherers to immensely rich and powerful empires that ruled

millions of people.

Complex civilizations had existed long (　5　) the Europeans arrived. Often they were built on foundations laid by much older cultures. By 1492, native peoples had inhabited the American continent for longer than anyone could remember. Their ancestors had come from different places at different times in waves of migration, spreading slowly through the vast expanse of two continents, colonizing this New World they had "discovered," settling down (　6　) conditions were most favorable.

These diverse Native Americans, who varied in languages, customs, and appearance as much as the different nationalities of Europe did, became known to the Europeans simply as "Indians." They didn't call themselves Indians, of course. "Indian" was Columbus's (　7　). Rather, they identified themselves by the names of their particular tribes or communities.

The familiar stereotype of the Indian of the "Wild West," chasing buffalo on horseback across the North American plains, didn't exist in 1492. Wild horses did once live on the American grasslands, but they disappeared thousands of years before Columbus and his followers (　8　) the first modern horses to the New World. Until then, native peoples hunted buffalo and other game on foot. And they did not necessarily depend on hunting. Throughout the continent, most Indians lived on farms.

North America wasn't the untamed wilderness that many people imagine. Along the tree-lined rivers of the Great Plains, well-ordered Mandan and Hidatsa villages were (　9　) by flourishing fields of corn. In the dry southwest, the Hopis raised twenty-four varieties of corn and other crops on irrigated fields below each village. In the east, the forests had been cut back from the coasts, which were lined with fields of corn, beans, and other vegetables that in many places extended (　10　) miles. As a rule, women took care of the crops, while men engaged in hunting and fishing.

To the south, in Mexico, Peru, and elsewhere, native peoples cultivated an enormous number of different plants. Corn, potatoes, cacao, pumpkins, peanuts, avocados, tomatoes, and pineapples, all grown by Native

Americans, were (　11　) Europeans and the rest of the world in 1492.

On the coast of North America, European explorers and settlers were fascinated by the Indians' democratic traditions and by their insistence on
60　personal liberty and social equality.　According to Cadwallader Colde, a political leader in colonial New York, people in Indian villages were not divided into upper and lower classes, as they were in Europe.　Every member of a village was considered equal to everyone else; no one had the (　12　) to deprive others of their freedom.　Colde was an adopted member of the
65　Mohawk nation.

The Mohawks belonged to an alliance of five (later six) nations bound together by a common Iroquois language.　They were known to the American colonists of the 1700s as the Iroquois Confederacy.　Each member nation governed itself, but they acted together in time of war and met to discuss
70　issues that (　13　) them all.　This military and political alliance made the Iroquois the most powerful Indians in eastern America.

The Iroquois Confederacy was governed by a constitution, the Great Law of Peace, which was passed through oral tradition from one generation to the next.　According to the Great Law, leaders of the allied nations, meeting as
75　the Great Council, had to submit important matters to a decision of all their people.　Decisions were reached through a process of (　14　)—in a kind of public vote open to both men and women.

Benjamin Franklin (1706-1790) and other European colonial leaders attended treaty negotiations with members of the Indian nations' Great
80　Council and were impressed by the (　15　) the allied tribes acted together. If the Iroquois could establish a powerful nation, Franklin wondered, then why couldn't a union be formed by the thirteen American colonies?　Some historians have argued that the Great Law of Peace directly inspired the United States Constitution.

(1) A．few   B．little
     C．many   D．good

(2) A．called   B．led
     C．meant   D．made

(3) A．accurate   B．long
     C．similar   D．strange

(4) A．various   B．imaginable
     C．considerable   D．compact

(5) A．until   B．before
     C．after   D．while

(6) A．that   B．what
     C．whose   D．where

(7) A．term   B．enemy
     C．recall   D．friend

(8) A．found   B．raised
     C．bought   D．introduced

(9) A．grouped   B．achieved
     C．drowned   D．surrounded

(10) A．by   B．for
     C．to   D．in

(11)　A．grown by 　　　　　B．stolen by

　　　C．unknown to 　　　　D．thrown to

(12)　A．right 　　　　　　　B．chance

　　　C．reluctance 　　　　　D．intention

(13)　A．amused 　　　　　　B．opposed

　　　C．concerned 　　　　　D．reached

(14)　A．error 　　　　　　　B．consensus

　　　C．growth 　　　　　　D．distrust

(15)　A．way 　　　　　　　　B．reason

　　　C．time 　　　　　　　　D．place

B．本文の内容に照らして最も適当なものをそれぞれA〜Cから一つずつ選び，
その記号をマークしなさい。

(1)　It seems that the early European explorers of the American continent
were astonished by

　A．the density of population and the bad living conditions there.

　B．the number of people living there and their highly-developed
civilization.

　C．the kindness of the people there and the wonderful natural
environment.

(2)　About the time Columbus reached the American continent, native
Americans

　A．hunted buffalo on horseback.

　B．caught buffalo by setting traps.

C. chased buffalo on foot.

(3) Around the time Columbus reached the American continent, most native Americans lived by

A. growing crops as well as hunting.

B. mainly hunting various animals.

C. hunting, fishing, and gathering.

(4) Europeans who visited the coastal regions of North America were greatly surprised by Native Americans'

A. liberal social systems.

B. very strict laws.

C. fearless courage.

(5) The five nations that constituted the Iroquois Confederacy had the same

A. religion.

B. race.

C. language.

(6) According to the Great Law of Peace, significant issues should be decided by

A. all men belonging to the allied nations.

B. men and women of the allied nations.

C. the leaders of the allied nations.

(7) The American Constitution has been said to

A. be quite different from the Great Law of Peace.

B. have had some effects on the Great Law of Peace.

C. have been influenced by the Great Law of Peace.

≪アメリカ先住民の高度な文明と先見性≫

全訳

　　コロンブスと彼に続くヨーロッパの探検家たちは，アメリカ大陸を将来性のある「新世界」と見なしていた。そこは彼らにとっては「新しい」未知の世界であったかもしれないが，すでにそこに住んでいた数千万の人々——アメリカ先住民——にとっては故郷であり，何千年もの間にわたってそうだったのである。

　　ある計算によれば，コロンブスが航海をした頃の北米と南米に住んでいた人々の数はヨーロッパ全体に住んでいた人々の数よりも多かったとされている。中央メキシコの高地にあったアステカ帝国の中心地は，スペインとポルトガルに住んでいた1000万人足らずの数と比べて，2500万人もの多くの人口で成り立っていた。そのために，メキシコは当時の地球上で最も人口密度の高い場所であり，1平方マイル当たりの人口が中国やインドよりも多かったことになるだろう。

　　初期の探検家たちは，自分たちが遭遇した大勢の人々に驚嘆した。1542年にスペインの宣教師バルトロメ＝デ＝ラス＝カサス神父は，新世界は人がいっぱいおりにぎやかな場所であり，人口が多いので「神が人類全体の大部分をこうした国々に置かれたように思える」場所であると述べている。それとほぼ同時期に，エルナンド＝デ＝ソトは自分が率いる軍隊とともにミシシッピ川流域を旅しており，大きな町が数多くある風景を記述している。

　　大陸全体にわたって，現地の民族は約1200の個別の言語を話していた。ヨーロッパのどこよりも大きな都市に住んでいた民族もあった。彼らは10余りの異なる表記システムを発明し，今日使われているどんなものにも引けを取らないほど正確なカレンダーを考案し，天文台を築いてそこから惑星の軌道を突き止めていた。しかも，彼らは狩猟・採集を行う遊牧民の小集団から，何百万人もの人間を支配する莫大な富と権力を持つ帝国に至るまでの，考え得るあらゆる種類の人間社会に所属していた。

　　複雑な文明はヨーロッパ人が到着するずっと以前から存在していたのである。そうした文明がそれよりはるかに古い文化が築いた基礎を元にして作られていたことも多かった。1492年までにはすでに，現地の民族は誰にも思い出せないくらい長い期間にわたってアメリカ大陸に住んでいたのだ。彼らの祖先は民族移動の波に乗り，様々な時期に様々な場所からやって来て，広大な2つの大陸の中に徐々に広がり，自分たちが「発見した」この新世界に植民し，条件が最も好ましいところに定住していったのである。

　　こうした多様なアメリカ先住民は，ヨーロッパの様々な国の国民と同様に言語や習慣，それに容姿に多様性があったが，ヨーロッパ人には単に「インディアン」として知られるようになった。もちろん彼らは自分たちのことをインディアンと呼んでいたわけではない。「インディアン」はコロンブスの用いた言葉だった。むしろ，彼らは個別の部族や共同体の名前で自分たちの身元を表していた。

　　北米の平原を馬に乗ってバッファローを追いかける「開拓時代の西部」のインディアンというお馴染みの固定概念は1492年には存在していなかった。野生の馬はかつてアメリカの大草原に存在していたが，コロンブスや彼に続く者たちが新世界に最初の近代的な馬を導入する数千年前に姿を消していた。現地の民族はそれまで

はずっと，バッファローや他の獲物を徒歩で追いかけていた。また，彼らは必ずしも狩猟に依存していたわけではない。大陸全土において，大半のインディアンは農業をして暮らしていたのだ。

　北米は多くの人が想像するような未開の荒野ではなかった。グレートプレーンズにある，木々が並んだ川沿いでは，マンダン族とヒダーツァ族の整然とした村が，よく茂ったトウモロコシ畑に囲まれていた。乾燥した南西部ではホピ族がそれぞれの村の下手に広がる灌漑農場で 24 種のトウモロコシや他の穀物を栽培していた。東部では，森林は沿岸部から伐採され，そこにはトウモロコシや豆，その他の野菜畑が並んでおり，そうした畑が何マイルにもわたって広がっているところも多かった。たいていの場合は，女性が作物を管理し，男性は狩猟や漁業に従事していた。

　メキシコやペルー，その他の南部方面の地域では，現地の民族は膨大な数の様々な植物を栽培していた。トウモロコシ，ジャガイモ，カカオ，カボチャ，ピーナッツ，アボカド，トマト，パイナップルなどは，すべてアメリカ先住民が栽培していたもので，1492 年にはヨーロッパ人や世界の他の地域には知られていなかった。

　北米の沿岸地域では，ヨーロッパの探検家や開拓者は，インディアンの民主的な伝統や個人の自由や社会的平等を強く求める姿勢に感心した。植民地時代のニューヨークの政治指導者カドワラダー＝コールドによれば，インディアンの村人たちはヨーロッパのように上流階級と下層階級に分かれてはいなかった。村人全員が他の誰とも平等であるとされ，他人の自由を剥奪する権利を持った人は誰ひとりいなかった。コールドはモホーク族の一員として受け入れられた。

　モホーク族は共通のイロコイ語によってまとまった，5 つの（のちに 6 つとなる）部族国家からなる同盟に所属していた。1700 年代のアメリカの入植者にはそれらはイロコイ連邦として知られていた。それぞれの加盟部族国家は自治を行っていたが，戦時にはともに行動し，自分たち全員に関わる問題を話し合うために会合を開いた。こうした軍事的・政治的同盟があったために，イロコイ族はアメリカ東部で最も勢力のあるインディアンとなった。

　イロコイ連邦は憲法である「大いなる平和の法」によって治められており，憲法はある世代から次の世代へ口頭伝承で伝えられていた。「大いなる法」によれば，同盟部族国家の指導者は大評議会を開いて，重要な問題を自分たちの部族全員の決定に委ねなければならなかった。合意というプロセスを経て――男女双方に開かれたある種の国民投票という形で――決定は下された。

　ベンジャミン＝フランクリン（1706 〜 1790 年）や他のヨーロッパの植民地指導者はインディアンの部族国家の大評議会のメンバーとの条約交渉に参加し，同盟部族がともに行動する様子に感銘を受けた。イロコイ族が強大な国家を作ることができるのなら，アメリカの 13 の植民地で連邦を作ることができるのではないか，とフランクリンは考えたのである。「大いなる平和の法」が合衆国憲法を生み出す直接のきっかけになったと主張する歴史学者もいる。

●語句・構文 ....

- ☐ *l.* 1　look (up)on *A* as 〜「*A* を〜と見なす」
- ☐ *l.* 4　had been の主語は it, 補語は home。
- ☐ *l.*14　missionary「宣教師」
- ☐ *l.*14　describe *A* as 〜「*A* を〜だと言う，評する」
- ☐ *l.*22　observatory「観測所」
- ☐ *l.*23　track「〜を突き止める」
- ☐ *l.*25　immensely「非常に，莫大に」
- ☐ *l.*28　laid は lay「（基礎など）を築く」の過去分詞。
- ☐ *l.*34　diverse「様々な」
- ☐ *l.*40　didn't exist の主語は The familiar stereotype。
- ☐ *l.*46　untamed「荒々しい」
- ☐ *l.*52　as a rule「概して」
- ☐ *l.*73　pass「〜を伝える」
- ☐ *l.*73　oral tradition「口伝」
- ☐ *l.*82　why couldn't 〜?「なぜ〜できないだろうか」→「〜できるはずだ」

解 説

　コロンブスが到達した頃のアメリカ先住民の様子を述べている英文。空所補充は内容理解よりも語彙力に重点を置いたものになっている。選択肢に出てくる語はそれほど難解ではないが，単なる意味だけでなく，用法まできちんと整理した上で覚えておかないとケアレスミスをする恐れもある。内容理解の問題はほぼ文の流れの順に設問が並ぶが，英文の量が非常に多いので，先に設問に目を通した上で読みながら解答していく，という方法が効果的であろう。

A．空所補充　　推定配点　60点（各4点）

(1)　**正解は C**　　　　　　　　　　　　　　　　　　　　　　　　　標準

　（as 〜 as … の形で）

A．「…という少ない数の」　　　　　B．「…という少ない量の」

C．「…という多数の」　　　　　　　D．「…と同じくらいよい，…も同然で」

　as に続く表現が 25 million people「2500 万人の人々」となっている点に注意。「数」を取り上げ強調していると考えられるので，候補はAとCに絞られる。また，直前の文を見ると，当時の南北アメリカの人口は全ヨーロッパの人口よりも多かった，という内容になっている。つまり「数が多い」という点を強調しているので，Cが最も適切である。「2500 万人もの多くの人口で成り立っていた（2500 万人もの多くの人口を有していた）」という意味になる。

(2) **正解は D** ──────────────────────────────── 標準

（原形の意味（後に名詞が2つ続く場合）で）

A.「OをCと呼ぶ」

B.「OをCの状態にする」

C.「O1（人）にO2（害・利益）を加えるつもり」

D.「OをCにする」

　空所の直後には，名詞 Mexico と名詞句 the most densely populated place が続いており，この2つはイコールで結ぶことができる。つまり，第5文型（SVOC）であると想定できるので，この文型を作らないCは不適。また，主語の That は直前の文の内容（中央メキシコの人口はスペイン・ポルトガルの全人口よりもはるかに多かった）を指しているので，「この人口の多さがメキシコを世界で最も人口密度の高い場所にしていた」という意味の表現になるDが最も適切である。Bも正解のように思われるが，この文型の lead は「よくない状態に至らしめる」という意味合いが強く，Dの方が適切である。

(3) **正解は A** ──────────────────────────────── やや易

A.「正確な」　　　B.「長い」　　　C.「類似した」　　　D.「風変りな」

　直前の calendars を as ~ as … の形で後置修飾している表現。この段落では，新世界の先住民がすぐれた文明・文化を有していたことが説明されているので，「現在使用されているものと同じくらい正確なカレンダー」という意味になると考えられる。よってAが最も適切である。

(4) **正解は B** ──────────────────────────────── やや難

A.「多様な」　　　　　　　　　　B.「考えられる限りの」

C.「かなりの」　　　　　　　　　D.「密集した」

　該当箇所の意味は，「遊牧民の小集団から，帝国に至るまで，ほとんどすべての~な人間社会に属していた」となる。つまり，人間が想定可能な人間社会なら，ほとんどどんなものでも存在した，と述べているのだと考えられる。これに最も適するのはBである。

(5) **正解は B** ──────────────────────────────── 標準

　直前に long がある点に注意。この long は空所と結びついて，long ~ の形になっていると考えられる。この形を作るのは，副詞の意味を持つBかCであるが，the Europeans arrived が過去形，had existed が過去完了形であることから，過去よりも前のことにならねばならない。よって「~するよりもずっと前に」の意味となるBが最も適切である。

(6) **正解は D** ──────────────────────────────── 標準

　直前の settling down に注目する。settle down は「落ち着く，定住する」という意味なので，直後には場所を表す副詞（句）が来ることになる。この条件を満た

すのは，A～Cの関係代名詞ではなく，関係副詞のDのみである。なお，関係副詞
where には，先行詞を含んで「～する場所」という意味になる用法があることも
覚えておきたい。

(7)　正解は A ———————————————————————————————— 標準

A.「言葉」　　　　B.「敵」　　　　C.「召還」　　　　D.「友人」

　Indian「インディアン」という呼称について説明している部分である。アメリカ
先住民が自らを Indian と名乗っていたのではなく，コロンブスがそう呼んだので
ある。よってAが最も適切である。なお，コロンブスの目的は，西回りでインドに
到達することであったため，自分がたどり着いた「新世界」をインドだと思い込ん
でしまったのである。

(8)　正解は D ———————————————————————————————— 標準

A.「見つけた」　　B.「育てた」　　C.「買った」　　D.「導入した」

　主語が「コロンブスや彼に続く者たち」，目的語が「最初の近代的な馬」，さらに
場所を表す副詞句が続いているので，「コロンブスや彼に続く者たちが，最初の近
代的な馬を新世界に～した」という意味になる部分。最も適切なのはDである。

(9)　正解は D ———————————————————————————————— 標準

（受動態の形で）

A.「まとめられていた」　　　　　　B.「達成されていた」

C.「水浸しにされていた」　　　　　D.「囲まれていた」

　直後に by flourishing fields of corn「よく茂っているトウモロコシ畑によって」
が続いている点と，この段落で北米は未開の荒野ではなかったということが説明さ
れている点から，「村が実りある畑に囲まれていた」という意味であろうと考えら
れる。よってDが最も適切である。

(10)　正解は B ———————————————————————————————— 標準

　前置詞の意味に関する設問。直前の extended と直後の miles を含む箇所の意味
は，「数マイルにわたって広がっていた」となると考えられる。Bの for には「～
の間，～にわたって」という意味があり，これが正解。for＋期間「～の間」とい
う表現はよく目にするが，for＋距離でも用いられるので覚えておきたい。なお，
直後が miles ではなく具体的な場所を表す語であれば，「～まで広がっていた」と
いう意味になるCの to が正解となる。

(11)　正解は C ———————————————————————————————— 標準

（受動態の形で）

A.「～によって栽培されていた」　　B.「～によって盗まれた」

C.「～には知られていなかった」　　D.「～に対して投げられた」

　当該文前半で，様々な農作物がアメリカ先住民によって栽培されていたことが述
べられている。つまり，これらの作物は新世界固有のもので，ヨーロッパや他の地

域では栽培されていなかったのだと考えられる。よってCが最も適切である。

⑿ **正解は A** ━━━━━━━━━━━━━━━━━━━━━━━━━━ 標準

A.「権利」　　　　　B.「機会」　　　C.「嫌気」　　　D.「意図」

　当該文前半で,「村人全員が他の誰とも平等である」と述べられている点に注意。これは民主主義の考え方であり,「他人の自由を剥奪する権利を持っていなかった」という意味になるAが最も適切であると考えられる。Dも「〜する意図はなかった」という意味で正解のように思えるが, 通常は have the intention of *doing* という形になるので不適。

⒀ **正解は C** ━━━━━━━━━━━━━━━━━━━━━━━━━━ 標準

A.「〜を楽しませた」　　　　　　B.「〜に対抗した」

C.「〜に関係していた」　　　　　D.「〜に達した」

　当該部分は,「自分たち全員に〜する問題を話し合うために会合を開いた」という意味になる。直後の文で, この行為を「政治的同盟」と称していることも踏まえて考えると, Cが最も適切であることがわかる。

⒁ **正解は B** ━━━━━━━━━━━━━━━━━━━━━━━━━ やや易

A.「誤解」　　　　　B.「合意」　　　C.「成長」　　　D.「不信」

　直前の文で「指導者は大評議会を開いて, 重要な問題を自分たちの部族全員の決定に委ねなければならなかった」と述べられているが, a process of 〜「〜というプロセス」はこの手続きを称したものである。よってBが最も適切である。最近は「コンセンサス」が外来語としても多用されているので, スムーズに正解できるはずである。

⒂ **正解は A** ━━━━━━━━━━━━━━━━━━━━━━━━━━ 標準

A.「方法, 様子」　　B.「理由」　　　C.「時」　　　D.「場所」

　直後の the allied tribes acted together が後置修飾して,「同盟部族がともに行動する〜」という意味になっている。直後の文で, ベンジャミン=フランクリンが「イロコイ族が強大な国家を作ることができるのなら, アメリカの13の植民地で連邦を作ることができるのではないか」と考えたことが紹介されているので, 彼はイロコイ族の協調性に感銘を受けたのだと考えられる。よってAが最も適切である。

B. 内容説明　推定配点　28点（各4点）

⑴ **正解は B** ━━━━━━━━━━━━━━━━━━━━━━━━━━ 標準

「アメリカ大陸を探検した初期のヨーロッパ人たちは, …に驚いたようである」

A.「そこでの人口密度の高さと生活条件の悪さ」

B.「そこに住んでいる人々の数と高度に発達した彼らの文明」

C.「そこの人々の親切さと素晴らしい自然環境」

　第3段第1文に,「初期の探検者たちは, 自分たちが遭遇した大勢の人々に驚嘆

した」とあり，第4・5段では，アメリカ先住民が早くから高度な文明を発達させ
ていたことが述べられている。これはBの内容とほぼ一致しているので正解はBで
ある。Aは「生活条件の悪さ」が本文の内容に反しており，Cのような記述はどこ
にもない。

(2)　**正解は C** ─────────────────────────────────── 標準

「コロンブスがアメリカ大陸に到達した頃，アメリカ先住民たちは…」

　A.「馬に乗ってバッファローを狩っていた」

　B.「罠をしかけることでバッファローを捕まえていた」

　C.「徒歩でバッファローを追いかけていた」

　　第7段第3文参照。「それまではずっと，バッファローや他の獲物を徒歩で追い
かけていた」とある。また，Until then の then は同段第1文の1492年（コロンブ
スがアメリカ大陸に到達した年）を指していると解釈できる。この内容はCとほぼ
一致しているので，Cが正解である。

(3)　**正解は A** ─────────────────────────────────── 標準

「コロンブスがアメリカ大陸に到達した頃，ほとんどのアメリカ先住民は，～によ
って暮らしていた」

　A.「狩猟だけでなく，作物を育てること」

　B.「主として，様々な動物を狩ること」

　C.「狩猟や釣りや採集」

　　第7段最後の2文で，「彼らは必ずしも狩猟に依存していたわけではない。大陸
全土において，大半のインディアンは農業をして暮らしていた」という記述がある。
また，この段落は1492年，つまりコロンブスのアメリカ大陸到達の頃の様子を説
明している。以上のことを踏まえると，本文の内容と一致しているのはAである。

(4)　**正解は A** ─────────────────────────────────── やや易

「北米の沿岸地域を訪れたヨーロッパ人たちは，アメリカ先住民の…にとても驚い
た」

　A.「自由主義的な社会制度」

　B.「非常に厳しい法律」

　C.「恐れを知らぬ勇気」

　　北米沿岸地域の記述は，第10段から始まっている。第10段第1文に，「ヨーロ
ッパの探検家や開拓者は，インディアンの民主的な伝統や個人の自由や社会的平等
を強く求める姿勢に感心した」とある。この内容は，Aとほぼ一致しているので，
Aが正解である。

(5)　**正解は C** ─────────────────────────────────── 標準

「イロコイ連邦を構成していた5つの部族国家は，同じ…を持っていた」

　　A.「宗教」　　　　　　　　　B.「人種」　　　　　　　　C.「言葉」

　　第11段第1文に,「モホーク族は共通のイロコイ語によってまとまった, 5つの(のちに6つとなる)部族国家からなる同盟に所属していた」とあり, さらに第2文に「それらはイロコイ連邦として知られていた」と述べられている。つまり, 同じ言葉を使う部族が同盟を結成したということである。正解はCである。

⑹　**正解は B** ─────────────────────────────　標準

「『大いなる平和の法』によると, 重大な問題は…によって決定されなければならなかった」

　A.「その同盟部族国家に属する男性全員」

　B.「その同盟部族国家の男女」

　C.「その同盟部族国家の指導者たち」

　　第12段第2文に,「重要な問題を自分たちの部族全員の決定に委ねなければならなかった」とあり, 最終文ではこのプロセスが「男女双方に開かれたある種の国民投票という形」であったと述べられているので, Bが最も適切である。

⑺　**正解は C** ─────────────────────────────　標準

「アメリカの憲法は…と言われている」

　A.「『大いなる平和の法』とは全く異なっている」

　B.「『大いなる平和の法』に何らかの影響を与えた」

　C.「『大いなる平和の法』の影響を受けている」

　　最終段最終文に,「『大いなる平和の法』が合衆国憲法を生み出す直接のきっかけになったと主張する歴史学者もいる」とあるが, これは「大いなる平和の法」が合衆国憲法に影響を与えたと考えてよい。よって正解はCである。

A.　⑴—C　⑵—D　⑶—A　⑷—B　⑸—B　⑹—D　⑺—A　⑻—D

　　⑼—D　⑽—B　⑾—C　⑿—A　⒀—C　⒁—B　⒂—A

B.　⑴—B　⑵—C　⑶—A　⑷—A　⑸—C　⑹—B　⑺—C

第4章

長文読解②

31

2022年度　学部独自日程・共通テスト併用2月4日実施分〔Ⅲ〕

目標解答時間 30分

A. 次の英文の下線部①〜⑩について，後の設問に対する答えとして最も適当なものをそれぞれA〜Cから一つずつ選び，その記号をマークしなさい。

　　Nobody knows how long sign language has existed. An early form of signing was probably around when the human brain developed enough to make language possible. The beings who lived earlier than 30,000 years ago didn't have the physical ability to make many vocal sounds. But they could use their hands. Maybe they were able to use their hands to make signs.

　　It's a pretty natural thing to do, after all. <u>We've all got a few hand signals that we can use to express some basic meanings.</u>① I can give you a thumbs-up to show that everything's OK. I can wave to say hello or goodbye. But these are all very simple notions, and there aren't many gestures that we regularly use in this way. We can't say very much with <u>them</u>.②

　　There are a few jobs where people have had to develop their signing more fully. We see referees and umpires using their arms and hands to signal directions to the players. <u>Orchestra conductors control the musicians through their movements.</u>③ People working at a distance from each other have to invent special signals if they want to communicate.

　　But these kinds of signing aren't like real languages. Real languages have thousands of words which can be joined together to make thousands of sentences to talk about anything we want. The signs used by umpires and crane drivers are very limited in their range and meaning. It wouldn't be much use my asking a football referee or an orchestra conductor to explain how a car engine works or to say what the latest bestselling pop song is.

　　<u>That</u>④ is the big difference with the sign languages used by deaf people. Deaf sign languages *are* used to express the same sort of complicated

thoughts that hearing people want to express when they speak or write. 25
Deaf sign languages have several thousand signs, which can be used in
sequences to do the same job as the sentences of spoken and written
language. And when we see signers on television, they're translating
everything they hear into sign language—and working at great speed.

There are two important things to remember about deaf sign 30
languages. First, deaf people don't simply take the words from spoken
⑤
language and translate them into signs: The signs directly express meaning.
So if a signer heard me say, "The boy who won the long jump has also won
the high jump," we wouldn't see signs for "the," then "boy," then "who," and
so on. What we'd see is something like: boy + win + past time + long jump + 35
also + high jump. Nor would the signs need to come out in that particular
⑥
order.

The second thing to remember about deaf sign languages is that
they're very different from each other. Just as we don't expect someone who
speaks only English to understand Chinese, so we mustn't expect someone 40
who knows only British Sign Language to understand Chinese Sign
Language. Nor, surprising as it seems, does someone who knows only
British Sign Language even understand American Sign Language. These
⑦
two sign languages have gone in different directions over the past 200
years. There are a few similar signs, but they aren't enough to make the 45
languages comprehensible to each other.

You might think that at least some of the signs used by the deaf will be
shared by all the sign languages of the world. What about the sign for
"elephant"? Surely that will always have a hand movement showing the
distinctive trunk? But actually, there's more than one way in which we can 50
⑧
show a trunk. Do we start at the nose and make a shape sideways or
towards the front? Do we make a hand movement downwards or upwards?
Is the hand movement straight or curved? There are obviously many
possibilities, even in the case of something as easy to see as an elephant.
And when we start to think of such notions as "garden," "blue," or "argue," 55

it's clear that different sign languages will express them in many different ways.

　　All the important notions that we use in studying spoken and written language are needed in relation to sign language too. For instance, we'll find dialects and accents. Deaf people from one part of a country will have a few signs that differ from those used in other places. And if someone from Britain went to China, and started to learn Chinese Sign Language, they would make the Chinese signs but probably not in exactly the Chinese way. For instance, the sign for "father," which involves closing the fingers over the palm of the hand, might be made with fingers very straight and tense, or with the fingers slightly bent and relaxed. A British person would be likely to make it with the fingers relaxed, and that would be noticed by a Chinese deaf person as a foreign accent.

　　It all adds up to one thing. Never think of deaf signing as if it were simply a set of primitive gestures. It's as complex, useful, and beautiful as any spoken or written language.

(1) Which of the following has a meaning closest to Underline ①?

　A. There are some gestures that are easy for anyone to understand the meaning of.

　B. Gestures are more convenient than words for conveying simple information.

　C. Some gestures are better than others for communicating complex messages.

(2) What does Underline ② refer to?

　A. hands

　B. notions

　C. gestures

(3) What does Underline ③ actually mean?

出典追記：A Little Book of Language by David Crystal, Yale University Press

A．Conductors use secret communication codes with musicians.

B．Musicians play following the gestures of conductors.

C．The hand movements of musicians match those of conductors.

(4)　What does Underline ④ refer to?

A．the narrow scope of signs used by people like umpires and crane drivers

B．the widespread use of real languages in professional activities

C．the explanation of car engines and the ratings of pop songs

(5)　What does Underline ⑤ imply?

A．Signs are an exact duplicate of spoken words in terms of their sense.

B．Signs carry enough information to convey a message like spoken words.

C．Signs must translate spoken words in order to make sense to people.

(6)　What does Underline ⑥ actually mean?

A．A grammatical structure is necessary to convey messages through signs.

B．The ordering of signs aids deaf people in interpreting meaning.

C．Signs may appear in a different sequence to that of words.

(7)　Which of the following has a meaning closest to Underline ⑦?

A．These two sign languages evolved in distinct ways.

B．These two sign languages are utilized for varying purposes.

C．These two sign languages' gestures are the opposite of each other.

(8)　What does Underline ⑧ actually mean?

A．unique

B．characteristic

C．peculiar

(9) What does Underline ⑨ actually mean?

  A．Meaning is created through the combination of signs.

  B．The story about signs amounts to a single central idea.

  C．Sign language can be used to sum up a story.

(10) Which of the following has a meaning closest to Underline ⑩?

  A．ancient

  B．native

  C．basic

B．本文の内容に照らして最も適当なものをそれぞれA～Cから一つずつ選び，その記号をマークしなさい。

(1) According to the first paragraph, the author believes that

  A．the first humans living around 30,000 years ago had a comprehensive spoken language of their own.

  B．sign language started when early humans learned to use their hands more than 30,000 years ago.

  C．the ability of humans to create vocal sounds helped develop sign language some 30,000 years ago.

(2) The author uses examples such as the hand signals used by referees, umpires, and orchestra conductors to show that

  A．knowing signals is an important first step in learning sign language.

  B．there is a potential in developing their signs for sign-language use.

  C．hand signals and sign language are completely different concepts.

(3) In the fifth paragraph, starting with "That is the," the author's primary purpose is to show that deaf sign languages

  A．can express a great variety of ideas.

  B．are appropriate for artistic expression.

C．are best to convey complex thoughts.

⑷ In the eighth paragraph, starting with "You might think," the author uses the elephant's trunk as an example to show

A．how sign languages have significantly changed over the years.

B．the similarities of various sign languages all around the world.

C．the number of possibilities to represent an item using hand signs.

⑸ One point expressed in the ninth paragraph, starting with "All the important," is that

A．regional variation is a feature of sign language.

B．mastering any two sign languages requires time and effort.

C．location plays an important role in teaching sign language.

⑹ The author of this passage implies that sign language is

A．a set of hand gestures that is considered universal in form.

B．here to stay as the world moves forward in communication.

C．of the same standard as any language in the world.

⑺ The most appropriate title for this passage is

A．"The Unity of Sign Language."

B．"Understanding Sign Language."

C．"Spoken and Sign Languages."

全訳

≪手話への理解≫

　手話がどれくらい前から存在していたのか，誰も知らない。手話の初期の形態ができたのは，おそらく人間の脳が十分に発達して，言葉を可能にした頃であったろう。3万年前よりも以前に暮らしていた人類は，多くの音声を出せるだけの身体的能力を持っていなかった。しかし，彼らは手を使うことはできた。多分彼らは手を使って身ぶりをすることができたであろう。

　そもそも，それをすることはとても自然なことなのだ。私たちはみんな，基本的な意味を表現できる手ぶりをいくつか持っている。私はあなたに親指を上げて，万事うまく行っているということを示すことができる。「こんにちは」や「さようなら」を伝えるために手を振ることもできる。しかし，これらはすべて非常に単純な観念で，このように頻繁に用いる身ぶりは多くない。それらを使ってもあまり多くのことを伝えられないからだ。

　手話をもっと十分に発展させねばならなかった職業がいくつかある。レフェリーや審判が腕や手を使って，選手に指示を合図しているのを目にする。オーケストラの指揮者は自分の動きで演奏者たちを掌握する。お互いに離れて働く人たちは，意思疎通を図りたければ特別な合図を考え出さねばならない。

　しかし，この種の手ぶりは本当の言語とは似ていない。本当の言語には何千もの単語があって，それらを組み合わせることで，自分が望むどんなことでも伝えられる，何千もの文章を作ることができるのである。審判やクレーンの運転手が用いる手ぶりは，範囲や意味が非常に限られている。サッカーのレフェリーやオーケストラの指揮者に，車のエンジンはどのようにして動くのか説明してくださいとか，最近最も売れた流行歌を言ってくださいと頼んでも，あまり役には立たないだろう。

　それが耳の聞こえない人たちが使う手話との大きな違いである。耳の聞こえない人のための手話は，耳が聞こえる人たちが話したり書いたりする時に伝えたいと思うのと同じ種類の複雑な考えを表現するために使われている。耳の聞こえない人のための手話には数千の手ぶりがあり，それらを順番に使うことで書き言葉や話し言葉の文章と同じ働きをすることができる。手話をする人をテレビで見ると，彼らは聞こえることをすべて手話に翻訳している──そして，猛スピードで体を動かしている。

　耳の聞こえない人のための手話に関して，忘れてはならない重要な点が2つある。1つ目は，耳の聞こえない人たちは，話し言葉から単語を引用してそれらを手話に翻訳しているだけではないという点である。手ぶりが直接意味を表現しているのだ。したがって，手話をしている人が，私が「幅跳びで優勝した少年が高跳びでも優勝した（the boy who won the long jump has also won the high jump）」と言うのを耳にした場合，私たちはまず"the"，次に"boy"，次に"who"に当たる手ぶりを目にする訳ではない。私たちが目にするであろうものは，「少年」+「勝つ」+「過去」+「幅跳び」+「～もまた」+「高跳び」のようなものになるだろう。また，手ぶりは特にその順番で現れる必要もないであろう。

　耳の聞こえない人のための手話に関して忘れてはならない2つ目は，それらが互いに大きく異なるという点である。英語しか話せない人に中国語をわかってほしい

と期待しないのと全く同様に，英国式の手話しか知らない人に中国式の手話をわかってほしいと期待してはいけないのだ。また，驚くべきことかもしれないが，英国式の手話しか知らない人は，米国式の手話すら理解できないのである。この 2 つの手話は，この 200 年の間に，異なる方向へ行ってしまったからである。多少似たところはあるが，2 つの手話は互いにわかり合えるようにするには十分ではない。

　耳の聞こえない人が使う手話のうち，少なくともいくつかは世界中のすべての手話に共有されていると考えるかもしれない。「象（elephant）」の手話はどうだろうか？　その手話には，きっと常に独特な鼻を示す手の動きが含まれるのではないだろうか？　しかし実際には，鼻を示すことのできる方法は 2 つ以上あるのだ。鼻をスタート地点にして斜めか前方に形を作っていくだろうか？　手の動きを上下に行うだろうか？　その手の動きは直線的だろうか，それともカーブしているだろうか？　象のような，見て簡単にわかるようなものの場合ですら，明らかに数多くの可能性がある。「庭」や「青い」や「議論する」のような観念を考え始めると，いろいろな手話がいろいろな異なる方法でそれらを表現していくことは明らかである。

　話し言葉や書き言葉を学習する時に使う重要な観念はすべて，手話についても必要である。たとえば，私たちは方言や訛りに気づく。ある国のある地域出身の耳の聞こえない人は，ほかの場所で使われているのとは異なる手ぶりをいくつか持っているだろう。英国出身の人が中国へ行き，中国式の手話を習い始めたら，彼らは中国式の手ぶりをするようになるだろうが，おそらく正確には中国式ではないかもしれない。たとえば，「父親」を表す手ぶり――手のひらの上で指をたたむ動作を含む――が，指をまっすぐにぴんと伸ばした状態で作られることもあれば，わずかに曲げられてリラックスした状態で作られることもある。英国人なら，指がリラックスした状態でこの手ぶりを作りそうであり，それは耳の聞こえない中国人には外国語訛りだと見なされるであろう。

　そのことは，結局 1 つのことを意味している。耳の聞こえない人のための手話を，単なる基本的な身ぶりのまとまりであるかのように考えてはいけないということだ。それは話し言葉や書き言葉と同じく，複雑で有用で美しいものなのだ。

●語句・構文
□ *l.* 3　being「生き物，生命体」
□ *l.* 9　notion「考え，観念」
□ *l.*26　in sequences「順番通りに」
□ *l.*42　surprising as it seems「驚くべきことのように思われるが」 as は譲歩を表す接続詞。形容詞＋as S V の語順になることに注意。
□ *l.*69　think of *A* as if ～「*A* をあたかも～であるかのように見なす」

解　説

聴覚障害者用手話の複雑さと多様さを，話し言葉・書き言葉との類似点・相違点を

例示しながら，その理解を促す論説文である。やや固い内容であり，選択肢も難解な表現を含むものが多いので，読み取りや解答に苦労するかもしれないが，三択なので明らかに正解とはなり得ない選択肢を消去していく方法が効果的であろう。

Ａ．下線部についての設問　　推定配点　40点（各4点）

(1)　**正解は Ａ** ─────────────────────────────── 標準

「以下のうち，下線部①の意味に最も近いのはどれか」

Ａ．「誰でも意味を簡単に理解できる手ぶりもいくつかある」

Ｂ．「単純な意味を伝えるには，手ぶりの方が言葉よりも便利である」

Ｃ．「複雑なメッセージをやり取りするのに他よりも優れている手ぶりがある」

　　当該文の意味は「私たちはみんな，基本的な意味を表現できる手ぶりをいくつか持っている」となる。つまり，誰でも意味を理解できるような手ぶりが存在するということである。この趣旨に最も近いのはＡである。確かに手ぶりは単純な意味なら伝えられるが，言葉よりも便利であるとは述べられていないのでＢは不適。また，複雑なメッセージは手ぶりでは伝えられないと述べられているのでＣも不適。

(2)　**正解は Ｃ** ─────────────────────────────── やや易

「下線部②は何を指しているか」

Ａ．「手」

Ｂ．「考え」

Ｃ．「手ぶり」

　　当該文の意味は「私たちはそれらを使ってもあまり多くのことを伝えられない」となる。この段落では，意味のある手ぶりも存在するが，それほど多くはないと述べられている。当該文はその理由に関わる部分であるから，最も適切なのはＣである。

(3)　**正解は Ｂ** ─────────────────────────────── 標準

「下線部③は実際にはどのような意味か」

Ａ．「指揮者は演奏者とともに秘密のやり取りをする暗号を使う」

Ｂ．「演奏者は指揮者の身ぶりにしたがって演奏する」

Ｃ．「演奏者の手の動きは，指揮者の手の動きとそっくりである」

　　当該文の意味は「オーケストラの指揮者は自分の動きで演奏者を掌握する」となる。つまり，指揮者の動きにしたがって演奏が行われるということである。この趣旨に合致しているのはＢである。ＡとＣは，オーケストラの指揮者と演奏者との関係としては常識的に考えにくいので，本文と照らし合わさなくても不適であると判断できる。

(4)　**正解は Ａ** ─────────────────────────────── 標準

「下線部④は何を指しているか」

　　A.「審判やクレーンの運転手が使う狭い範囲の手ぶり」

　　B.「プロの活動の中で広範囲で用いられる本物の言語」

　　C.「車のエンジンの説明や流行歌のランキング」

　　この That は第5段第1文の主語なので，前段で述べられたものを指していると考えるのが妥当である。また，当該文の意味は「それは耳の聞こえない人たちが使う手話と大きく異なる」となるので，手話と何を比較しているのかを考えればよい。よってAが最も適切である。

(5) 正解は B ──────────────────────── やや難

　　「下線部⑤は何を示唆しているか」

　　A.「手話は意味に関して話し言葉と全く同じものである」

　　B.「手話は話し言葉と同じく，1つのメッセージを伝えるための十分な情報を含んでいる」

　　C.「手話は，人に意味が通じるものになるように，話し言葉をわかりやすく説明しなければならない」

　　当該箇所の意味は「耳の聞こえない人たちは，話し言葉から単語を引用してそれらを手話に翻訳しているだけではないという点である。手ぶりが直接意味を表現しているのだ」となる。つまり，手話は，1つ1つの単語の意味を表せているかよりも，相手がそれを理解できるかどうかが重要で，意味・情報の伝達に比重を置いているのである。これに最も近いのはBである。Aは本文の趣旨とは逆であり，手話は必ずしも話し言葉の翻訳とは限らないと述べられているのでCも不適。

(6) 正解は C ──────────────────────── 標準

　　「下線部⑥は実際にはどのような意味か」

　　A.「手話でメッセージを伝えるには，文法構造が必要である」

　　B.「手話の順序は耳の聞こえない人たちが意味を解釈するのを助けてくれる」

　　C.「手話は単語とは異なる順番で現れるかもしれない」

　　Nor… は「…もまた～でない」という意味なので，当該文の意味は「また，手ぶりは特にその順番で現れる必要もないであろう」となる。つまり，実際の言葉の順番と手話の順番は異なる場合があるということである。これに最も意味が近いのはCである。実際の言葉の順番と違えば文法構造も成立しないと思われるのでAは不適。Bは一般論としては正しいが，下線部の意味の説明とは言えない。

(7) 正解は A ──────────────────────── やや易

　　「以下のうち，下線部⑦の意味に最も近いのはどれか」

　　A.「これら2つの手話は，全く異なる方法で発達した」

　　B.「これら2つの手話は，さまざまな目的で利用されている」

　　C.「これら2つの手話の手ぶりは正反対である」

　　当該文の意味は「この2つの手話は，（この200年の間に）異なる方向へ行って

しまった」となる。つまり，200年間にわたって異なる発達の仕方をした，という意味であろう。この趣旨に最も近いのはAである。「異なる」というキーワードのないBは不適切。また，正反対という表現は使われていないのでCも不適。

(8)　正解は　B ─────────────────────── やや難

「下線部⑧は実際にはどのような意味か」

A．「独特な」

B．「特有の，特徴的な」

C．「独特の」

　distinctive は「独特な，特有の」という意味である。一方，選択肢にはいずれも同じような意味があるので，厳密な区別をしなければならない。ここでは，ある特定の象が他の象とは異なる独特な特徴を持っているという意味ではなく，「象という種に特有の」という意味で distinctive が用いられていると考えられる。Aは「(その個体が) 独特な」という意味なのでここでは適切ではない。また，Cは叙述用法でのみ用いられる語なので，やはり不適切。よって正解はBとなる。

(9)　正解は　B ─────────────────────── 標準

「下線部⑨は実際にはどのような意味か」

A．「手ぶりの組み合わせによって意味が作られる」

B．「手話についての話は結局のところ1つの中心的な考えに行き着く」

C．「手話は1つの話を要約するために用いることができる」

　add up to～ は「結局～を意味する」という意味であり，当該文は「それは結局1つのことを意味している」となる。It は「手話(の話)」を指しているので，この部分の意味に最も近いのはBである。

⑽　正解は　C ─────────────────────── 標準

「以下のうち，下線部⑩の意味に最も近いのはどれか」

A．「古代の」

B．「原産の」

C．「基本的な」

　primitive には「原始的な，単純な，基本的な」などの意味があるが，ここでは審判や指揮者の手ぶりに見られるような基本的で単純な形態のものを指しているのだと考えられる。よってCが最も意味が近い。

B．内容説明　推定配点　28点 (各4点)

⑴　正解は　B ─────────────────────── やや難

「第1段によると，筆者は…と信じている」

A．「約3万年前に住んでいた最初の人類は，理解可能な独自の話し言葉を持っていた」

B.「手ぶり・手まねが始まったのは，初期の人類が３万年以上前に手を使えるようになった時である」

C.「音声を出せるという人間の能力は，３万年ほど前に手ぶり・手まねを発達させるのに役立った」

　第３～最終文（The beings who … to make signs.）で説明されているように，「３万年以上前の人類は話し言葉を持っていなかったが，手を使うことができて，おそらくは手を使ってサインを作ることができただろう」とある。もちろん，この時点では「手話」ではないだろうが，「手話のもとになるもの」と考えると，Bがこの趣旨に合致している。本文では「３万年以上前の」と述べられているので，「約３万年前」としているAとCは不適。

⑵　**正解は　C** ─────────────────────────── やや難

　「筆者がレフェリーや審判やオーケストラの指揮者が使う手ぶりのような例を用いているのは，…ことを示すためである」

A.「手ぶりを知ることは手話を学ぶ時の重要な第一段階である」

B.「手話で使うために手ぶりを発達させることには可能性がある」

C.「手ぶりと手話は全く異なる概念である」

　この例が挙げられているのは第３段（There are a …）で，続く第４段（But these kinds …）では「この種の手ぶりは本当の言語とは異なる」と述べられている。さらに，第５段（That is the …）では，手話は話し言葉と同じくらいの表現力を持つと説明されている。これらのことから，手ぶりと手話は根本的に違うものであることがわかる。この趣旨に最も近いのはCである。Aは手ぶりの延長線上に手話を置いているので不適。Bも両者が異なることを前提にした記述とは言えないので不適。

⑶　**正解は　A** ─────────────────────────── 標準

　「That is the で始まる第５段で，筆者の当初の目的は，耳の聞こえない人のための手話が…のを示すことである」

A.「非常にさまざまな考えを表現できる」

B.「芸術表現に適している」

C.「複雑な考えを伝えるのに最適である」

　第３文（Deaf sign languages have …）で「耳の聞こえない人のための手話には数千の手ぶりがあり，…書き言葉や話し言葉の文章と同じ働きをすることができる」と述べられている。この趣旨に合致しているのはAである。芸術表現に関しては記述がないのでBは不適。また，「複雑な考え」というキーワードは登場するが，「最適」とは述べられていないのでCも不適。

⑷　**正解は　C** ─────────────────────────── やや難

　「You might think で始まる第８段で，筆者が象の鼻を使っているのは，…を示

す例としてである」

A.「手話が年月を経て大きく変化してきた様子」

B.「世界中のさまざまな手話の類似点」

C.「手ぶりを使って1つの品目を表せる可能性の数」

　最終文（And when we …）にあるように，象の鼻の例は「いろいろな手話がいろいろな異なる方法で（同じものを）表現している」ことを示すために用いられている。この趣旨に最も近いのはCである。Aについては特に記述がないので不適。この段落で強調されているのは類似点ではなく相違点なのでBも不適。

(5)　正解は A ――――――――――――――――――――――――――――――――　標準

　「All the important で始まる第9段で表されている要点の1つは，…ということである」

A.「地域による違いは手話の特徴である」

B.「どんな手話でも，2つ習得するには時間と努力が必要である」

C.「場所は手話を教える上で重要な役割を果たす」

　この段落で述べられているのは，手話にも方言や訛りのような地域による違いが存在するということである。この趣旨に合致しているのはAである。Bの内容は間違ってはいないが，本文では述べられていないので不適。Cについても記述がないので不適。

(6)　正解は C ――――――――――――――――――――――――――――――――　標準

　「この文章の筆者は，手話が…であると示唆している」

A.「形が共通であると考えられている手ぶりのまとまり」

B.「コミュニケーションにおいて世界が前進していくにつれて定着する」

C.「世界のどんな言語とも同じ基準をもつ」

　第9段第1文（All the important …）にあるように，手話は話し言葉や書き言葉と同じ観念に基づいている。つまり，どの国の言葉であれ，それと同じ基準をもつ手話が存在する，ということである。この趣旨に最も近いのはCである。第8段（You might think …）にあるように，手話では同じものを異なる方法で表現しているのでAは不適。Bは本文の内容とはほぼ関係なく同じく不適。

(7)　正解は B ――――――――――――――――――――――――――――――――　標準

　「この文章に対して最適な表題は…である」

A.「『手話の統一』」

B.「『手話の理解』」

C.「『話し言葉と手話』」

　本文では，身ぶりと手話と話し言葉の3つの表現形態が出てきているが，手話とはどういうものなのか，その複雑さなどを話し言葉と照らし合わせて理解を促す構成になっている。これを端的に示す表題として最も適切なのはBである。

A.　⑴—A　⑵—C　⑶—B　⑷—A　⑸—B　⑹—C　⑺—A　⑻—B
　　⑼—B　⑽—C
B.　⑴—B　⑵—C　⑶—A　⑷—C　⑸—A　⑹—C　⑺—B

32

A. 次の英文の下線部①～⑩について，後の設問に対する答えとして最も適当なものをそれぞれA～Cから一つずつ選び，その記号をマークしなさい。

The English are not usually given to patriotic boasting—indeed, both patriotism and boasting are regarded as inappropriate, so the combination of these two sins is doubly offensive. But there is one significant exception to this rule, and that is the patriotic pride we take in our sense of humor, particularly in our expert use of irony. The popular belief is that we have a better, more subtle, more highly developed sense of humor than any other nation, and specifically that other nations are all boringly literal in their thinking and incapable of understanding or appreciating irony. ①Almost all of the English people I interviewed subscribed to this belief, and many foreigners, rather surprisingly, humbly agreed.

Understatement is a form of irony, rather than a distinct and separate type of humor. It is also a very English kind of irony. Understatement is by no means an exclusively English form of humor, of course: again, we are talking about quantity rather than quality. George Mikes said that the understatement "is not just a specialty of the English sense of humor; ②it is a way of life." The English are rightly renowned for our use of understatement, not because we invented it or because we do it better than anyone else but because we do it so *much*.

The reasons for our prolific understating are not hard to discover: our strict prohibitions on earnestness, gushing, and boasting require almost constant use of understatement. ③Rather than risk exhibiting any hint of forbidden seriousness, improper emotion, or excessive zeal, we go to the opposite extreme and feign dry, poker-faced indifference. The understatement rule means that an agonizing chronic illness must be

described as "a bit of a nuisance"; a truly horrifying experience is "well, not
exactly what I would have chosen"; a sight of breathtaking beauty is "quite
pretty"; an outstanding performance or achievement is "not bad"; an act of
dreadful cruelty is "not very clever"; and any exceptionally delightful object,
person or event, which in other cultures would <u>warrant exaggerated praise</u>,
④
is pretty much covered by "nice," or, if we wish to express more ardent
approval, "very nice."

　　Needless to say, the English understatement is another trait that many
foreign visitors find utterly confusing and irritating. "I don't get it," said
one exasperated informant. "Is it supposed to be funny? If it's supposed to
be funny, why don't they laugh—or at least smile? Or *something*. How are
you supposed to know when 'not bad' means 'absolutely brilliant' and when
it just means 'OK'? Why can't they just say what they mean?"

　　<u>This is the problem with English humor</u>. Much of it, including and
⑤
perhaps especially the understatement, isn't actually very funny—or at
least not obviously funny, not laugh-out-loud funny, and definitely not cross-
culturally funny. Even the English, who understand it, are not exactly
wildly amused by the understatement. At best, a well-timed, <u>well-turned</u>
⑥
understatement only raises a slight grin. But, then, that is surely the
whole point of the understatement: it is amusing, but only in an
understated way. It is humor, but it is a restrained, refined, subtle form of
humor.

　　Even those foreigners who appreciate the English understatement, and
find it amusing, still experience considerable difficulties when it comes to
using it themselves. My father tells me about some Italian friends of his,
who were determined to be as English as possible—they spoke perfect
English, wore English clothes, even <u>developed a taste for English food</u>. But
⑦
they complained that they couldn't quite "do" the English understatement,
and pressed him for instructions. On one occasion, one of them was
describing, heatedly and at some length, a terrible meal he had had at a
local restaurant—the food was inedible, the place was disgustingly filthy,

the service rude beyond belief, etc., etc. "Oh," said my father, at the end of the long, angry speech. "So, you wouldn't recommend it, then?"

"YOU SEE?" cried his Italian friend. "That's it! How do you *do* that?"⑧ How do you *know* to do that? How do you know *when* to do it?"

60　"I don't know," said my father, apologetically. "I can't explain. We just do it. It just comes naturally."

This is the other problem with the English understatement: it is a rule, but a rule in the fourth *Oxford English Dictionary* sense of "the normal or usual state of things"—we are not aware of obeying it; it is somehow wired⑨ 65　into our brains. We are not taught the use of the understatement: we learn it gradually but without conscious effort. The understatement "comes naturally" because it is deeply embedded in our culture, part of the English spirit.

The understatement is also difficult for foreigners to "get" because it is, 70　in effect, a joke about our own unwritten rules of humor. When we describe, say, a dreadful, traumatic, and painful experience as "not very pleasant," we are exercising restraint, but in such an exaggerated manner that we are also (quietly) laughing at ourselves for doing so. We are parodying⑩ ourselves. Every understatement is a little private joke about Englishness.

(1)　What does Underline ① imply?

A．The English and non-English have different opinions about loyalty.

B．Many people agree that the English excel at a particular type of humor.

C．The English are among the world's most patriotic people.

(2)　What does Underline ② imply?

A．George Mikes has a lively sense of understatement.

B．Understatement requires a special sense of humor.

C．Citizens of that nation habitually use understatement.

出典追記：Watching the English by Kate Fox, Hodder & Stoughton

⑶　What does the author want to express most in Underline ③?

　A．the characteristic attitude of the group to which the author belongs

　B．the problematic features of a group the author is familiar with

　C．the contradictory nature of the author's cultural group

⑷　Which of the following has a meaning closest to Underline ④?

　A．be guaranteed to be a little inspiring

　B．be hardly deserving of compliments

　C．be worthy of great admiration

⑸　What does the author want to express most in Underline ⑤?

　A．English humor rarely suits the circumstances in which it appears.

　B．English speakers will not necessarily respond well to humor.

　C．English people do not clearly indicate when they are using humor.

⑹　Which of the following has a meaning closest to Underline ⑥?

　A．well-phrased

　B．well-inverted

　C．well-located

⑺　Which of the following can be a concrete example for Underline ⑦?

　A．They learned how to find a new flavor in English cooking.

　B．They learned how to follow some English recipes.

　C．They learned how to enjoy some English meals.

⑻　What does Underline ⑧ refer to?

　A．asking a question

　B．giving a witty comment

　C．recommending a restaurant

⑼　What does Underline ⑨ imply?

　　A．There is no way to analyze the humor of the English people.

　　B．It is natural for the English to behave in such a way.

　　C．The brains of the English are like rule-based computers.

⑽　What does Underline ⑩ actually mean?

　　A．deliberately adding an element of fun and sarcasm to expressions

　　B．exercising self-control and occasionally employing overstatement

　　C．expressing the funny aspects of conversation as clearly as possible

B．本文の内容に照らして最も適当なものをそれぞれA～Cから一つずつ選び，
　その記号をマークしなさい。

⑴　The main purpose of the first paragraph is to

　　A．compare the nature of the English with that of other nations.

　　B．raise the issue of the concept of guilt held by the English.

　　C．introduce the general national traits of the English people.

⑵　One reason the English use understatement is that

　　A．modest personalities are well-liked in this country.

　　B．they want to avoid showing off about things.

　　C．they do not want to get into conflicts with others.

⑶　In the third paragraph, starting with "The reasons for," the author
　suggests that understatement can help someone

　　A．prevent an overreaction to a given situation.

　　B．clarify the hidden meanings of what people say.

　　C．make an unpleasant experience feel more enjoyable.

⑷　The author asserts in the fifth paragraph, starting with "This is," that

　　A．understatement isn't quite as humorous as it may first appear.

　　B．people who use understatement often barely comprehend its humor.

C．the charm of understatement is that it contains limited humor.

(5)　The sixth paragraph, starting with "Even those foreigners," implies that foreigners

A．find it challenging to replicate English understatement.

B．may eventually manage to master English understatement.

C．discourage themselves from using English understatement.

(6)　Based on this passage, what an English visitor to the Sahara Desert might say is

A．"this place is a bit too warm for my taste."

B．"this is the first time I've visited such a hot place."

C．"I am proud of how strong I am in the heat."

(7)　The most appropriate title for this passage is

A．"Unstated Humor in the English Language."

B．"Understanding English Understatement."

C．"The Understated Humor of English Parody."

≪英国式の控えめ表現を理解する≫

全訳

　たいていの場合，英国人には愛国心があることを自慢する癖はない。実際，愛国心も自慢も，不適切なものだと考えられているので，この２つの罪悪の組み合わせは二重にイライラさせるのである。しかし，この法則には重要な例外が１つある。それはユーモア感覚，とりわけ皮肉を上手に使えることに愛国心を持っているという点である。一般的な信念として，私たちは他のどの国よりも上質で手の込んだ高度な技のユーモア感覚を持っていると信じている。特に，他の国々は考え方がまったくもってうんざりするほど文字どおりで，皮肉を理解したり味わったりすることはできないと信じている。私がインタビューした英国人のほぼ全員が，この信念に同意し，多くの外国人もむしろ驚くべきことに，慎ましやかに同意したのだ。

　控えめに言うことは，独特で独立した種類のユーモアというよりも，一種の皮肉である。それは非常に英国的な種類の皮肉でもある。もちろん，控えめに言うことは，もっぱら英国的ユーモアに限定されるものでは決してない。この場合もまた，私たちは質よりもむしろ量の話をしているのである。ジョージ＝マイクスは，控えめに言うことは「単なる英国的な形態のユーモアではなく，１つの生活様式である」と言った。英国人は間違いなく控えめな言い方を用いることで有名であるが，それは私たちがそれを発明したからでも他の誰よりもそれの使い方が上手いからでもなく，それを非常に多く使うからである。

　私たちが控えめな言い方を多用する理由は，見つけるのが難しいものではない。私たちが真面目さやしゃべりまくることや自慢することを厳に禁じているために，ほぼ絶え間なく控えめな言い方を用いることが必要なのである。禁じられた真剣さや不作法な感情や過度な熱意の兆候を少しでも見せる危険をおかすよりも，私たちは反対側に行って平静を装い無関心のポーカーフェイスを作るのである。控えめな表現の法則では，苦しい慢性の病気は「ちょっとした嫌なこと」，本当に恐ろしい体験は「まあ，必ずしも自分が選ぼうとしたものではない」，息をのむような美しい景色は「なかなかきれい」，際立った演技や業績は「悪くない」，恐ろしい残酷行為は「あまり利口ではない」と表現しなければならない。並外れて楽しいもの，人物，出来事は，別の文化では当然大げさな賞賛の対象になるだろうが，「ナイス」とか，あるいはもっと激しい承認を表したいのであれば「とてもナイス」くらいで表現されることが非常に多い。

　言うまでもなく，英国式の控えめ表現は，外国からの多くの訪問者がまったくもって戸惑い，イライラさせると感じるもう１つの特色である。「私はわかりません」と，ある資料提供者は腹を立てて語った。「それで愉快になるのでしょうか？　そうであるならば，なぜ彼らは笑わないのでしょう──あるいは，少なくともにやりとしないのでしょうか？　まだあります。『悪くない』が『断然素晴らしい』という意味なのはどういう時で，単に『大丈夫』という意味なのはどういう時なのか，私たちはどうやって知ることになるのでしょうか？　彼らはなぜ思っていることをそのまま言えないのでしょうか？」

　これは英国人のユーモアに関する問題点である。それ（ユーモア）の多くは，おそらくは特に控えめな言い方がそれにあたるだろうが，実はあまりおかしくない

──あるいは少なくともあからさまにはおかしくない，声を出して笑うほどのおかしさではない，異なる文化では絶対におかしくない。英国人ですら，控えめな表現が理解できるはずなのに，必ずしも控えめ表現で大笑いする訳ではない。せいぜい，タイミングの良い巧みな表現の控えめな物言いがわずかな笑いを引き起こす程度である。しかし，それは確かに控えめ表現の要点のすべてなのである。おかしいが，控えめな点でのみおかしいのだ。それはユーモアであるが，控えめで洗練された微妙な形態のユーモアなのである。

　英国人の控えめ表現を評価し，それを愉快だと思う外国人でも，それを自分で使うとなるとやはりかなりの困難を経験する。私の父親はイタリア人の友人たちについて私に話をしてくれるのだが，その友人たちはできる限り英国式であろうと決心している──完璧な英語を話し，英国式の服を着て，英国風の食べ物を好むようにした。しかし，彼らは，英国人の控えめ表現だけは全く『する』ことができないと不満を漏らし，父に指導をせがんだ。ある時，彼らの1人が，地元のレストランで食べたひどい食事について，熱っぽく長々と説明していた──その食べ物は食べられるものではなく，その場所はうんざりするほど汚かった，サービスは信じられないくらい不作法であった，などなど。怒りのこもった長い話の後，「ああ」と父は言った。「じゃあ君はそこはお薦めしないんだね」

　「わかるかい？」　イタリア人の友人は叫んだ。「それだよ！　どうやってそれをしているんだい？　どうすればそれをするやり方がわかるんだい？　どうすればそれをするタイミングがわかるんだい？」

　「自分ではわからないよ」と父は申し訳なさそうに言った。「説明できないね。ただやっているだけだよ。自然にやっていることなんだ」

　これが，英国式の控えめ表現に関するもう一方の問題である。それは規則なのだが，『オックスフォード英語辞典』第4版の「物事の通常のあるいは当たり前の状態」という意味の規則である──私たちはそれに従っていることに気づいていない。それは何らかの方法で私たちの脳内に接続されているのである。私たちは控えめ表現の使い方を教わるわけではない。私たちはそれを次第に身につけていくのだが，意識して努力するのではない。控えめ表現は，私たちの文化に深く埋め込まれていて，英国人の精神の一部になっているので，「自然に発生する」のである。

　外国人が控えめ表現を「会得する」のも難しい。なぜなら，それは事実上，私たち自身のユーモアの暗黙のルールに関するジョークだからである。私たちが，たとえば，恐ろしい苦痛に満ちたトラウマになるような経験を「あまり楽しくない」と説明する時，私たちは遠慮の気持ちを働かせているのだが，それをしている自分自身を（静かに）笑ってもいるような誇張されたやり方なのである。私たちは自分自身をもじっているのだ。あらゆる控えめ表現は英国人らしさについてのちょっとした内輪のジョークなのである。

●語句・構文……………………………………………………………………………………
□ *l*. 3　offensive「不愉快な，むかつくような」

□ *l.* 11　understatement「控えめに言うこと，控えめな表現」

□ *l.* 12　by no means「決して～ない」

□ *l.* 16　be renowned for ～「～で有名である」

□ *l.* 32　needless to say「言うまでもないことだが」

□ *l.* 34　exasperated「激怒した」

□ *l.* 48　when it comes to *doing*「～することに関しては，～することとなると」

□ *l.* 53　press O for ～「O に～をせがむ」

□ *l.* 67　embed「～を刻み込む」

解　説

　英国人の国民性ともいえる「控えめ表現」について論説している英文である。Aは下線部の意味や指示内容を問う問題。問われる場所が確定しているので，主にその前の部分をヒントにして解答していくことになるだろう。Bは内容説明文の完成問題である。選択肢が3つしかないとはいえ，難度の高い語句も含まれており，時間をかける必要があるだろう。

A．下線部についての設問　　推定配点　40点（各4点）

(1)　**正解は B**　　　　　　　　　　　　　　　　　　　　　　　　　　　　　　やや難

　「下線部①は何を示唆しているか」

　A．「英国人と他国人とでは，忠誠心についての意見が異なる」

　B．「多くの人々が，英国人は特定の種類のユーモアに長けているということに同意している」

　C．「英国人は世界で最も愛国的な国民に含まれる」

　当該文の意味は「私がインタビューした英国人のほぼ全員が，この信念に同意し，多くの外国人もむしろ驚くべきことに，慎ましやかに同意した」となる。ここで述べられている「信念」とは，直前の文（The popular belief …）にあるように，「私たち（英国人）は他のどの国よりも上質で手の込んだ高度な技のユーモア感覚を持っている」というものであるから，この趣旨に合致しているのはBである。

(2)　**正解は C**　　　　　　　　　　　　　　　　　　　　　　　　　　　　　　標準

　「下線部②は何を示唆しているか」

　A．「ジョージ＝マイクスは控えめ表現の感覚が鋭い」

　B．「控えめ表現には特別なユーモア感覚が必要である」

　C．「その国の国民は控えめ表現を習慣的に使っている」

　当該箇所の意味は「それ（控えめに言うこと）は1つの生活様式である」となる。この表現は後続の文（The English are …）で，「私たちがそれを発明したからでも他の誰よりもそれの使い方が上手いからでもなく，それを非常に多く使うからで

ある」と補足されている。この趣旨に合致している（「非常に多く使う」＝「習慣的に使う」）のはCである。

(3)　**正解は A** ─────────────────────────── やや難

　「下線部③において筆者が最も伝えたいことは何か」

　A．「筆者が属している集団（英国人）が持っている特有の態度」

　B．「筆者がよく知っている集団の解決しがたい特徴」

　C．「筆者の文化的集団の矛盾した性質」

　当該文の意味は，「禁じられた真剣さや不作法な感情や過度な熱意の兆候を少しでも見せる危険をおかすよりも，私たちは反対側に行って平静を装い無関心のポーカーフェイスを作るのである」となる。筆者はこの文によって，英国人が控えめ表現を多用する理由を伝えようとしている。この趣旨に最も近いのはAである。

(4)　**正解は C** ─────────────────────────── やや易

　「以下のうち，下線部④の意味に最も近いのはどれか」

　A．「少しやる気にさせると保証される」

　B．「ほとんど賞賛に値しない」

　C．「大きな賞賛の価値がある」

　選択肢をよく読むと，BとCは相反する内容になっていることがわかる。こういった場合，どちらかが正解であることが多い。当該箇所の意味は「大げさな賞賛に値する」となるので，正解はCとなる。この文では，他国では賞賛の対象になるような事柄も，英国では控えめに表現されてしまうということが説明されている。

(5)　**正解は C** ─────────────────────────── 標準

　「下線部⑤において筆者が最も伝えたいことは何か」

　A．「英国式のユーモアは，それが使われる状況にほとんど適していない」

　B．「英語を話す人々は必ずしもユーモアにうまく反応するわけではない」

　C．「英国人がユーモアを用いる時，はっきりと示さない」

　当該文の意味は「これは英国人のユーモアに関する問題点である」となるが，This が指しているのは，前段の最終文（Why can't they …）の内容「彼らはなぜ思っていることをそのまま言えないのか？」である。これに最も近いのはCである。AとBは「英国人はユーモアのセンスがある」という本文全体の趣旨に合致しないので，即座に不適であると判断できる。

(6)　**正解は A** ─────────────────────────── やや易

　「以下のうち，下線部⑥の意味に最も近いのはどれか」

　A．「上手に表現された」

　B．「上手に倒置された」

　C．「上手に配置された」

　語彙の問題。well-turned は「巧みに表現された」という意味なので，これに最

も近いのはAである。well-turned の意味がわからなくても，当該文は「せいぜい，タイミングの良い…控えめな物言いがわずかな笑いを引き起こす程度である」となるので，Aが最適であると推測可能である。

(7)　正解は C ——— 標準

「以下のうち，下線部⑦の具体例となり得るのはどれか」

A.「彼らは英国料理の中に新しい風味を見つける方法を身につけた」

B.「彼らは英国式のレシピを理解できるようになった」

C.「彼らは英国式の食事を楽しめるようになった」

　当該箇所の意味は「英国式の食べ物に対する好みを身につけた」となる。つまり，英国の料理をおいしく食べられるようになった，という意味である。この具体例として最も適切なものはCである。

(8)　正解は B ——— やや易

「下線部⑧は何を指しているか」

A.「質問すること」

B.「機知に富んだコメントを言うこと」

C.「レストランを推薦すること」

　当該文は「どうやってそれをしているんだい？」という意味であるが，that は筆者の父親が「じゃあ君はそこはお薦めしないんだね」と，あまり過激でない表現（＝機知に富んだコメント）を使ったことを指している。よってBが正解。

(9)　正解は B ——— 標準

「下線部⑨は何を示唆しているか」

A.「英国人のユーモアを分析する方法はない」

B.「英国人がそのように振る舞う（控えめ表現を用いる）のは自然なことである」

C.「英国人の脳は法則に基づいたコンピュータのようなものである」

　当該箇所の意味は「それは何らかの方法で私たちの脳内に接続されている」となる。つまり，控えめ表現は，生まれてから身につくものではなく，先天的に備わっているものであるという意味である。この趣旨に最も近いのはBである。

(10)　正解は A ——— 標準

「下線部⑩は実際にはどのような意味か」

A.「表現にわざとおかしさや皮肉の要素を加えている」

B.「自制心を行使して，時々大げさな表現を使っている」

C.「会話の中の滑稽な面をできる限りはっきりと伝えている」

　当該部分は「自分自身をパロディ化している（もじっている）」という意味で，あえて（＝わざと）控えめな表現を使って自分自身を笑っているのである。この趣旨に最も近いのはAである。

B. 内容説明　　推定配点　28点（各 4 点）

(1)　正解は C ——————————————————————————————————— 標準

「第 1 段の主要な目的は…ことである」

A.「英国人の性質を他国の人と比較する」

B.「英国人が抱いている罪の意識の問題を提起する」

C.「英国人の一般的な国民性を紹介する」

同段第 3 文（The popular belief …）にあるように，この段落では，英国人がユーモア感覚に関して自信を持っているという国民性が述べられている。よってこの段落の目的として最も適切なものはCである。他国人との違いも述べられているが，比較自体が目的とは言えないのでAは不適。罪の意識については述べられていないのでBも不適。

(2)　正解は B ——————————————————————————————————— 標準

「英国人が控えめな表現を使う理由の 1 つは，…ということである」

A.「この国では控えめな性格が好感を持たれる」

B.「物事を誇示するのを避けたいと思っている」

C.「他人とのいざこざに関わりたくない」

英国人が控えめ表現を使う理由は，第 3 段第 1 文（The reasons for …）の後半で「真面目さやしゃべりまくることや自慢することを厳に禁じているために」と説明されている。この内容に最も近いのはBである。

(3)　正解は A ——————————————————————————————————— 標準

「The reasons for で始まる第 3 段で，筆者は，控えめ表現は誰かが…のに役立つと主張している」

A.「与えられた状況に過剰に反応することを防ぐ」

B.「人が言っていることの隠された意味を明らかにする」

C.「不愉快な体験をより楽しい感じにする」

同段第 2 文（Rather than risk …）にあるように，英国人は「不作法な感情や過度な熱意の兆候を少しでも見せる危険をおかすよりも，反対に平静を装う」のである。つまり，過剰な反応を避けようという意識が，彼らに控えめな表現をさせるのである。これに合致しているのはAである。

(4)　正解は C ——————————————————————————————————— 標準

「This is で始まる第 5 段で，筆者は…と主張している」

A.「控えめ表現は，最初感じられるほどにはユーモラスでない」

B.「控えめ表現を用いる人たちは，そのおかしみをほとんど理解できないことが多い」

C.「控えめ表現の魅力は，含まれているユーモアが乏しい点である」

同段第 4 文（At best, …）で，「せいぜい，タイミングの良い巧みな表現の控え

めな物言いがわずかな笑いを引き起こす程度である」と述べられているように，控えめ表現は大笑いするほどのユーモアを含んでいないのが特徴である。この趣旨に最も近いのはCである。

(5)　正解は A ────────────────────────── やや易

「Even those foreigners で始まる第6段は，外国人が…ということを示唆している」

A．「英国式の控えめ表現を再現するのは難しいと考えている」

B．「結局は英国式の控えめ表現を何とかマスターできるかもしれない」

C．「英国式の控えめ表現を使うことをあきらめている」

同段第1文参照。「それ（控えめ表現）を自分で使うとなると，やはりかなりの困難を経験する」とある。つまり，外国人が英国人のように控えめ表現を使うのは難しいと述べているのである。この趣旨に合致しているのはAである。BはAと逆の内容なので不適。Cは「あきらめている」が言い過ぎであり不適。

(6)　正解は A ────────────────────────── 標準

「この文章によると，サハラ砂漠を訪れた英国人が言うかもしれないことは…である」

A．「私の好みとしては，この場所はちょっと暖かすぎるかな」

B．「こんな暑い所を訪れたのはこれが初めてだ」

C．「自分がどれだけ暑さに強いか，誇りに思っています」

筆者の主張によれば，英国人なら控えめな表現を用いるはずである。世界最大の砂漠に対して控えめな言い方をしているのはAだけであり，これが正解。Bは過剰な表現であり，Cは自慢になっているのでどちらも不適。

(7)　正解は B ────────────────────────── 標準

「この文章に対する最適な表題は…である」

A．「『英語の中の暗黙のユーモア』」

B．「『英国式の控えめ表現を理解すること』」

C．「『英国式のパロディが持つ控えめなユーモア』」

何度も出てきていることからもわかる通り，この文のテーマは understatement「控えめ表現」である。ただし，本文では，控えめ表現の例を紹介するだけではなく，その理由や特性についての説明を加えることにより理解を促している。この趣旨に最も合致する表題はBである。

A．(1)—B　(2)—C　(3)—A　(4)—C　(5)—C　(6)—A　(7)—C　(8)—B
　　(9)—B　(10)—A
B．(1)—C　(2)—B　(3)—A　(4)—C　(5)—A　(6)—A　(7)—B

33

目標解答時間　30 分

A．次の英文の下線部①〜⑩について，後の設問に対する答えとして最も適当なものをそれぞれ A 〜 C から一つずつ選び，その記号をマークしなさい。

A recent survey concluded that the average British person will say *sorry* more than 1.9 million times in his or her lifetime. <u>This may strike</u> <u>some as a conservative estimate.</u>① From this, one could deduce that the British are especially polite. This might be true if *sorry* were always, or even usually, a straightforward apology. It is not. The reason they say it so much is that the word, in their English, is so very <u>versatile.</u>② 5

Here are just a few of the many moods and meanings these two syllables can convey: "Sorry!" (I stepped on your foot.) "Sorry." (You stepped on my foot.) "Sorry?" (I didn't catch what you just said.) "I'm sorry, but...." (Actually, I'm not at all.) "Sorry...." (I can't help you.) 10

It is all in the tone, of course, and this is where <u>*sorry* becomes</u> <u>permanently lost in translation.</u>③ An American friend will never forget when she finally figured out that *sorry* can be a useful device in Britain's hierarchical social system—a form of dismissal. When she was a college student in England and people gave her an apology that was not sincere, 15 but meant to dismiss her, she would respond earnestly, "Oh, no, it's OK! Don't worry!" Why wouldn't she? There are times when <u>"ignorance is</u> <u>bliss."</u>④

The British have a reputation for being passive-aggressive, which means they seem not to be saying what they mean—at least, not with 20 words. In British culture, an inoffensive word like *sorry* takes on shades of meaning that someone from outside will not be able to discern with any degree of sophistication, especially if he or she is from a culture that is

more comfortable with confrontation, or one that allows a wider range of
25　small talk among strangers. The British use *sorry* to protest, to ask you to
repeat yourself, to soothe, and to <u>smooth over</u> social awkwardness as much
⑤
as—if not more than—they use it to apologize. But most of the time, their
object is politeness of a particularly British kind: namely, politeness as
refusal.

30　　British courtesy often takes the form of what sociolinguists Penelope
Brown and Stephen C. Levinson have called "negative politeness"—which
depends on keeping a respectful distance from others and not imposing on
them. Its opposite, "positive politeness," is inclusive and assumes others'
desire for our approval.

35　　<u>Only the Japanese—masters of negative politeness—have anything</u>
⑥
<u>even approaching the British *sorry* reflex.</u> No wonder visiting Americans
are so often caught off guard, and so often feel they have been the objects of
passive aggression or dismissal instead of politeness. <u>Their misunderstanding</u>
⑦
<u>of what constitutes politeness in Britain</u> is not surprising, since Americans
40　embody positive politeness.

　　When Americans say *sorry*, they mostly mean it. But, <u>at least to</u>
⑧
<u>British ears, they do not necessarily mean anything else they say.</u> Americans
repeat seemingly empty phrases like "Have a nice day!" They also give and
receive compliments easily, even among strangers. The British consider this
45　behavior highly suspect. Hence, the American reputation for insincerity.

　　The English novelist Patricia Finney has said that she loves Americans
because "it doesn't matter whether people actually respect me or not, so
long as they treat me with courtesy and respect.... I really don't mind if
nice American check-out guys at the supermarket tell me to have a nice day
50　while really thinking, 'hope you have a terrible day, you annoying person,'
so long as I don't know about it. I think sincerity is over-valued in any
case." Americans do not. Americans <u>prize</u> sincerity above most qualities.
⑨
An American friend of Finney's accordingly defended the practice, saying

Americans "do respect people. They're not faking it."

Americans are sociable and approval-seeking. They look for common 55
ground with others and genuinely want to connect. This often takes the
form of compliments—especially to complete strangers. This is because
American society's fluidity can lead to insecurity. Your place in the
⑩
hierarchy is based not on who you *are*, but what you *do* (and how much
money you *make*). Therefore, Americans incessantly seek reassurance that 60
they are doing all right. But the marvelous thing is that they also seek to
give reassurance. That may be the quality that Finney was responding to.

In British culture, you are assumed to be secure in your place, to know
where you stand. But in real life, who does? Practically no one. *Sorry* and
American compliments serve similar social purposes. When there is 65
nothing to say, we can avoid social awkwardness and either redirect (in the
UK) or connect (in the US)—all in the name of politeness. *Sorry*
simultaneously avoids confrontation and, when used sincerely, allows
people to show how lovely they are, *really*, despite their minor faults.
American compliments allow for a little personal connection, and reinforce 70
your belonging on a level that is comfortable—at least if you are American.

(1)　What does Underline ① actually mean?

   A．Some conservative people may be surprised at this estimate.

   B．Some people may think that the British say *sorry* too often.

   C．Some people may consider this figure moderate.

(2)　Which of the following has a meaning closest to Underline ②?

   A．flexible

   B．frequent

   C．ordinary

(3)　What does Underline ③ actually mean?

出典追記：That's Not English: Britishisms, Americanisms, and What Our English Says About Us by Erin Moore, Gotham Books

A．We are often at a loss when we attempt to translate *sorry* into other languages.

B．A non-British person cannot fully grasp what *sorry* really means in a British context.

C．A foreigner who misunderstands what *sorry* means in Britain will get lost easily.

(4)　What does Underline ④ imply?

A．The more unknowledgeable you are, the more use it is to study.

B．The recognition of human ignorance is essential.

C．What you are unaware of cannot hurt you.

(5)　Which of the following has a meaning closest to Underline ⑤?

A．ease

B．flatten

C．delete

(6)　What does Underline ⑥ actually mean?

A．The Japanese and the British are equally negative about the use of polite expressions like *sorry*.

B．Apart from the British, only the Japanese use their equivalent of *sorry* in a similarly wide range of ways.

C．Thanks to the richness of their language, the Japanese can perfectly translate most of the meanings *sorry* implies.

(7)　What does Underline ⑦ actually mean?

A．American people's incorrect idea of British politeness

B．British people's incorrect idea of American politeness

C．British people's incorrect idea of their own politeness

(8)　What does Underline ⑧ imply?

 A．British people often don't trust what their fellow citizens say.

 B．Americans rarely understand what the British mean.

 C．The British consider that Americans generally speak insincerely.

(9)　Which of the following has a meaning closest to Underline ⑨?

 A．award

 B．value

 C．demand

(10)　What does Underline ⑩ actually mean?

 A．Many Americans may feel uncertain due to the way their society is constantly changing.

 B．American society has so much freedom that Americans can do whatever they want.

 C．The United States has security issues related to the supply of liquids that keep society going.

B．本文の内容に照らして最も適当なものをそれぞれA～Cから一つずつ選び，その記号をマークしなさい。

(1)　In the first paragraph, the author suggests that

 A．the British are actually not so polite.

 B．in general terms, the British are very polite.

 C．when the British say *sorry*, they usually mean it.

(2)　Based on paragraphs two and five, which of the following can be a good example for negative politeness?

 A．"Sorry!" (I stepped on your foot.)

 B．"Sorry." (You stepped on my foot.)

Ｃ．"Sorry?" (I didn't catch what you just said.)

(3) The British have a reputation for being passive-aggressive because

Ａ．they are very comfortable with confrontation.

Ｂ．English has a lot of inoffensive words like *sorry*.

Ｃ．they often say *sorry* to a stranger to avoid further contact.

(4) The English novelist Patricia Finney has said that she loves Americans because

Ａ．they actually respect her.

Ｂ．they treat her well.

Ｃ．they are easy to understand.

(5) According to paragraph nine, starting with "Americans are sociable," social status in the United States is based on

Ａ．your level of flexibility toward others.

Ｂ．what kind of person you are.

Ｃ．your role in society.

(6) According to the author, both the British *sorry* and American compliments can

Ａ．save you from embarrassment.

Ｂ．allow for a little personal connection.

Ｃ．prevent confrontation.

(7) The most appropriate title for this passage is

Ａ．"What in the World Is Negative Politeness?"

Ｂ．"British, American, and Japanese Ways of Using *Sorry*."

Ｃ．"*Sorry* Means a Lot More Than You Might Think!"

全訳

≪sorry には思っている以上にたくさんの意味がある！≫

　最近の調査の結論によると，平均的なイギリス人は一生のうちに 190 万回以上 sorry（＝すみません）と言うそうである。これを控えめな見積もりであると受け止める人もいるかもしれない。このことから，イギリス人は著しく礼儀正しいという結論に達することができるだろう。もし sorry という語が常に，あるいはたいていであっても，率直な謝罪なのであれば，これは正しいかもしれない。だが，実際にはそうではない。彼らがその言葉をそんなにも多く使うのは，その言葉が彼らの英語においては，あまりにも用途が広いからである。

　この 2 つの音節が伝えられる数多くの気持ちや意味のうちのほんのいくつかが，以下のようなものである。「すみません！」（あなたの足を踏んだ）「すみません」（あなたに足を踏まれた）「すみません？」（あなたが言ったことがわからなかった）「すみませんが…」（実はすみませんとは全く思っていない）「すみません…」（お手伝いできない）

　もちろん，これはすべて言い方次第だが，これこそが sorry という語が解釈しようとすると永遠に迷子になってしまう点である。あるアメリカ人の友人は，sorry という語がイギリスの階級社会制で有用な装置——却下の一形態——になり得るとついに理解した時のことを，決して忘れないだろう。彼女がイギリスの大学に在籍中で，誠実な謝罪ではなく彼女を退けようと意図している謝罪をされた時でも，彼女は真剣に返事をしたものだ。「いえいえ，大丈夫です！　心配しないで！」 彼女がそうしたことは当然だった。「知らないことが無上の幸福」（＝知らぬが仏）である場合もあるのだ。

　イギリス人は受動攻撃的であるという評判だが，これは彼らが本当に思っていることを言っていない——少なくとも言葉では——ようだという意味である。イギリス文化では，sorry のような当たり障りのない言葉は，よそ者がいかなる程度の教養をもってしても気づくことのできないニュアンスを帯びる。特に，そのよそ者が，対立することを心地よしとする文化，あるいは見知らぬ人たちとのちょっとしたおしゃべりを広範囲でできるような文化の出身者であれば，なおさらである。イギリス人が sorry という語を使う目的が，抗議するためであったり，言ったことを繰り返してもらうためであったり，なだめるためであったり，社交上の間の悪さを和らげるためであったりする場合は，謝罪のためである場合と——上回ることはないとしても——同じくらい多い。しかしほとんどいつでも，彼らの目的はとりわけイギリス的な礼儀正しさだ。つまり，拒絶としての礼儀正しさなのである。

　イギリス人の礼儀正しさは，社会言語学者のペネロピ＝ブラウンとスティーブン＝C. レビンソンが「消極的礼儀正しさ」——それは他人に敬意を表して距離をとること，そして他人に無理強いしないことであると考えてよい——と呼んできたものの形をとることが多い。その正反対である「積極的礼儀正しさ」は包括的であり，他人が私たちの承認を望んでいるということを前提としている。

　このイギリス的な sorry の発達形に近いものを持っているのは，日本人——消極的礼儀正しさの名人——だけである。イギリスに来ているアメリカ人がしばしば不意をつかれて，自分が礼儀正しさではなく受動攻撃か却下の対象になっていると感

じることが非常に多いのも，もっともなことである。イギリスでの礼儀正しさが何
で構成されているのかを彼らが誤解してしまうのは当然のことである。アメリカ人
は積極的礼儀正しさを体現するからである。

　アメリカ人が sorry と言う時，ほとんどの場合彼らは本当にそう思っている。し
かし，少なくともイギリス人の耳には，彼らが何か他のことを言っても，必ずしも
本当にそう思っているとは聞こえないのである。アメリカ人は「よい一日を！」の
ような，うわべは無意味な表現を繰り返す。彼らはまた，よく知らない人たちとも，
褒め言葉を気軽にやりとりする。イギリス人はこの振る舞いを非常に疑わしいと考
える。それゆえに，アメリカ人は不誠実であるという評判が立つのである。

　イギリス人小説家のパトリシア＝フィニーは，自分は以下の理由でアメリカ人が
大好きであると述べている。「礼儀正しく敬意をもって接してくれさえすれば，そ
の人が実際に私のことを尊敬しているかどうかはどうでもいいことです。スーパー
で素敵なアメリカ人のレジ係が，本当は『ひどい一日を過ごしてほしいものだ，い
やな奴め』と思っているのによい一日をと言ったとしても，私自身がそれを知らな
いのであれば全然気になりません。誠実さというのはどんな場合においても過大評
価されるものです」　アメリカ人はそうではない。アメリカ人はほとんどの長所よ
りも誠実さを重んじる。だから，フィニーのアメリカ人の友人は，アメリカ人は
「本当に人を尊敬している。ふりをしているわけではない」と言って，その習慣を
支持するのである。

　アメリカ人はとても交際上手で，褒められたがりである。彼らは他人との共通点
を探し，親しくなることを心から望んでいる。これは，──特に全く見知らぬ人に
対して──褒め言葉の形をとることが多い。アメリカ社会の流動性が不安定につな
がるかもしれないからである。階層制度の中でのあなたの場所は，あなたが誰であ
るかに基づいているのではなく，あなたがどんな職業であるか（そしていくら稼い
でいるか）に基づいている。したがって，アメリカ人は絶えず，自分は万事うまく
やっているのだという安心を求めている。しかし，驚くべきことに，彼らは安心を
与えたいとも望んでいるのだ。それはフィニーが答えていた長所かもしれない。

　イギリス文化では，人は自分の場所にしっかりと存在し，自分が立っている場所
がわかっているとみなされる。しかし実生活の中で，そんな人間がいるだろうか？
実際には誰もいないだろう。sorry とアメリカ人の褒め言葉は，同様の社会的目的
を果たしている。何も言うべきことがない時には，私たちは対人的な間の悪さを避
けて，──すべては礼儀正しさという名目で──（イギリス風に）再び話しかける
か，（アメリカ風に）親しくなるかを選ぶことができる。sorry は対立を避けてい
ると同時に，誠実な使い方をすれば，小さな欠点があるにもかかわらず，自分がど
れほど愛すべき人間であるか，そしてそれが嘘ではないということを示すことがで
きるのである。アメリカ人の褒め言葉は，人間的につながる余地を少し残しており，
あなたが心地よいレベルに属していることをより強固にしてくれる──少なくとも
あなたがアメリカ人である場合には。

●語句・構文……………………………………………………………………………

☐ *l.* 3　deduce「〜を推論する」

☐ *l.* 5　straightforward「正直な，率直な」

☐ *l.*14　dismissal「却下，退けること」

☐ *l.*19　passive-aggressive「受動攻撃的な」

☐ *l.*22　discern「〜に気づく」

☐ *l.*24　one は代名詞で a culture を指す。

☐ *l.*26　soothe「〜をなだめる，落ち着かせる」

☐ *l.*30　sociolinguist「社会言語学者」

☐ *l.*37　be caught off guard「不意をつかれる」

解　説

　sorry という言葉に象徴されるイギリス人気質を論じたやや固い内容の英文。Aは本文中の下線部の意味を問うものが中心である。語彙の知識だけで対応できるものは少なく，正確な内容理解が求められる。Bは本文の内容に合う英文を完成させるものが中心である。段落ごとに説明を求める形式だが，筆者の意図や表題についての設問もある。難度は標準レベル。読解スピードが要求される。

A．下線部についての設問　　推定配点　40点（各4点）

(1)　**正解は C**　　　　　　　　　　　　　　　　　　　　　　　　　　標準

　　「下線部①は実際にはどのような意味か」

　A．「この見積もりに驚く保守的な人もいるかもしれない」

　B．「イギリス人は sorry と言い過ぎると思う人もいるかもしれない」

　C．「この数字は控えめであると考える人もいるかもしれない」

　　下線部①の意味は「これを控えめな見積もりであると受け止める人もいるかもしれない」となる。つまり，一生のうちに sorry と言うことが190万回以上ある，というのは決して大げさな数字ではないということを表している。この趣旨に最も近いのはCである。

(2)　**正解は A**　　　　　　　　　　　　　　　　　　　　　　　　　　標準

　　「以下のうち，下線部②の意味に最も近いのはどれか」

　A．「融通のきく」

　B．「常習的な」

　C．「通常の」

　　versatile は「（道具などが）用途の広い，何にでも使える」という意味である。この語の意味を知らない場合でも，第2段（Here are just …）で sorry が実に様々な状況で用いられていると説明されている点から，Aが正解であると推測できる。

(3)　**正解は B** ━━━━━━━━━━━━━━━━━━━━━━━━━━━ 標準

「下線部③は実際にはどのような意味か」

A.「sorry という語を他の言語に翻訳しようとすると，私たちはしばしば途方に
　暮れてしまう」

B.「イギリス人以外の人は，イギリス人の文脈の中で sorry が実際にどういう意
　味であるかを完全に理解することはできない」

C.「イギリスで sorry が何を意味するかを誤解する外国人は，容易に途方に暮れ
　るだろう」

　下線部③を訳すと「sorry という語が解釈の中で永遠に迷子になってしまう」と
なるが，これは比喩的な言い方である。直後の文（An American friend …）以下
で，あるアメリカ人の例を挙げて，sorry という語が持つ様々な意味は外国人には
理解しがたいのだと説明されている。この趣旨に最も近いのはBである。

(4)　**正解は C** ━━━━━━━━━━━━━━━━━━━━━━━━━━━ やや難

「下線部④は何を示唆しているか」

A.「理解力がなければないほど，勉強することがますます有効である」

B.「人間の無知を認めることが欠かせない」

C.「気づいていなければ傷つくことはあり得ない」

　下線部④を訳すと「無知は無上の幸福である」となる。これは，sorry という語
が却下，つまり相手に関わりたくないという気持ちを表すことがあるのだと知らな
ければ，自分が排除されていると気づいていやな気持ちになることもないという状
況を説明している表現である。これの示唆として最も適切なのはCである。

(5)　**正解は A** ━━━━━━━━━━━━━━━━━━━━━━━━━━━ やや易

「以下のうち，下線部⑤の意味に最も近いのはどれか」

A.「～を和らげる」

B.「～を平らにする」

C.「～を削除する」

　当該箇所の意味は「社交上の間の悪さを…する」となる。会話の中で sorry とい
う語を使う効用について述べている部分なので，最も近い意味を持つ表現はAであ
る。

(6)　**正解は B** ━━━━━━━━━━━━━━━━━━━━━━━━━━━ 標準

「下線部⑥は実際にはどのような意味か」

A.「日本人とイギリス人は，sorry のような丁寧な表現の使用に関して同じくら
　い否定的である」

B.「イギリス人を除けば，sorry に相当する語を同じように広範囲な使い方をす
　るのは日本人だけである」

C.「言語が豊かなおかげで，日本人は sorry が示唆する意味の大部分を完璧に翻

訳することができる」

　　下線部の文の意味は「このイギリス的な sorry の発達形に近いものを持っているのは，日本人——消極的礼儀正しさの名人——だけである」となる。つまり，日本語の中にも，英語の sorry に匹敵するような多様な意味を持つ語があると指摘しているのである。この趣旨に合致しているのはBである。

(7)　**正解は A** ——————————————————————————　標準

　　「下線部⑦は実際にはどのような意味か」

　　A．「アメリカ人がイギリス人の礼儀正しさに対して持っている，間違った考え」

　　B．「イギリス人がアメリカ人の礼儀正しさに対して持っている，間違った考え」

　　C．「イギリス人が自分たち自身の礼儀正しさに対して持っている，間違った考え」

　　下線部の意味は「イギリスでの礼儀正しさが何で構成されているのかを，彼ら（＝アメリカ人）が誤解すること」となる。つまり，misunderstand の主語がアメリカ人なのだと気づけば，その趣旨で述べられているのはAだけであるとわかる。

(8)　**正解は C** ——————————————————————————　標準

　　「下線部⑧は何を示唆しているか」

　　A．「イギリス人は，同胞国民が言っていることを信用しないことが多い」

　　B．「イギリス人が本当に思っていることを，アメリカ人が理解できることはめったにない」

　　C．「イギリス人は，アメリカ人がたいていは不誠実な言い方をすると考えている」

　　下線部には「イギリス人の耳には」という表現が含まれているので，「アメリカ人の言葉をイギリス人がどう思うか」について説明されているのだと考えられる。同段最終文（Hence, the American …）でまとめられているように，「イギリス人はアメリカ人を不誠実だと評価する」がこの段落の趣旨であると考えられるので，これに最も近いのはCである。

(9)　**正解は B** ——————————————————————————　やや易

　　「以下のうち，下線部⑨の意味に最も近いのはどれか」

　　A．「～を授与する」

　　B．「（～より高く）評価する」

　　C．「～を要求する」

　　当該文は「アメリカ人はほとんどの長所よりも誠実さを…」という意味になる。この文脈において矛盾のない選択肢はBである。下線部の prize は，動詞の場合は「～を（…よりも）高く評価する」という意味になるので覚えておきたい。

(10)　**正解は A** ——————————————————————————　やや難

　　「下線部⑩は実際にはどのような意味か」

　　A．「多くのアメリカ人は，自分たちの社会の絶え間ない変化の仕方のせいで不安定さを感じるかもしれない」

B.「アメリカの社会は非常に自由なので，アメリカ人はしたいことを何でもできる」

C.「アメリカ合衆国には，社会を動かし続ける液体の供給に関連する安全問題がある」

下線部の意味は「アメリカの社会の流動性が不安定につながるかもしれない」となる。これは「アメリカの社会が絶えず変化していることにはマイナス要因もある」という意味である。この趣旨に合致しているのはAである。

B．内容説明　　推定配点　28点（各4点）

(1)　正解は A ——————————————————————————— 標準

「第1段において，筆者は…と主張している」

A.「イギリス人は実はそれほど礼儀正しくない」

B.「概して言えば，イギリス人は非常に礼儀正しい」

C.「イギリス人がsorryと言う時には，たいてい心からそう思っている」

第1段の内容をまとめると，「イギリス人はsorryという語を頻繁に用いるが，実はそのすべてが謝罪を表しているわけではない」となる。つまり，イギリス人はsorryの使用数に匹敵するほど礼儀正しいのではないと言いたいのである。これに合致しているのはAである。BとCは表現こそ異なるが，どちらもイギリス人を「sorryという言葉で頻繁に謝罪する礼儀正しい国民」と説明しているので，同じ趣旨の選択肢であり，正解とはなり得ない。

(2)　正解は B ——————————————————————————— 標準

「第2段および第5段に関して，消極的礼儀正しさの好例であるのは次のどれか」

A.「『すみません！』（私があなたの足を踏んだ）」

B.「『すみません』（あなたが私の足を踏んだ）」

C.「『すみません？』（あなたが今言ったことがわからなかった）」

第5段第1文（British courtesy often …）で説明されているように，消極的礼儀正しさは「他人に敬意を表して距離をとり，無理強いしない」というものである。Bの場合，本来なら謝るべきは相手の人間であり，自分がsorryと言う必要はないのだが，相手に敬意を表することによってこのような表現になるのである。したがってBが正解。AとCはどちらも自分の側に非がある場合の謝罪表現であって，消極的礼儀正しさを表しているとは言えない。

(3)　正解は C ——————————————————————————— 標準

「イギリス人が受動攻撃的であるという評価をされているのは，…からである」

A.「彼らが人との対面を非常に心地よく感じる」

B.「英語にはsorryのような当たり障りのない単語がたくさんある」

C.「彼らは知らない人に対して，これ以上の接触を避けるためにしばしばsorry

と言う」

　イギリス人が受動攻撃的であると評価されていると述べられているのは第 4 段（The British have …）である。受動攻撃的とは，直接的な拒絶・拒否の言葉を使わないで，礼儀正しく聞こえる言葉，sorry を用いることを意味している。また，第 2 文（In British culture, …）では，対面に心地よさを感じていたり，見知らぬ人とでもちょっとした会話をしたりする「よそ者」（非イギリス文化圏出身者）は，イギリス人の微妙なニュアンスを持つ sorry には気づけないとあり，これらに照らして矛盾のない選択肢はCである。Aは第 2 文にあるように，イギリス人の性質を述べたものではないので不適。また，第 2 文で sorry が当たり障りのない言葉であると述べられているが，そのような言葉がたくさんあるとは述べられていないのでBも不適。

(4)　正解は B ──────────────────────── 標準

　「イギリス人小説家パトリシア＝フィニーは，自分がアメリカ人を大好きなのは…からであると述べている」

　A．「彼らが実は自分のことを敬ってくれている」

　B．「彼らが自分のことをちゃんと扱ってくれる」

　C．「彼らが理解しやすい」

　第 8 段（The English novelist …）参照。第 1 文後半の because 以下がその理由である。「礼儀正しく敬意をもって扱ってくれさえすれば，その人が実際に私のことを尊敬しているかどうかはどうでもいい」とあるので，「扱い」を重視しているのだとわかる。これに合致しているのはBである。Aについては「どうでもいい（it doesn't matter …）」と述べられているので不適。Cについてはここでは記述がないので不適。

(5)　正解は C ──────────────────────── 標準

　「Americans are sociable で始まる第 9 段によると，アメリカにおける社会的立場は…に基づいている」

　A．「他人に対する融通のレベル」

　B．「どんな種類の人物であるか」

　C．「社会での役割」

　同段第 5 文（Your place in …）参照。「階層制度の中でのあなたの場所は，あなたが誰であるかに基づいているのではなく，あなたがどんな職業であるか（そしていくら稼いでいるか）に基づいている」とある。言い換えれば，「B（どんな種類の人物であるか）に基づいているのではなく，C（社会での役割）に基づいている」となる。よってCが正解。Aについては記述がないので不適。

(6)　正解は A ──────────────────────── 標準

　「筆者によると，イギリス人の sorry もアメリカ人の褒め言葉も…ことができる」

A.「あなたを気まずさから救う」

B.「少し個人的な接触を許す」

C.「人との対立を防ぐ」

　最終段第4文（*Sorry* and American …）で，両者は「同様の社会的目的を果たしている」とあり，続く第5文（When there is …）でその目的が「対人的な間の悪さを避ける」ことであると説明されている。これに合致するのはAであり，本文中の awkwardness が選択肢では embarrassment に言い換えられている。問題の趣旨はイギリス人の sorry とアメリカ人の褒め言葉の両方に共通しているものを選ぶということだが，同段最終文よりBはアメリカ人の褒め言葉の働き，その前文よりCはイギリス人の sorry の働きであると考えられるので不適。

⑺　**正解は C** ──────────────────────────── 標準

　「この文の最適な表題は…である」

A.「『消極的礼儀正しさとは一体どういうものか』」

B.「『イギリス人，アメリカ人，日本人の sorry の使い方』」

C.「『sorry には思っている以上にたくさんの意味がある！』」

　本文で一貫して述べられているのは，イギリス人が使う sorry の意味の多様さ，そしてその土壌を作り出したイギリス人の気質である。この趣旨を端的に表している表題はCである。消極的礼儀正しさについても述べられているが，これが本文の主題であるとは言えないのでAは不適。アメリカ人と日本人の使い方については述べられていないのでBも不適。

A.　⑴—C　⑵—A　⑶—B　⑷—C　⑸—A　⑹—B　⑺—A　⑻—C
　　⑼—B　⑽—A
B.　⑴—A　⑵—B　⑶—C　⑷—B　⑸—C　⑹—A　⑺—C

34

目標解答時間　30 分

A．次の英文の下線部①～⑩について，後の設問に対する答えとして最も適当なものをそれぞれ A ～ C から一つずつ選び，その記号をマークしなさい。

　　I am so frustrated. Parked outside the hospital doors is a minibus with its engine running. The driver is playing with his mobile phone. The exhaust gas smoke is blowing into the hospital entrance. I step up to his window and ask him to turn his engine off. He does so, but seems irritated. Then I notice he is wearing a hospital uniform. I walk through the hospital entrance down a hallway and into the cancer department. I look around the huge waiting room and wonder how many of the people sitting here might be ill as a result of air pollution. I think of people in other departments: children with breathing problems, patients being treated for traffic injuries, or people suffering from the effects of <u>a lifetime of inactivity</u>① because they have always driven everywhere. And I am <u>struck</u>② by the amazing variety of ways in which cars have damaged our lives.

　　Let's stop being so dependent on our cars and recognize that this 19th-century technology is now doing more harm than good. Let's set a target to cut the use of cars by 90% over the next decade. Yes, the car is still useful and for a few people it is essential. <u>It would make a good servant, but it</u>③ <u>has become our master</u>, and it ruins everything it touches. It now presents us with a series of <u>emergencies that demand an urgent response</u>④.

　　One of these emergencies is familiar to every hospital. <u>Pollution now</u>⑤ <u>kills three times as many people worldwide as AIDS, tuberculosis, and malaria combined.</u> At the start of this century, the media told us that government money would be better spent on preventing <u>communicable</u>⑥ <u>diseases</u> than on preventing climate change. However, it now seems that

5

10

15

20

reducing our use of oil would probably have been a better choice for
25　maintaining our health. Burning fossil fuels such as coal or oil, according
to a recent study, is now "the world's greatest threat to children's health."

Some industries have greatly reduced how much they pollute. But
pollution from transportation in the UK has only declined 2% since 1990.
The government is legally required to cut air pollution by 80% by 2050,
30　though even this, the science now tells us, is totally inadequate.
　　　　　　⑦
Transportation, mostly because of our obsession with the private car, is now
the major factor driving us towards climate breakdown in this and many
other nations.

Cars cause another problem as well. The number of people killed on
35　the roads was falling steadily in the UK until 2010, at which point the
decline suddenly ended. Why? Because, while fewer drivers and
passengers are dying, the number of pedestrians killed has risen by 11%.
There seem to be two reasons: drivers using their mobile phones, and a
switch from ordinary cars to larger vans and SUVs (sports-utility vehicles).
40　As these kinds of cars are higher and heavier, they are more likely to kill
the people they hit. Driving an SUV in an urban area puts people in danger.

There are also less obvious effects. Traffic keeps people from going out
and talking to their neighbors, as the noise, danger, and pollution in busy
streets make people stay indoors. The places in which children could play
45　and adults could sit and talk are reserved instead for parking. Engine
noise, a great but little-known cause of stress and illness, fills our lives.
Driving down a road also creates stress. As we try to protect our space, we
swear and shake our fists at other drivers, pedestrians, and cyclists. Cars
change us, making us feel threatened and competitive, cutting us off from
50　each other.

Using electric cars instead can solve some of these problems, but not
all. Already, beautiful places are being destroyed as car makers seek special
materials for their electric cars. For example, the mining of lithium, a very
　　　　　　　　　　　　　　　　　　　　　　　　　　⑧

light metal used in batteries, is now poisoning rivers from Tibet to Bolivia. These cars do not use gasoline, but they still require a huge amount of energy and space. They still need tires, whose manufacture and disposal does a lot of damage to the environment. {55}

The government is not helping us limit our use of cars. It spends large amounts of tax money to build new highways for estimated future traffic, and then people buy more cars to use those roads. Streets are designed to {60} improve the flow of traffic and as a result, <u>pedestrians and cyclists are</u> _⑨ <u>squeezed into narrow and often dangerous spaces.</u>

Transportation should be planned, but with different aims: to make our lives better while keeping us safe. This means a complete switch to using electric trains and buses, safe and separate bike lanes, and wide spaces for {65} people to walk, while slowly getting rid of the conditions that allow cars to dominate our lives. In some places, and for some purposes, using cars is unavoidable. But in many European cities, such as Amsterdam and Copenhagen, cars are not needed at all.

In this age of many emergencies—climate change, pollution, and less {70} communication between people—we should remember that <u>technologies</u> _⑩ exist to serve us, not to control us. It is time to drive the car out of our lives.

From Cars are killing us. Within 10 years, we must phase them out, The Guardian on March 7, 2019 by George Monbiot, Guardian News & Media Ltd.
Copyright Guardian News & Media Ltd 2020

(1) Which of the following has a meaning closest to Underline ①?

A. an insufficient amount of physical exercise throughout life

B. less involvement in community activities all through life

C. an inability to walk without medical assistance since birth

(2) Which of the following has a meaning closest to Underline ②?

A. beaten

B. pressed

C．surprised

(3)　Which of the following has a meaning closest to Underline ③?

A．The car is supposed to follow our orders, but it is costly to maintain it.

B．The car could serve us well, but it has taken control over us.

C．Where the car is essential, the people are constantly under its pressure.

(4)　Which of the following has a meaning closest to Underline ④?

A．incidents which have serious consequences

B．matters which demand our constant attention

C．problems which we must address immediately

(5)　Which of the following has a meaning closest to Underline ⑤?

A．The number of deaths caused by AIDS, tuberculosis, and malaria is one third of the number of deaths caused by pollution.

B．Three times more people die from AIDS, tuberculosis, and malaria than from all the negative effects of pollution.

C．Deaths caused by pollution have tripled, while AIDS, tuberculosis, and malarial deaths have not.

(6)　What does Underline ⑥ actually mean?

A．diseases causing communication disorders in patients

B．diseases which can be passed from one person to another

C．diseases caused by difficulties in breathing

(7)　What does Underline ⑦ refer to?

A．reducing air pollution by 80% in 30 years

B．the government of the United Kingdom

C．2% reduction of pollution in the last 30 years

(8)　What is Underline ⑧ an example of?

　　A．special materials

　　B．car makers

　　C．beautiful places

(9)　What does Underline ⑨ imply?

　　A．Pedestrians and cyclists are pushed away from narrow and dangerous spaces.

　　B．Pedestrians and cyclists have no choice but use narrow and dangerous spaces.

　　C．Pedestrians and cyclists prefer to use narrow and dangerous spaces if they can.

(10)　Which of the following has a meaning closest to Underline ⑩?

　　A．transport technology

　　B．electric car technology

　　C．technology in general

B．本文の内容に照らして最も適当なものをそれぞれA～Cから一つずつ選び，その記号をマークしなさい。

(1)　For what purpose does the author include the first four lines of the first paragraph?

　　A．to present a specific case describing how mobile phones can harm people

　　B．to show how frustrating it is to carry a patient from one emergency hospital to another

　　C．to describe an everyday incident as an example of the problem the passage discusses

(2)　The overall purpose of the fifth paragraph, starting with "Cars cause," is to explain

　　A．that more people were killed because drivers used their portable phones while driving.

　　B．how the size of recent cars is more likely to pose danger to pedestrians than the old cars did.

　　C．the recent increase in the death of pedestrians in car accidents.

(3)　The main point of the sixth paragraph, starting with "There are," is that

　　A．cars change the way we live in subtle and unnoticeable ways.

　　B．we can still give people space and opportunities to communicate.

　　C．buildings reduce exposure to harmful noises from car engines.

(4)　The author's main point of the seventh paragraph, starting with "Using electric," is that

　　A．we can relax because electric cars solve the problems related to gasoline-operated cars.

　　B．driving electric cars is just a partial answer to the problems caused by gasoline-operated cars.

　　C．electric cars are environmentally friendly and our government should encourage people to drive them.

(5)　The author points out that, because tax money is spent to keep developing traffic systems,

　　A．we can count on the government even if we want to drive less often.

　　B．the government's policies help non-drivers to move around safely.

　　C．we are encouraged to drive more even though we do not notice it.

(6)　The author would probably agree with the idea that

　　A．the current transportation system was built for us to have a slow-paced life.

B．transportation is a major cause of drastic weather change in the world.

C．our desire to drive our own cars results from how uncomfortable buses and trains are.

(7)　The intended purpose of the passage is to

A．persuade people to be free from using cars in their everyday lives.

B．promote the use of electric cars instead of gasoline-operated cars.

C．raise people's awareness about the harms caused by car exhaust.

全訳

≪自動車がもたらすさまざまな問題≫

　私はとてもいらいらしている。病院のドアの外に停まっているのは，エンジンをかけたままのミニバスである。運転手は携帯電話をいじっている。排気ガスが病院の玄関に吹き込んでくる。私は運転席の窓に近寄り，エンジンを切ってもらうように頼む。彼はそうするが，いらいらしている様子だ。そのとき私は，彼が病院の制服を着ていることに気づく。私は病院の玄関から廊下を通って，癌病棟に入る。私は広い待合室を見回し，ここに座っている人たちの何人が大気汚染の結果として病を抱えることになったのだろうかと思う。他の病棟にいる人たちのことを思う。呼吸障害を抱えている子どもたち，交通事故の負傷で治療を受けている患者たち，どこに行くにも常に車を運転してきたので生涯の運動不足の結果に苦しんでいる人たち。そして，車が私たちの人生に被害をもたらしている，驚くほどさまざまな方法に思い至ってはっとする。

　車にそんなに依存するのをやめて，この19世紀の技術が今は利益よりも害をもたらしていることを認識しよう。次の10年で車の使用を90パーセント減らすという目標を掲げよう。確かに車は今でも便利で，一部の人たちには不可欠なものだ。車は有能な召使にもなるだろうが，今では私たちの主人になっており，それが触れるものすべてを損なっている。現在，車は至急な対応を要求する一連の緊急事態を私たちに突きつけている。

　こうした緊急事態の一つは，どの病院でもおなじみのものだ。汚染は今や世界中で，エイズ，結核，マラリアを合わせた数の3倍の人々を殺している。今世紀の初め，メディアは私たちに，気候変動を防ぐよりも伝染病の予防に政府のお金を使うほうがよいと言っていた。しかし，今や石油の使用を減らすことのほうが，おそらく私たちの健康維持のためにはよりよい選択だったように思える。石炭や石油といった化石燃料を燃やすことは，最近の研究によると，「子どもたちの健康に対する世界最大の脅威」なのである。

　産業の中には，汚染量を大幅に減らしたところもある。しかし，英国における輸送機関の出す汚染は，1990年から2パーセントしか減っていない。政府は，2050年までに大気汚染を80パーセント減らすことを法的に求められているが，現在の科学が伝えるところによると，これでさえまったく不十分なのである。輸送機関は現在，主に私たちの自家用車へのこだわりのせいで，この国や他の多くの国で，私たちを気候崩壊へと追いやる大きな要因である。

　自動車は別の問題の原因にもなっている。路上で命を落とす人の数は，英国では2010年まで着実に減少していたが，そこで減少は突然止まった。なぜだろうか？亡くなるドライバーや同乗者の数は減っている一方，歩行者の死亡数が11パーセント増加したからだ。理由は2つあるように思われる。携帯電話を使用するドライバーと，通常の自動車からもっと大型のバンやSUV（スポーツ汎用車）への乗り換えである。こうした種類の車は，車高が高く重量が重いので，はねた人の命を奪う可能性がより高い。都市部でSUVに乗るのは人々を危険にさらすことになるのだ。

　それほど明らかではない影響もある。車の往来は，人々が外に出て近所の人たち

と話すのを邪魔する。交通量の多い通りの騒音，危険，汚染のせいで，人々は屋内にとどまっていることになるからだ。子どもたちが遊んだり，大人たちが座っておしゃべりしたりできるはずの場所は，その代わりに車を停めるのに充てられている。ストレスや病気の大きな原因だが，そうとはほとんど知られていないエンジン音は，私たちの暮らしにあふれている。道路を車で走っていくこともストレスを生む。私たちは自分の走行スペースを確保しようとして，他のドライバーや歩行者，自転車で通行する人たちに乱暴な口をきいたり，拳を振り上げたりする。車は，自分は脅かされているとか張り合っているとか感じさせたり，互いに切り離させたりして，私たちを変える。

　電気自動車を代わりに使うことで，こうした問題の一部を解決できるが，すべてではない。すでに，自動車メーカーが自社の電気自動車のための特別な素材を求めているので，数々の美しい場所が破壊されつつある。たとえば，バッテリーに使われる非常に軽い金属であるリチウムの採掘によって，現在，チベットからボリビアに至るまで，多くの河川を有害物質で汚染している。こうした車はガソリンを使いはしないが，それでも大量のエネルギーと空間を必要とする。それらにもまだタイヤが必要だが，タイヤの製造と廃棄は環境に多大な損害を与える。

　政府は，私たちが自動車の使用を制限する手助けをしてくれてはいない。政府は，将来の交通量を見積もって新しい幹線道路の建設に多額の税金を使っており，そうすると人々はこうした道路を使うのにもっと多くの車を買うことになる。通りは車の流れを改善するように設計されており，その結果として，歩行者や自転車運転者は，狭くてしばしば危険なスペースへと押し込まれている。

　交通機関は計画されるべきだが，異なる目的をもってそうすべきなのだ。つまり，私たちの安全を確保しながら私たちの生活をよりよくする，という目的である。これは，車が私たちの生活を支配するのを許してしまう条件を徐々に取り除きながら，電車や電動バスの利用，安全で自動車道と分離した自転車レーン，人々が歩くためのより広いスペースへの完全な切り換えを意味する。場所によっては，また目的によっては，自動車の利用は避けられない。しかし，アムステルダムやコペンハーゲンのようなヨーロッパの多くの都市では，自動車はまったく必要ではない。

　気候変動，汚染，そして人々のコミュニケーションの減少といった多くの緊急事態に見舞われているこの時代にあって，技術は私たちの役に立つために存在しているのであって，私たちを支配するために存在しているのではないということを覚えておくべきだ。私たちの暮らしから自動車を追い出してもよい時期だ。

●語句・構文……………………………………………………………………………………………

- □ *l.* 1　Parked … の文は倒置。主語は a minibus で，動詞は is parked である。
- □ *l.* 13　be dependent on ～「～に依存する」
- □ *l.* 13　this 19th-century technology は cars を指している。
- □ *l.* 19　be familiar to ～「～によく知られている」　be familiar with ～「～に精通している」と混同しないよう注意すること。

□ *l*. 32　drive「（人）を追いやる」

□ *l*. 34　as well「～もまた」

□ *l*. 35　at which は前置詞＋関係代名詞の形で，ここでは継続用法である。先行詞は 2010。

□ *l*. 44　make の主語は the noise, danger, and pollution in busy streets である。

□ *l*. 44　which 節が導いているのは children … talk の部分。

□ *l*. 51　not all の後は of these problems が省略されている。意味は部分否定で，「これら
　　　　　の問題のすべて（を解決できる）というわけではない」となる。

□ *l*. 56　disposal「処分」

解　説

　先進技術が人間に害を及ぼしている面があるという警告を，自動車を例に挙げて述
べている英文である。Ａの下線部についての設問は同意表現を問うものが多くみられ
る。本来の語彙ではなく，本文の前後の文脈から判断できるので，当該箇所の前後を
じっくり読むことが必要である。Ｂの内容説明問題は，基本的に段落が指定されてお
り，紛らわしい選択肢も少ないので，焦らず取り組めば高得点が期待できる。

Ａ．下線部についての設問　　推定配点　40 点（各 4 点）

(1)　正解は Ａ ──────────────────────────────────── やや難

「以下のうち，下線部①の意味に最も近いのはどれか」

　Ａ．「生涯を通じての不十分な運動量」

　Ｂ．「生涯ずっと地域活動への参加が少ないこと」

　Ｃ．「生まれてからずっと，医療支援なしでは歩けないこと」

　　当該箇所の直後で，because they have always driven everywhere「どこに行
くにも常に車を運転してきたので」と述べられている点に注意。これが理由になっ
ている「無活動状態の生涯」とは，自分の足で歩かない生活を指しているのだと考
えられる。よってＡが最も適切である。

(2)　正解は Ｃ ──────────────────────────────────── 標準

「以下のうち，下線部②の意味に最も近いのはどれか」

（be 動詞と結びついて受動態の意味で）

　Ａ．「打ちのめされる」

　Ｂ．「苦しんでいる」

　Ｃ．「驚いている」

　　当該文の意味は「車が私たちの生活に被害をもたらしている，驚くほどさまざま
な方法に…」となる。直前では，排気ガスや交通事故や運動不足など，車が原因で
苦しんでいる人が多いことを説明しているので，筆者はこの事実に愕然としている
のだと考えられる。よってＣが最も適切である。strike はここでは「（恐怖などが

突然人を）襲う」という意味である。

(3)　正解は B ――――――――――――――――――――――――――― やや易

「以下のうち，下線部③の意味に最も近いのはどれか」

　A．「車は私たちの命令に従うことになっているが，維持するには費用がかかる」

　B．「車は十分に私たちの役に立ち得るが，私たちを支配するようになってしまった」

　C．「車が必要不可欠な場所では，人々は常に車の圧力を受けている」

　当該箇所の It は the car「車」を指しており，make は「～になる」という意味なので，「車は優秀な召使になるだろうが，私たちの主人になってしまっている」となる。「優秀な召使」＝「十分に役に立つ」，「私たちの主人になる」＝「私たちを支配する」と考えられるので，B が下線部③の趣旨に合致している。

(4)　正解は C ――――――――――――――――――――――――――― 標準

「以下のうち，下線部④の意味に最も近いのはどれか」

　A．「重大な結果をもたらす事故」

　B．「私たちの絶え間ない注意を必要とする問題」

　C．「私たちがただちに処理しなければならない問題」

　当該箇所の that は主格の関係代名詞なので，意味は「至急な対応を要求する緊急事態」となる。「至急な対応」＝「ただちに処理する」，「緊急事態」＝「問題」と考えられるので，C が最も意味が近い。なお，C の address は「（問題などを）処理する」という意味である。

(5)　正解は A ――――――――――――――――――――――――――― 標準

「以下のうち，下線部⑤の意味に最も近いものはどれか」

　A．「エイズ，結核，マラリアが原因の死亡数は，汚染が原因の死亡数の3分の1である」

　B．「汚染の悪影響全体によるよりも，エイズ，結核，マラリアで死ぬ人の方が3倍多い」

　C．「汚染が原因の死亡数は3倍になったが，エイズ，結核，マラリアによる死亡数はそうなっていない」

　当該文の（倍数）as ～ as … は「…の（倍数）～」となる比較表現なので，「今や汚染は，世界中で，エイズ，結核，マラリアを合わせた数の3倍の人々を殺している」という意味になる。この表現の主語と…を入れ替えると，「3倍」→ one third「3分の1」になり，A はほぼ同じ意味になる。tuberculosis「結核」は受験生にとっては難しい語彙かもしれないが，この意味がわからなくても正解は可能である。

(6)　正解は B ――――――――――――――――――――――――――― やや難

「下線部⑥は実際にはどういう意味か」

A.「患者にコミュニケーション障害を引き起こす病気」

B.「ある人から別の人へと移り得る病気」

C.「呼吸困難によって引き起こされる病気」

　communicable は「伝染性の」という意味なのでBが正解だが，この語を知らない場合は推測が必要となる。当該文の意味は「今世紀の初め，メディアは私たちに，気候変動を防ぐよりも〜の予防に政府のお金を使うほうがよいと言っていた」となるので，communicable diseases は climate change よりも緊急性のある課題，ということになる。3つの選択肢のうち，最も重大だと考えられるのはやはりBである。

(7)　正解は A　　標準

「下線部⑦はどのような意味か」

A.「30年間で大気汚染を80パーセント減らすこと」

B.「英国政府」

C.「過去30年間における汚染の2パーセントの減少」

　当該文の意味は「政府は2050年までに大気汚染を80パーセント減らすことを法的に求められているが，（現在の科学が伝えるところによると）これでさえまったく不十分なのである」となるので，this が指しているのは前半部分の内容であると考えられる。この記事が発表されたのが2019年で2050年までに31年あることから，Aがこの趣旨に合致していると言える。

(8)　正解は A　　やや易

「下線部⑧は何の例か」

A.「特別な素材」

B.「自動車メーカー」

C.「美しい場所」

　直後の説明にあるように，lithium「リチウム」はバッテリーに使用されている非常に軽い金属である。当該文が For example「たとえば」で始まっていることからも，lithium は直前の文の special materials「特別な素材」の例であることがわかる。よってAが最も適切である。

(9)　正解は B　　標準

「下線部⑨は何を示唆しているか」

A.「歩行者や自転車運転者は，狭くて危険なスペースから押し出されている」

B.「歩行者や自転車運転者は，狭くて危険なスペースを使う以外に選択肢がない」

C.「歩行者や自転車運転者は，可能ならば狭くて危険なスペースを使う方を好む」

　当該文の意味は，「通りは車の流れを改善するように設計されており，その結果として歩行者や自転車運転者は，狭くてしばしば危険なスペースへと押し込まれている」となる。これは，道路の設計が自動車優先で，歩行者や自転車運転者の安全

を考えたものになっておらず，彼らが危険な通行を強いられていることを表している。この趣旨に合致しているのはBである。

⑩　**正解は　C** 標準

「以下のうち，下線部⑩の意味に最も近いものはどれか」

A.「輸送技術」

B.「電気自動車の技術」

C.「技術一般」

　　何に関する technologies「技術」なのかを考える。当該文の that 以下の意味は「technologies は私たちの役に立つために存在しているのであって，私たちを支配するために存在しているのではない」となり，特定の分野の技術に限定しているのではないことがわかる。よって最も適切なのはCである。

B．内容説明　　推定配点　28点（各4点）

⑴　**正解は　C** 標準

「筆者はどのような目的で第1段の最初の4行を入れているのか」

A.「携帯電話がどのように人に害を与え得るかを説明している特定の事例を示すため」

B.「ある救急病院から別の救急病院に患者を移送することがどれほどフラストレーションをためるかを示すため」

C.「本文が論じている問題の一例として，日々の出来事を描写するため」

　　当該箇所で述べられているのは，病院の入り口にエンジンをかけたまま停車しているミニバスの排気ガスにいらいらを募らせている筆者の様子である。筆者はエンジンを切ってほしいと求めているので，筆者のいらいらの原因は排気ガスであって，Aの携帯電話でもBの患者の移送でもない。また，現在時制で述べられているので，過去にあった事実というよりも，日常頻繁に起こりえる事象の描写であると考えられる。よってCが最も適切である。

⑵　**正解は　C** やや易

「Cars cause で始まる第5段の全体的な目的は…を説明することである」

A.「ドライバーが運転中に携帯電話を使ったために死んだ人が増えたこと」

B.「最近の車の大きさが，以前の車よりもどれくらい歩行者を危険にさらしがちか」

C.「交通事故での歩行者の死亡数が最近増加していること」

　　第1文で「車は別の問題の原因にもなっている」と述べられている点に注意。前段の第4段では車が汚染の原因になっていることを取り上げているのに対して，この段落の主題は交通事故による死亡数である。第2文（The number of …）から第4文（Because, while fewer …）にかけて，歩行者の死亡数の増加のために全体

の死亡数の減少が止まったことが説明されている。よってCが最も適切である。A
とBはいずれも歩行者の死亡が増加した2つの理由のうちの片方だけにとどまって
いるので全体の目的とは言えない。

(3)　**正解は A** ─────────────────────────────── 標準

「There are で始まる第6段の要点は…ということである」

A.「車が人目をひかないかすかな方法で私たちの暮らし方を変える」

B.「私たちは依然として人々にコミュニケーションのための場所と機会を与える
　ことができる」

C.「建物は車のエンジンから出る有害な騒音にさらされるのを減らしてくれる」

　当該段落では,「(自動車が引き起こす) それほど明らかでない影響」の例として,
人が外へ出ていきにくくなったことや,ストレスが生じていることを挙げ,最終文
(Cars change us, …) で「車は,自分は脅かされているとか張り合っているとか
感じさせたり,互いに切り離させたりして,私たちを変える」と結論づけている。
この趣旨に合致しているのはAである。

(4)　**正解は B** ─────────────────────────────── 標準

「Using electric で始まる第7段の筆者の要点は,…ということである」

A.「電気自動車はガソリン走行車に関わる問題を解決してくれるので,私たちは
　リラックスできる」

B.「電気自動車を運転することは,ガソリン走行車が引き起こす問題に対する部
　分的な答えでしかない」

C.「電気自動車は環境に優しいので,政府は国民がそれらを運転するよう奨励す
　べきである」

　第1文で「電気自動車を代わりに使うことで,こうした問題の一部を解決できる
が,すべて (を解決できるわけ) ではない」と結論を述べ,その後,自然破壊や環
境汚染の問題,依然としてエネルギーや空間やタイヤが必要とされる点など,具体
例を挙げている。これらの趣旨に合致しているのはBである。

(5)　**正解は C** ─────────────────────────────── 標準

「筆者は,税金が交通システムを発展させ続けるために使われているのだから,…
ということを指摘している」

A.「たとえ私たちが運転するのを減らしたくても,政府をあてにできる」

B.「政府の政策は車を運転しない人が安全に動き回るのを助けてくれる」

C.「私たちはそうとは気づいていないが,もっと車を運転するよう促されている」

　税金については,第8段第2文 (It spends large …) で,「政府は,将来の交通
量を見積もって新しい幹線道路の建設に多額の税金を使っており,そうすると人々
はこうした道路を使うのにもっと多くの車を買うことになる」と述べられている。
つまり,政府の方策は,車の利用を促す方向に向けられているのだと考えられる。

この趣旨に合致しているのはCである。

⑹　**正解は B** ──────────────────────────── やや易

「筆者はおそらく…という意見に同意するだろう」

A．「現在の輸送システムは，私たちがゆっくりとした生活を送るために確立された」

B．「輸送機関は世界の急激な気候変化の主たる原因である」

C．「自分自身の車を運転したいという欲求は，バスや電車がどれほど乗り心地が悪いかということから生じている」

　第4段最終文（Transportation, mostly because …）参照。「輸送機関は（中略）私たちを気候崩壊へと追いやる大きな要因である」と述べられている。「気候崩壊」＝「急激な気候変化」と考えてよいので，本文の趣旨に沿っているのはBである。Aは第8段最終文（Streets are designed …）の内容に反しているので不適。Cに関する記述はないので不適。

⑺　**正解は A** ──────────────────────────── やや難

「本文で意図されている目的は…ことである」

A．「日々の生活で車を利用することから解放されるよう，人々を説得する」

B．「ガソリン走行車の代わりに電気自動車の利用を推進する」

C．「車の排気ガスによって引き起こされる害に対する人々の意識を高める」

　筆者の意図する趣旨は案外序盤で述べられている。第2段第1・2文（Let's stop being … the next decade.）の「車にそんなに依存するのをやめて，この19世紀の技術が今は利益よりも害をもたらしていることを認識しよう」「次の10年で車の利用を90パーセント減らすという目標を掲げよう」がそれにあたる。これに最も近いのはAである。Bは，電気自動車も完全な解決策にはなりえないと第7段（Using electric cars …）で述べているので不適。Cは，排気ガス以外の問題も引き起こされていると第5段（Cars cause another …）で述べているので不適。

A．⑴—A　⑵—C　⑶—B　⑷—C　⑸—A　⑹—B　⑺—A　⑻—A
　　⑼—B　⑽—C
B．⑴—C　⑵—C　⑶—A　⑷—B　⑸—C　⑹—B　⑺—A

35

目標解答時間　30分

A．次の英文の下線部①～⑩について，後の設問に対する答えとして最も適当
なものをそれぞれA～Cから一つずつ選び，その記号をマークしなさい。

When we look at the languages of the world, we find hundreds of isolated languages. Moreover, when we look at all the language families of the world, the differences between them stand out much more than the similarities. Could they all have come from a single source? It is possible.

5　But it is also possible that, when the human race first learned to talk, it did ① so in different parts of the world in different ways, and perhaps even at different times.

　　When did speech begin? Before creatures can speak, two things have to be in place. They need a set of vocal organs that can make all the sounds

10　they will use to form lots of different words. They also need a brain that ② can handle all these sounds, and turn them into meaningful words and sentences. Our nearest relatives in the animal kingdom, such as the apes, cannot talk. So, when, in the long course of evolution from ape to man, did it happen? ③

15　The human-like beings that were living in Europe between 100,000 and 30,000 BC could have had some kind of primitive speech. Many skeletons have been found, and researchers have shown that their brain sizes were similar to those found in modern humans. None of the actual brains survives, of course, so it is not possible to say any more than that. But it is ④

20　an important clue.

　　What about their vocal organs? Here too we do not have very much information, because a skeleton only gives us bones. We can see the shape of the jaws and the bony structures surrounding the mouth and in the neck;

but all the soft tissues that made up the tongue and other vocal organs
(5)
have long disappeared. Still, researchers have compared the shape of the   25
skull and neck bones with those of modern human babies and adults, and
worked out that these beings might have been able to produce a few speech-
(6)
like sounds. The sounds would not have been as many or as organized as
those we find in modern languages, but these beings would certainly have
been able to make far more sounds than apes can. So probably, by 30,000   30
BC, they were well on the way to speaking, and perhaps had a few simple
words expressing basic human emotions and needs, such as shouts of
warning.

They would probably have had some sign language, too. They were no
(7)
longer walking around with their knuckles on the ground, as the apes did.   35
Their hands were now free to do all kinds of exciting new things, such as
making tools, or drawing pictures inside their caves. They soon learned to
use their hands to make gestures, such as "come here" or "keep away." And
if they made sounds at the same time as they were making these gestures,
maybe after a while these sounds would do the job that the gestures did, in   40
(8)
places where the gestures could not be seen.

By 8,000 BC there is clear evidence of language ability in humans from
the first signs of writing in various parts of the world. So, around 100,000
BC, or maybe a bit earlier, and certainly well before 8,000 BC, people began
to talk. That is actually quite a short period of time, when we think of the   45
hundreds of thousands of years that it took the human race to evolve from
its earliest forms. Speaking seems to have been one of the last things to
(9)
develop. But once it did, everyone must have seen its value very quickly.

Think of all the things you can do, once you can speak, that you could
not do before. You can tell other people about dangers that they cannot see.   50
If there is a dangerous animal hiding in some rocks a mile away, you can
warn others about it before they get there. Without speech, all you can do
is to point and howl, and that is not very clear if others cannot see what you

are pointing at. Moreover, if you spend a lifetime learning about all kinds

55 of useful things, such as making tools, it is much easier to pass this

knowledge on to your children if you can speak.

　　　Think about how much easier it is to fight an enemy if you can talk. You can plan your strategy in advance. "We'll wait until the sun goes down. Then you two go behind the trees, and wait there until I call .... We'll go

60 round behind the rock at the bottom of the hill ...." <u>Without that, everyone</u> <u>just goes down the hill and hopes for the best.</u>
⑩

　　　It is easy to see, then, how speech would soon catch on, once early humans began to experiment with it. We do not know if the ability to talk started in just one small community, and spread to others, or whether

65 different communities learned how to talk at more or less the same time— or even at different times. What we do know is that, within a few thousand years, different language families had emerged.

　　　From A Little Book of Language by David Crystal, Yale University Press

　(1)　What does Underline ① refer to?

　　A．language

　　B．humankind

　　C．development

　(2)　What does Underline ② imply?

　　A．Creatures need to be able to process complex sounds in order to speak.

　　B．Any creature can use words to communicate as long as it has a brain.

　　C．A creature's ability to talk depends on its efforts to change the sounds it makes.

　(3)　What does Underline ③ refer to?

　　A．the evolution from ape to man

　　B．the development of human speech

C．the finding of many skeletons

(4)　What does Underline ④ imply?

　　A．The fact that human-like beings existed around 100,000 BC helps us find out more about human speech.

　　B．The discovery of skeletons of human-like beings gives us a hint about the nature of early speech.

　　C．The findings about the brain sizes of the human-like beings help us estimate when speech originated.

(5)　What does Underline ⑤ imply?

　　A．Analysis based solely on skeletons can tell us what early human language sounded like.

　　B．Soft tissues forming vocal organs would have given us important information about human speech.

　　C．Human-like beings did not have all the soft tissues that compose the tongues and other vocal organs of modern humans.

(6)　Which of the following has a meaning closest to Underline ⑥?

　　A．concluded

　　B．rejected

　　C．questioned

(7)　What does Underline ⑦ actually mean?

　　A．not leaving their traces on the ground

　　B．traveling further than the apes

　　C．walking just using their legs

(8)　Which can be a concrete example for Underline ⑧?

　　A．on an open field

B．in the dark

C．under the water

(9)　What does Underline ⑨ imply?

　　A．It took a long time for humans to develop speaking because they did not find speaking useful.

　　B．Humans seem to have started writing before they learned how to speak with others.

　　C．Humans had to go through many stages of development before they could talk.

(10)　What does Underline ⑩ imply?

　　A．Without a strategy, the best form of attack is to move fast down a hill.

　　B．Without speech, you could not form a strategy to defeat the enemy.

　　C．Without language, you could still defeat the enemy by acting together.

B．本文の内容に照らして最も適当なものをそれぞれA～Cから一つずつ選び，その記号をマークしなさい。

(1)　The author suggests that different language families found in the world

　　A．derive from one single language.

　　B．derive from more than one source.

　　C．may or may not have a single source.

(2)　Researchers think that

　　A．ancient human-like beings had brains about as big as those of modern humans.

　　B．modern apes have brains of similar size to those of ancient human-like beings.

　　C．nothing definite can be said about the brain size of ancient human-like beings.

(3) The author seems to suggest that between 100,000 and 30,000 BC, human-like beings learned to

A. convey complex human emotions and needs to others.

B. produce as many sounds as apes can do, but not more.

C. say a small number of words that expressed their feelings.

(4) When humans started to walk upright they

A. began coordinating sounds with gestures.

B. sometimes used their hands to push people away.

C. found some gestures useful in any situation.

(5) Humans were able to talk

A. long before they learned to live in caves.

B. before they developed any kind of writing.

C. just before they needed to fight some enemies.

(6) The author suggests that humans

A. were probably able to warn others about danger using gestures.

B. did not appreciate the value of speech for a long time.

C. made useful tools to pass on knowledge to their children.

(7) Which of the following is the best title for the passage?

A. "Human Evolution"

B. "The Origin of Speech"

C. "Ways of Communication"

全訳

≪発話の起源≫

　世界の言語を見ると，何百という孤立した言語があることがわかる。さらには，世界の語族をすべて見渡せば，それらの間の類似点よりも相違点の方がはるかに際立っている。それらはすべて一つの源から出てきたのであろうか。それはありうる。しかし，また，人類が初めて言葉を話すようになったとき，世界のいろいろな地域でいろいろな仕方で，ひょっとするとそれどころか違った時代において言葉を話し始めたということもあり得るのである。

　話すことはいつ始まったのか。動物が話せるようになるには，その前に二つのことが整っていないといけない。必要なものの一つは，多くの異なった言葉を形成するのに使うすべての音を出すことができる音声器官である。またもう一つ必要なものは，それらの音をすべて処理し，意味ある言葉や文に変えることができる脳である。動物界で人間に最も近いものである類人猿でも話すことはできない。それでは，類人猿から人間への長い進化の過程において，人間が話すということはいつ起こったのか。

　紀元前10万年〜紀元前3万年の間にヨーロッパで暮らしていた人間に似た動物が，ある種の原始的な言葉をもっていたということはありうることだ。多くの骨格が発見されており，研究者たちは，人間と似たその生き物の脳の大きさが現代人の脳の大きさに似ていることを示した。もちろん，実際の脳が現存しているわけではない。したがって，それ以上のことは言えないが，それは重要な手がかりとなる。

　その原始人たちの音声器官はどのようなものであったであろうか。ここについてもあまり多くの情報はないが，それは骨格が提供してくれるのが骨だけだからである。見てわかるのは，顎の形や口の周りや首の骨の構造だけであって，舌や他の音声器官を作っている軟部組織はすべて，ずっと昔に消滅した。それでも，研究者たちは頭蓋骨や首の骨の形を現代人の赤ちゃんや大人のものと比較して，原始人が言葉に似た音をいくつか発することができたかもしれないと考えている。その音は現代の諸言語に見られる音ほどは多くもなく，また系統だったものでもなかったであろう。しかし，原始人が類人猿よりもはるかに多くの音を出すことができたであろうということは確かである。したがって，おそらく紀元前3万年までには，彼らはもうすぐ話ができる段階にまできていたであろう。またおそらくは，警告を発する叫び声のような，人間の基本的な感情や必要なことを表現できる単純な言葉もいくつかもっていたであろう。

　彼らにはおそらく手話もあったであろう。彼らは，類人猿がしたように地面にげんこつをつけて歩き回るようなことも，もはやしていなかった。手は今や自由になって，道具を作ったり，洞窟の中に絵を描いたりといったような，あらゆる種類の新しい面白いことができるようになった。彼らはまもなく手を使って「こっちに来い」や「近づくな」のような身振り手振りをするようになった。そして，もしこのような身振り手振りをするのと同時に音を出せば，おそらく，しばらく後には身振り手振りが見えないような場所で，これらの音が身振り手振りの代わりの役割を果たしたであろう。

　紀元前8,000年までには，世界の様々な地域で文字が書かれていた最初の兆候が

あることから，人間が言語能力をもっていたことの明らかな証拠がある。したがって，紀元前約 10 万年か，おそらくそれよりかなり前から，紀元前 8,000 年よりずっと前には確かに，人間は言葉を話し始めていた。この時間の長さは，人類が最も早い原始の形態から進化するのに数十万年かかったことを考えれば，まったく短い期間である。話すことは，最後に発達したものの一つであったように思われるが，一旦，話せるようになると，すべての人間がその価値を認めるのは非常に速かったに違いない。

　一旦，自分が話せるようになると，以前はできなかったことで今できるということをすべて考えてみよう。他の人には見えない危険について彼らに知らせることができる。危険な動物が１マイル離れた岩の所に隠れていたら，そのことを他の人たちがそこへ行く前に教えてあげることができる。言葉がなければ，指さして吠えるくらいのことしかできない。そして，指さしているものを他の人たちが見ることができなければ，それはあまり明確ではない。さらに，もし生涯の時間をかけて，あらゆる種類の有益なこと，たとえば道具作りのようなことを学んだとして，もし言葉を話すことができれば，その知識を子どもに伝えるのははるかに容易になるだろう。

　もし言葉が話せれば，敵と戦うのもどれくらい容易になるか考えてみよう。戦略を前もって練っておくことができる。「太陽が沈むまで待とう。それからお前たち二人はそれぞれ木の背後に回って，そこで私が呼ぶまで待て。…私たちは丘の下の岩の背後に回って…」それがなければ，すべての人間がただ丘を下って，最良の結果を願うだけになる。

　そういうわけで，原始人が言葉を実験的に使い始めるとまたたくまに言葉が拡がっていったであろうことは容易に理解できる。言葉を話す能力がたった一つの小さな共同体から始まり，他の共同体へ拡がっていったのか，それともいろいろな共同体で，だいたい同時に，もしくは異なった時代に，人間は話し方を覚えたのか，それはわからない。わかっていることは，数千年の間に様々な語族が現れてきたということである。

●語句・構文
- □ *l.* 3　stand out「目立つ，際立つ」
- □ *l.* 9　be in place「きちんとしている，整っている」
- □ *l.* 9　that は関係代名詞で，that can make all the sounds は直前の a set of vocal organs を説明している。
- □ *l.* 10　they will use … words は直前の all the sounds を説明している。
- □ *l.* 31　be on the way to ～「～に近づいている」
- □ *l.* 46　that は the hundreds of thousands of years を先行詞とする関係代名詞で，took の目的語になっている。
- □ *l.* 49　you can do も that 節も all the things を説明している。
- □ *l.* 62　catch on「（人に）受け入れられる」

□ *l.*63　if と *l.*64 の whether はどちらも「～かどうか」の意味の名詞節を導き，know の目的語になっている。

解 説

　言語の発生について歴史的に説明している英文。英語としては標準的なレベルで，Aの下線部についての設問は紛らわしい選択肢も少なく比較的取り組みやすい。Bの内容説明問題は，設問自体は標準的だが，解答にかかわる部分を早く見つけることが肝要である。

A．下線部についての設問　推定配点　40点（各4点）

(1)　**正解は B** ——————————————————————————— やや易

「下線部①は何を表しているか」

A．「言葉」

B．「人類」

C．「発達」

　当該箇所の it did so は指示表現ばかりで構成されているが，この部分は直前のthe human race first learned to talk「人類が初めて話すようになった」ことを指している。よって，主語の it が指しているのはBである。

(2)　**正解は A** ——————————————————————————— やや難

「下線部②はどのような意味か」

A．「生き物が話すためには，複雑な音を処理できるようになる必要がある」

B．「どんな生き物でも脳がありさえすれば，意思疎通のための語を使うことができる」

C．「ある生き物が話せるかどうかは，自分が出す音を変化させる努力に左右される」

　下線部で述べられているのは，生き物が話せるようになるために整っていなければならない二つのことのうちの一つである。that は a brain を先行詞とする主格の関係代名詞なので，意味は「(生き物には) それらの音をすべて処理し，意味のある言葉や文に変えることのできる脳も必要である」となる。この趣旨に最も近いのはAである。

(3)　**正解は B** ——————————————————————————— 標準

「下線部③は何を表しているか」

A．「類人猿から人間への進化」

B．「人間の話す能力の発達」

C．「多数の骨の発見」

　当該文は，やや長い挿入句（in the long … ape to man）「類人猿から人間への長い進化の過程において」を除けば，「それはいつ起こったのか」という意味の平易な疑問文である。この段の冒頭文（When did speech …）が「（人間が）話すことはいつ始まったのか」であること，また，当該箇所までででその答えが述べられていないことから，この疑問が再び提示されているのだと考えられる。よってBが最も適切である。

(4)　正解は　C ――――――――――――――――――――――――――― やや難

「下線部④はどのような意味か」

A. 「紀元前10万年頃に人間に似た動物が存在していたという事実は，私たちが人間の話す能力についてより多くのことを発見するのに役立つ」

B. 「人間に似た動物の骨を発見したことは，私たちに初期の言語の性質についてのヒントを与えてくれる」

C. 「人間に似た動物の脳の大きさについてわかったことは，話すことがいつ始まったかを私たちが推定するのに役立つ」

　下線部の意味は「それは重要な手がかりである」となるが，it が何を指しているかに注意する。it は直前の文中の何かを指しているのではなく，さらに前の文（Many skeletons have …）の that 節の内容「彼ら（人間に似た動物）の脳の大きさは現代人の脳の大きさに近い」を指している。つまり，「脳の大きさについての発見」が重要な手がかりになったのだと考えられる。この趣旨に最も近いのはCである。

(5)　正解は　B ――――――――――――――――――――――――――― やや難

「下線部⑤はどのような意味か」

A. 「骨格だけに基づいた分析でも，初期の人間の言語がどのように聞こえていたかを伝えることができる」

B. 「音声器官を形成する軟部組織があったら，人間の話す能力について重要な情報を与えてくれていたであろう」

C. 「人間に似た動物は，現代の人間が持つ舌やその他の音声器官を構成する軟部組織をすべて持っていたわけではなかった」

　下線部は「舌や他の音声器官を構成する軟部組織はすべて，ずっと昔に消滅した」という意味になるが，第4段第2文（Here too we …）で「骨格が提供してくれるのは骨だけなので，ここでも情報はあまり多くはない」と述べられていることから，筆者の真意は「もし骨格以上の手がかりが残っていれば，もっと多くの情報が得られただろう」という仮定法の内容であると考えられる。これに合致しているのはBである。

(6)　正解は　A ――――――――――――――――――――――――――― やや易

「以下のうち，下線部⑥の意味に最も近いのはどれか」

A.「〜だと結論をくだした」

B.「〜を拒絶した」

C.「〜に異議を唱えた」

　当該文の意味は,「それでも,研究者たちは頭蓋骨や首の骨の形を現代人の赤ちゃんや大人のものと比較して,原始人は言葉に似た音をいくつか発することができたかもしれないと…」となる。work out はここでは「(問題・なぞなど)を苦労して解く」という意味であると考えられるので,最も近い意味をもつのはAである。work out の意味を知らなくても,前後の文脈から十分推測可能である。

(7)　**正解は C** ─────────────────────────────── 標準

「下線部⑦は実際にはどういう意味か」

A.「地面に自分の足跡を残さない」

B.「類人猿よりも遠くまで移動する」

C.「両脚だけを使って歩く」

　下線部の意味は「類人猿がしたように地面にげんこつをつけて歩き回るようなことも,もはやしていなかった」となる。直後の文(Their hands were …)で述べられていることから,下線部は「二足歩行によって両手が自由になった」ことを示唆しているのだと考えられる。よってCが最も適切である。

(8)　**正解は B** ─────────────────────────────── やや易

「下線部⑧の具体例となり得るのはどれか」

A.「広々とした野原」

B.「暗闇の中」

C.「水中」

　下線部の意味は「身振り手振りを見ることができない場所で」となる。この表現の例として最も適切なのはBである。この段では,人間が話せるようになったことの有益性が説明されているのである。

(9)　**正解は C** ─────────────────────────────── 標準

「下線部⑨はどのような意味か」

A.「人間は話す能力が有益だとは考えなかったので,それを発達させるのに長い時間がかかった」

B.「人間は,他の人間と話をする方法を会得するよりも前に字を書き始めた」

C.「人間は話せるようになるまでに,数々の段階の発達を経験しなければならなかった」

　下線部の意味は「話すことは,最後に発達したものの一つであったように思われる」となる。直前の文(That is actually …)に「この(人間が話せるようになるまでの)時間の長さは,…まったく短い期間である」とあるように,類人猿から人間に進化する過程においては,話せるようになること以外にもいろいろな発達があ

ったのだと考えられる。この趣旨に最も近いのはCである。

(10)　**正解は B** ―――――――――――――――――――――――― やや難

「下線部⑩はどのような意味か」

A.「戦略がなければ，攻撃の最善の形態は素早く丘を下ることである」

B.「言葉がなければ，敵に打ち勝つ戦略を立てることはできないだろう」

C.「言葉がなくても，一緒に行動することで敵に打ち勝つことができるだろう」

　下線部は「それがなければ，すべての人間がただ丘を下って，最良の結果を願うだけになる」という意味である。that が指しているのは第2文（You can plan …）の strategy「戦略」である。そして第3文（"We'll wait until …）以降で例示されているように，この「戦略」は，「言葉」がなければ立てることはできない。この趣旨に合致しているのはBである。

B．内容説明　　推定配点　28点（各4点）

(1)　**正解は C** ―――――――――――――――――――――――― 標準

「筆者は，世界中で見られる様々な語族は…だと主張している」

A.「たった一つの言語に由来している」

B.「二つ以上の源に由来している」

C.「源は一つかもしれないし，そうでないかもしれない」

　第1段第3文（Could they all …）以降を参照。「たった一つの源に由来している」という可能性もあるし，「いろいろな場所で様々に話されるようになった」という可能性もあると述べられている。つまり，AかBのどちらかであるとは語っていない。両方の可能性を述べているのはCである。

(2)　**正解は A** ―――――――――――――――――――――――― やや易

「研究者たちは…だと考えている」

A.「人間に似た古代の生き物は，現代人とほぼ同じ大きさの脳をもっていた」

B.「現代の類人猿は，人間に似た古代の生き物に似た大きさの脳をもっている」

C.「人間に似た古代の生き物の脳の大きさについては，はっきりしたことは何もわからない」

　第3段第2文（Many skeletons have …）参照。「研究者たちは，人間に似た生き物の脳の大きさが現代人の脳の大きさに似ていることを示した」とある。「似ている」=「ほぼ同じ」と考えられるので，Aの記述が本文の趣旨に合致している。

(3)　**正解は C** ―――――――――――――――――――――――― 標準

「筆者は，紀元前10万年〜紀元前3万年に人間に似た生き物が…ようになったと主張しているようである」

A.「複雑な人間の感情や必要を他人に伝える」

B.「類人猿が出せるのと同じ数だがそれ以上ではないだけの音を出す」

C.「自分の感情を表現する数少ない単語を口にする」

　第4段最終文（So probably, by 30,000 …）後半部分参照。「またおそらくは，警告を発する叫び声のような，人間の基本的な感情や必要なことを表現できる単純な言葉もいくつかもっていたであろう」とある。これに合致している選択肢はCである。Aは「複雑な」の部分が不適。Bの状態はもっと初期の段階であったと考えられるので不適。

(4)　**正解は A** ——————————————————————————————————— やや難

「人類が直立歩行を始めたとき，彼らは…」

　A.「音を身振り手振りと調和させ始めた」

　B.「人を突き放すために手を使うこともあった」

　C.「どんな状況においてもいくつかの身振り手振りが役立つことに気づいた」

　第5段第4文（They soon learned …）および第5文（And if they …）参照。人間が直立二足歩行を始めたことにより，「手を使って身振り手振りができるように」なり，さらに「身振り手振りと同時に音を出せば，これらの音が身振り手振りの代わりの役割を果たしたであろう」とある。この部分に合致しているのはAである。

(5)　**正解は B** ——————————————————————————————————— 標準

「人間が話せるようになったのは…である」

　A.「彼らが洞穴で暮らすようになるずっと前」

　B.「文字を書くことを発達させる前」

　C.「敵と戦う必要が生じるほんの少し前」

　第6段第1文（By 8,000 BC …）および第2文（So, around 100,000 BC, …）参照。「文字が残っている」→「言語能力があったことの明白な証拠」→「それよりもかなり前に人間は言葉を話し始めていた」という流れになっている。つまり「話すこと」は「書くこと」よりも早く起こっているという考えである。これに合致しているのはBである。

(6)　**正解は A** ——————————————————————————————————— 標準

「筆者は，人間が…だと主張している」

　A.「身振り手振りを使って，他の人間に危険を警告することができたであろう」

　B.「長い間話すことの価値を正しく認識していなかった」

　C.「自分の子どもに知識を伝えるのに役立つ道具を作った」

　第5段第4文（They soon learned …）参照。「彼らはまもなく手を使って，『こっちに来い』や『近づくな』のような身振り手振りをするようになった」とある。「近づくな」は警告の意味をもっているので，Aはこの部分の趣旨に合致している。

(7)　**正解は B** ——————————————————————————————————— やや易

「以下のうち，本文の表題として最も適切なものはどれか」

A．「『人類の進化』」
B．「『発話の起源』」
C．「『意思疎通の方法』」

　第2段第1文（When did speech …）「話すことはいつ始まったのか」に象徴されるように，本文で述べられているのは「人類はいつごろ話し始めたのか」についての考察である。この趣旨に最も合致しているのはBである。

A．(1)—B　(2)—A　(3)—B　(4)—C　(5)—B　(6)—A　(7)—C　(8)—B
　　(9)—C　(10)—B
B．(1)—C　(2)—A　(3)—C　(4)—A　(5)—B　(6)—A　(7)—B

36

A．次の英文の下線部①〜⑩について，後の設問に対する答えとして最も適当
　なものをそれぞれA〜Cから一つずつ選び，その記号をマークしなさい。

Late-night study sessions with a 600-page textbook and several cups of
coffee or an energy drink are a familiar experience for many people.
Whether at school, university, or work, we all find ourselves in situations
where we have to learn a vast quantity of information in a very short
period of time.　In these instances, almost all of us resort to the age-old
study technique of reading through the textbook over and over again in the
hope that some of it will stay in our memories.　However, this study
technique is not only tedious and repetitive, it's also ineffective.　It
completely goes against the way in which our brain actually works,
according to recent scientific research.　Fortunately, that same research has
suggested alternative study methods which work with, rather than against,
our brain.　Among those methods, *spaced repetition* is one of the most
interesting.　It can help if you're trying to learn a new language, or
remember a long list of anatomy terms, or if you're preparing for a big
exam.

　　A simple way to do spaced repetition is to use information cards
organized in a box.　Set up a schedule for when you will review the cards in
each of the sections in your box.　If you answer a card correctly, you put it
into a section of the box that you will revisit less frequently in the future,
whereas if you get the answer wrong, you move the card into a section
scheduled for frequent visits.

　　You could set up this system yourself, but software is now available to
handle card organization automatically, and it has gained loyal fans.　How
does it work?　It works by taking advantage of the way our brain has

evolved.   25

　The brain is difficult to describe because it is inherently complex and mysterious. If asked "How does the brain work?", we are likely to say something along the lines of "It's like an organic computer." It's not
　　　　　③
surprising that, living in a digital world, we connect the two so readily. However, it's easy to forget that there are also fundamental differences in   30
　　　　　　　　　　　　　　　　　　　　　　　　④
how brains and computers process and store information.

　Computers store whatever information they are told to store. A video camera is designed with the sole purpose of capturing light and sound information within its field of view. The brain, however, is something we have very little direct control over. So you have no more direct control over   35
　　　　　　　　　　　　　　　　　　⑤
how much of a textbook you can remember than you do over your blood pressure.

　The second major difference between the brain and a computer is in how information is processed. It's tempting to think our memories are
　　　　　　　　　　　　　　　　　　⑥
stored as separate "files" somewhere in the brain, like photos in a camera.   40
We might imagine that when we remember an event in our lives, or a piece of information we studied, we're "opening" that file.

　But science tells us this isn't true. A "memory" doesn't exist in any one place in the brain, but is formed as a feature of many different parts of the brain responding in a certain way. When we learn something, the   45
information isn't stored in a single location, but is instantly scattered across many different regions of the brain.

　Finally, the brain has limitations that are, at least for now, impossible to overcome. Studies have consistently shown that we can only remember five to seven new pieces of information at a time. It's fascinating research,   50
but it also has practical implications for how we should learn.
　　 ⑦
　Any effective approach to learning has to be developed with the brain's inherent limitations in mind. If we know that the brain cannot effectively store and recall lots of information in a short period of time, then

55 <u>"cramming" is a recipe for disaster.</u>
⑧

　　Similarly, we know that <u>the brain gives priority to the storage of</u>
⑨
<u>information it deems to be important.</u>　It strengthens and consolidates
memories of things it encounters regularly and frequently.　So spaced
repetition—reviewing information regularly at set intervals over time—
60 makes a lot of sense.

　　Spaced repetition is simple, but highly effective because it deliberately
utilizes the way your brain works.　It forces you to put effort into learning,
and, in the same way that a muscle gets stronger in response to exercise,
the brain responds to this effort by strengthening the connections between
65 nerve cells.　<u>By spacing the intervals out, you're further exercising these</u>
⑩
<u>connections each time.</u>　It helps you retain what you learn for long periods.
In my experience, once people start using it, they love it.

　　The way we think about health has been revolutionized by our growing
evidence of how the body works.　Yet the way most of us approach learning
70 remains the same as it has for centuries.　Spaced repetition is just one of
the ways in which we can use the results of new research to allow us to
learn more in less time.

Copyright Guardian News & Media Ltd 2020

(1)　What does Underline ① imply?

　A．Because of how our brain functions, the traditional learning method
　　is not very helpful.

　B．We may cause harm to our brain if we study the same thing again
　　and again.

　C．Learning a great deal of information in a short period of time
　　enhances our brain capacity.

(2)　What does Underline ② actually mean?

　A．Spaced repetition software is more effective than information cards.

B．Spaced repetition software is highly evaluated by its users.

C．Spaced repetition software is produced by many organizations.

⑶　Which of the following has a meaning closest to Underline ③?

A．similar to

B．contrasting with

C．following after

⑷　Which of the following has a meaning closest to Underline ④?

A．essential

B．insignificant

C．apparent

⑸　What does Underline ⑤ actually mean?

A．It is easier to remember our blood pressure than the contents of a textbook.

B．Manipulating our brain is as difficult as manipulating our blood pressure.

C．Unlike our blood pressure, it is very difficult to regulate our own brain.

⑹　What does Underline ⑥ actually mean?

A．it is almost impossible to conceive

B．it is suggested by many theories

C．it seems to make sense to believe

⑺　What does Underline ⑦ refer to?

A．Research examining the memory capacity of people.

B．Research showing the benefits of spaced repetition.

C．Research investigating how the brain processes information.

(8) What does Underline ⑧ actually mean?

A. Understanding how the brain works helps us to learn lots of information effectively.

B. Trying to learn a large amount of information all at once will lead to failure.

C. Recognizing the limitations of the brain enables us to deal with difficult situations.

(9) What does Underline ⑨ actually mean?

A. The brain stores the most valuable information in its most significant area.

B. The brain is more likely to retain information that it encounters first.

C. The brain chooses to keep information which it considers to be useful.

(10) What does Underline ⑩ imply?

A. Making the intervals between exercise sessions longer helps strengthen muscles.

B. Spaced repetition may not be very effective if the intervals between sessions are too long.

C. Introducing longer intervals between study sessions makes learning more effective.

B. 本文の内容に照らして最も適当なものをそれぞれA〜Cから一つずつ選び，その記号をマークしなさい。

(1) The author argues that reading a textbook repeatedly without breaks

A. is an excellent example of spaced repetition.

B. does not promote the retention of information.

　　C．may not be very enjoyable, but is a good way to learn.

(2)　It can be inferred that spaced repetition is probably useful for learning

　　A．a musical instrument.

　　B．technical vocabulary.

　　C．how to ride a bike.

(3)　Spaced repetition is effective because

　　A．it involves the use of cards or software to improve one's memory.

　　B．it is more exciting than traditional methods of learning.

　　C．it provides frequent and multiple exposure to information.

(4)　The author is most likely to agree with the idea that

　　A．new study techniques need to be based on research into brain functioning.

　　B．with training, we can learn more than seven new pieces of information at once.

　　C．human brains and computers have many more similarities than differences.

(5)　The human brain stores knowledge

　　A．in only one place.

　　B．in widely-spread areas.

　　C．in a kind of file.

(6)　The passage suggests that

　　A．not enough research has been conducted on the body's functions.

　　B．research on spaced repetition has changed the way people study.

　　C．we haven't yet used research to improve our learning methods.

(7) The author's primary purpose in this passage is to explain

   A. an effective method for memorizing information.

   B. the way the brain processes information.

   C. several differences between brains and computers.

≪脳の研究に基づいた効果的学習法≫

全 訳

　夜遅く，数杯のコーヒーかスタミナドリンクを傍らに，600 ページの教科書で勉強する時間というのは，多くの人にとってなじみのある経験だ。学校だろうと大学だろうと仕事だろうと，私たちはみんな，気づけば大量の情報を非常に短期間で頭に入れなくてはならないという状況にいる。こうした場合には，私たちのほとんど全員が，その一部が記憶にとどまってくれることを期待しながら，教科書を何度も何度も読み通すという昔ながらの勉強法に訴える。しかし，この勉強法は，退屈で反復的であるばかりでなく，効果のないものでもある。最近の科学研究によると，それは，私たちの脳の実際の働き方に完全に反している。幸い，その同じ研究は，私たちの脳に逆らうというより，それと調和して機能する代わりの勉強方法を提案した。そうした方法の中で，「間をおいた反復」が最も興味深いものの一つである。新しい言語を学ぼうとしていたり，解剖学用語の長いリストを覚えようとしていたり，重要な試験の準備をしていたりするなら，この方法が手助けになるかもしれない。

　間をおいた反復を行う単純な方法は，系統立てて箱の中に入れた情報カードを使うことである。箱の中のそれぞれの仕切りのカードをいつ見直すかスケジュールを作る。カードに正しく答えられたら，箱の中の，今後見直す回数を減らす仕切りの中にそのカードを入れ，一方，答えを間違えたら，頻繁に見直すように計画した仕切りの中にそのカードを移動させる。

　このシステムは自分で作れるが，今ではカードの系統化を自動的に処理してくれるソフトが利用可能であり，忠実なファンを獲得している。それはどのように機能するのだろうか。それは，私たちの脳がどのように進化してきたかを利用して機能する。

　脳は，本来的に複雑で謎に満ちているため，説明するのが難しい。もし「脳はどのように機能しているのか」と問われたら，私たちは「脳は有機的なコンピュータのようなものだ」といったことを言うことになるだろう。デジタルの世界で生きているので，私たちがその二つをすぐに結びつけてしまうのは驚くようなことではない。しかし，脳とコンピュータがどのように情報を処理し蓄積するかには根本的な違いもあることは忘れやすい。

　コンピュータは，記憶するように指示された情報ならどんなものでも記憶する。ビデオカメラは，その視野の内部にある光と音の情報を捕らえるという単一の目的で設計されている。しかし，脳は，私たちが直接制御することはほとんどできないものである。したがって，血圧を直接制御できないのと同じように，教科書のどれだけ多くの部分を記憶できるかを直接制御することはできないということである。

　脳とコンピュータの二つめの大きな違いは，どのように情報が処理されるかという点にある。私たちの記憶は，カメラの中の写真のように，脳内のどこかで別個の「ファイル」として蓄えられていると考えたくなる。人生のある出来事，あるいは勉強した情報を思い出すとき，私たちはそのファイルを「開いて」いると想像するかもしれない。

　しかし，科学がこれは正しくないと教えてくれる。「記憶」は脳のどこか一カ所

に存在しているのではなく，ある仕方で反応する脳の，多くの異なる箇所の一つの特徴として形成されるのである。私たちが何かを学んだとき，その情報はたった一つの場所に蓄えられるのではなく，すぐに脳の多くの異なる領域に散らばるのである。

　最後に，脳には，少なくとも当面は，克服できない限界がある。私たちは一度に5つから7つの新しい情報しか記憶できないことを，これまでさまざまな研究が繰り返し示してきた。魅力的な研究ではあるが，それは私たちがどのように学ぶべきかに対して実際的な意味も持っている。

　効果的な学習法は何であれ，脳の本来的な限界を念頭に置いて開発されなければならない。もし脳が短期間でたくさんの情報を効果的に蓄積し呼び起こすことができないとわかっているなら，「詰め込み」は大惨事のもとである。

　同様に，脳は自らが重要だと考えた情報の蓄積に対して優先権を与えるということがわかっている。脳は規則的に何度も出会う物事に対する記憶を強化し強固にしてくれる。したがって，間をおいた反復――一定の時間経過で決まった間隔をおいて規則的に情報を見直すこと――は，大いに理にかなっている。

　間をおいた反復は単純だが，脳の機能の仕方を計画的に活用するため，非常に効果的である。その方法で，人は学ぶことに力を入れるよう仕向けられ，運動に反応して筋肉がより強くなるのと同じように，脳は神経細胞間の接続を強化することで，この努力に応えてくれる。間隔をあけることによって，毎回この接続をさらに鍛えることになる。そうすれば，学んだことを長期間保持するのに役立つ。私の経験では，いったんこの方法を使い始めると，人は大いにそれが気に入る。

　健康に関する私たちの考え方は，体がどのように機能しているのかの証拠が増えることで革命的に変わってきた。それなのに，私たちのほとんどが学習に取り組む方法は，何世紀も同じままである。間をおいた反復は，より短時間でより多くのことを学べるようにするために新しい研究の結果を活用できる方法の一つに過ぎない。

●語句・構文……………………………………………………………………………………………

□ *l.* 3　find *oneself* in ～「気づけば～にいる」

□ *l.* 5　resort to ～「(手段) に訴える」

□ *l.* 8　tedious「退屈な」

□ *l.* 8　repetitive「反復的な，(変化がなく) 退屈な」

□ *l.*11　alternative「代わりの」

□ *l.*14　anatomy「解剖学」

□ *l.*19　revisit「～を見直す，～を再考する」

□ *l.*26　inherently「本来的に」

□ *l.*29　readily「すぐに」

□ *l.*46　be scattered「散らばる，ばらまかれる」

□ *l.*51　implication「意味，影響」

□ *l.*57　consolidate「～を強固にする」

□ *l.*60　make（a lot of）sense「（大いに）理にかなっている」
□ *l.*65　nerve cell「神経細胞」
□ *l.*68　revolutionize「～を革命的に変える，～に変革をもたらす」
□ *l.*71　allow *A* to *do*「*A* が～できるようにする」

解　説

　脳の機能の研究に基づいて，効果的な学習法を提案している英文である。やや専門的な語句が見受けられるが，文脈の流れはわかりやすく紛らわしい選択肢も少ないので，比較的容易に正解できるのではないだろうか。わかりにくい文章があってもあまりこだわらず，下線部の前後を集中的に読んでほしい。

A．下線部についての設問　　推定配点　40点（各4点）

(1)　正解は A ——————————————————————————————　標準

「下線部①はどのような意味か」
　A．「私たちの脳の働き方が理由で，従来の学習法はあまり役に立たない」
　B．「同じことを何度も何度も勉強すると，脳に害が生じるかもしれない」
　C．「短期間で大量の情報を覚えることは，私たちの脳の能力を高めてくれる」
　　下線部①は「それは，私たちの脳の実際の働き方に完全に反している」という意味になる。It は直前の文の this study technique「この勉強法」を指しており，その前の文の the age-old study technique「昔ながらの勉強法」のことである。Aの「従来の学習法」はこれを言い換えたものだと考えられる。下線部の直前で，この勉強法は効果がないと述べられているので，最も適切なのはAである。

(2)　正解は B ——————————————————————————————　標準

「下線部②が実際に意味しているのはどういうことか」
　A．「間をおいた反復のソフトは，情報カードよりも効果的である」
　B．「間をおいた反復のソフトは，利用者から高く評価されている」
　C．「間をおいた反復のソフトは，多くの団体によって作られている」
　　下線部②は「今ではカードの系統化を自動的に処理してくれるソフトが利用可能であり，忠実なファンを獲得している」という意味になる。「カードの系統化」とは，直前の段落で述べられている「間をおいた反復」の方法のことであり，「忠実なファン」はそのソフトを評価していると考えられるので，Bの内容がこの趣旨に最も合致している。

(3)　正解は A ——————————————————————————————　標準

「以下のうち，下線部③の意味に最も近いのはどれか」
　A．「～に類似した」

B.「～と対照的な」

C.「～の後に続く」

　along the lines of ～（＝on the lines of ～）は「～のような，～によく似た」という意味の成句である。よってAが最も近い意味を持つ。この成句の意味を知らない場合でも，直訳の意味「～の線に沿った」→「～を逸脱しない」→「～と違ったものにならない」との類推が可能である。

⑷　**正解は A** ───────────────────────────── やや易

「以下のうち，下線部④の意味に最も近いのはどれか」

A.「本質的な」

B.「取るに足らない，無意味な」

C.「見かけ上の」

　fundamental は「根本的な」の意味であり，ここでは「情報を処理し蓄積する際の脳とコンピュータとの違い」を修飾している。以下の段落ではこの違いが説明されており，それを読めばこの違いが「取るに足らない」ものや「見かけ上の」ものではないことが理解できる。よってAが最も近い意味を持つ。

⑸　**正解は B** ───────────────────────────── やや難

「下線部⑤が実際に意味しているのはどういうことか」

A.「教科書の内容を記憶するよりも，血圧を記憶する方が簡単である」

B.「脳を操作することは，血圧を操作することと同じくらい難しい」

C.「血圧とは違って，自分自身の脳を制御するのは非常に難しい」

　下線部⑤は「血圧を直接制御できないのと同じように，教科書のどれだけ多くの部分を記憶できるかを直接制御することはできない」という意味になる。no more … than ～ の構文は，比較級を用いているが「～ないのと同じように…ない」と同格の意味になる点に注意。これに最も近い意味なのはBである。Aは「血圧を記憶する」とは述べられていないので不適。Cは血圧の制御も難しいとあるので不適。

⑹　**正解は C** ───────────────────────────── 標準

「下線部⑥が実際に意味しているのはどういうことか」

A.「…と考えることはほぼ不可能である」

B.「それは多くの理論によって示唆されている」

C.「…と信じることは道理にかなっているように思われる」

　下線部⑥は「…と考えたくなる」という意味である。直後の文が当該文を補足している形になっており，その内容から our memories 以下は肯定されている。よってAは不適。また，Bの it を形式主語と考えると theories の後には that が必要であり，既出の何かを指していると考えると，やはり何らかの接続詞が必要となり不適。Cならば our memories 以下が肯定されており，かつ believe の目的語になっているので接続詞も省略できる。よってCが正解。

(7)　**正解は A** ─────────────────────────── 標準

「下線部⑦は何を指しているか」

A.「人々の記憶容量を調べる研究」

B.「間をおいた反復の利点を示す研究」

C.「脳がどのように情報を処理するかを調べる研究」

　　当該文の意味は「魅力的な研究ではあるが，それは私たちがどのように学ぶべきかに対して実際的な意味も持っている」となり，it が指しているものはこの文以前に出てきていると考えられる。それは直前の文の Studies「研究」であり，その結果は「私たちは一度に5つから7つの新しい情報しか記憶できない」ということである。よってAが最も適切である。

(8)　**正解は B** ─────────────────────────── 標準

「下線部⑧が実際に意味しているのはどういうことか」

A.「脳の働き方を理解すれば，私たちがたくさんの情報を効果的に覚えるのに役立つ」

B.「一度に大量の情報を覚えようとすることは，失敗につながるだろう」

C.「脳の限界を認識することで，私たちは困難な状況に対処できるようになる」

　　下線部⑧は「『詰め込み』は大惨事のもとである（失敗につながる）」という意味になる。当該文の前半部は「もし脳が短期間でたくさんの情報を効果的に蓄積し呼び起こすことができないとわかっているなら」という意味である。「たくさんの情報を蓄積する」＝「詰め込む」なので，「詰め込み」は記憶の方法としてはあまりよくないものであることがわかる。よってBが最も近い意味を持っている。

(9)　**正解は C** ─────────────────────────── 標準

「下線部⑨が実際に意味しているのはどういうことか」

A.「脳は，最も価値のある情報を，脳の最も重要な領域に蓄積する」

B.「脳は，最初に出会った情報を維持する傾向がより強い」

C.「脳は，自らが有用だと判断した情報を保持することを選ぶ」

　　下線部⑨の意味は「脳は自らが重要だと考えた情報の蓄積に対して優先権を与える」となる。「自らが重要だと考えた」＝「自らが有用だと判断した」，「情報の蓄積に対して優先権を与える」＝「情報を保持することを選ぶ」という関係が成り立っているので，Cが最も適切である。information it deems to be important の部分は it deems information to be important の目的語が前に出て後置修飾の形になっている。

(10)　**正解は C** ─────────────────────────── 標準

「下線部⑩はどのような意味か」

A.「運動する時間の間隔をより長くすると，筋肉を強化するのに役立つ」

B.「間をおいた反復は，取り組む時間の間隔が長すぎる場合にはあまり効果的で

ないかもしれない」

C.「勉強時間の間により長い間隔を導入すれば，学習がより効果的になる」

下線部⑩は「間隔をあけることによって，毎回この接続をさらに鍛えることになる」という意味である。当該段落は，第1文にもあるように，間をおいた反復の学習法が効果的であることを説明している。当該文も間をおいた反復の効果を肯定していると考えられるので，Cが最も適切である。なお，下線部中の these connections は直前の文の the connections between nerve cells「神経細胞間の接続」を指している。

B. 内容説明　　推定配点　28点（各4点）

(1)　**正解は B** ────────────────────────── 標準

「筆者は，教科書を中断することなく繰り返し読むことは…と主張している」

A.「間をおいた反復の優れた実例である」

B.「情報の記憶を高めない」

C.「あまり楽しくないかもしれないが，よい学習法である」

第1段第4文参照。「しかし，この勉強法は，退屈で反復的であるばかりでなく，効果のないものでもある」とあり，「この勉強法」は直前の文の「教科書を何度も何度も読み通す」という方法を指している。したがって，この趣旨に最も近いのはBである。

(2)　**正解は B** ────────────────────────── 標準

「間をおいた反復は，おそらく…を学ぶのに役に立つと推測できる」

A.「楽器」

B.「専門用語」

C.「自転車の乗り方」

第1段最終文参照。「新しい言語を学ぼうとしていたり，解剖学用語の長いリストを覚えようとしていたり，重要な試験の準備をしていたりするなら，この方法が手助けになるかもしれない」とある。この説明の中に「楽器」や「自転車の乗り方」は含まれていないが，「専門用語」は「解剖学用語の長いリスト」と一致するので，Bが最も適切である。

(3)　**正解は C** ────────────────────────── 標準

「間をおいた反復が効果的なのは，…からである」

A.「それが記憶力を改善するカードやソフトの利用を含んでいる」

B.「それが従来の学習法よりも楽しい」

C.「それが情報に頻繁に何度も触れるようにしてくれる」

第10段第2文参照。「脳は規則的に何度も出会う物事に対する記憶を強化し強固にしてくれる」とある。「規則的に何度も出会う」＝「頻繁に何度も触れる」と考

えられるので，Cの内容は本文の趣旨に合致している。

(4)　正解は A

「筆者は…という考えに同意する可能性が最も高い」

　A.「新しい学習法は脳の機能の研究に基づいている必要がある」

　B.「訓練によって，私たちは一度に7つを超える新しい情報を学ぶことができる」

　C.「人間の脳とコンピュータは相違点よりも類似点の方が多い」

　第9段第1文参照。「効果的な学習法は何であれ，脳の本来的な限界を念頭に置いて開発されなければならない」とある。「脳の本来的な限界を念頭に置く」＝「脳の機能の研究に基づく」と考えられるので，Aが本文の趣旨に最も近いと言える。

(5)　正解は B

「人間の脳は知識を…蓄積する」

　A.「たった一つの場所に」

　B.「広く散らばった領域に」

　C.「ある種のファイルの中に」

　第7段最終文参照。「私たちが何かを学んだとき，その情報はたった一つの場所に蓄えられるのではなく，すぐに脳の多くの異なる領域に散らばる」とある。この部分に合致しているのはBである。

(6)　正解は C

「本文は…ということを示唆している」

　A.「体の機能に関しては，まだ十分な研究が実施されていない」

　B.「間をおいた反復についての研究は人々の勉強法を変えた」

　C.「私たちは学習法を改善するためにまだ研究を利用していない」

　最終段最終文参照。「間をおいた反復は，より短時間でより多くのことを学べるようにするために新しい研究の結果を活用できる方法の一つに過ぎない」とある。直前の文の「私たちのほとんどが学習に取り組む方法は，何世紀も同じままである」を考え合わせると，「新しい研究がまだ活用されていない」のだと考えられる。よってCが最も適切である。

(7)　正解は A

「この文章における筆者の主たる目的は，…を説明することである」

　A.「情報を記憶するための効果的な方法」

　B.「脳が情報を処理する方法」

　C.「脳とコンピュータとのいくつかの違い」

　「詰め込み」は勉強法としてはあまり効果的でなく，「間をおいた反復」が新しくて効果的な学習法であると提案している文章である。よってAが最も適切である。「間をおいた反復」の効果を説明するために述べられているのがBの「脳が情報を

処理する方法」なので，本文全体の主旨ではない。Ｃも本文の一部を説明している
に過ぎない。

A. (1)—A (2)—B (3)—A (4)—A (5)—B (6)—C (7)—A (8)—B
   (9)—C (10)—C
B. (1)—B (2)—B (3)—C (4)—A (5)—B (6)—C (7)—A

解 答

37

目標解答時間 30分

A．次の英文の下線部①～⑩について，後の設問に対する答えとして最も適当
　なものをそれぞれA～Cから一つずつ選び，その記号をマークしなさい。

Today, attending school is the main activity of teens, and there has
been a striking increase in high school graduation rates across all groups in
society. High school completion rates for young adults (aged 25-29) are now
nearly 90 percent for both whites and African Americans, with the earlier
①
differences between the races disappearing by 1998. Hispanics have not   5
made the same gains, however, as the proportion of those aged 25-29
completing high school was only 63 percent in 1998. However, the figures
for Hispanics include individuals who immigrated as adults and thus have
had fewer educational opportunities in the United States.

　　Now, more than ever, a high school diploma is necessary for economic   10
success. A high school diploma is, of course, required for college attendance,
and the economic benefits of a college education are higher than ever
before. In 1999, for example, men with a high school education earned 47
percent more than dropouts, up from 22 percent in 1979. But, in addition,
②
research shows that high school students who develop strong thinking   15
skills receive clear economic gains. Among individuals with a high school
education, but no college education, those with a greater mastery of basic
math and reading skills have higher wages. A significant part of the
greater wages associated with college attendance may be the shift of jobs
toward greater use of information technology (IT) and computers in the   20
workplace. Employers seem to increasingly need workers with computer as
well as basic problem-solving skills.

　　The substantially greater economic gains to college education have
almost certainly contributed to teens' greater desire to attend college.
③

25　Between 1979 and 1999 weekly wages increased by almost 15 percent for male college graduates, while falling by 12 percent for men with only a high school diploma (for full-time workers age 25 and over). As a result of these trends, college graduates earned 68 percent more than high school graduates in 1999, up from a 29-percent difference in 1979.

30　Students and their schools are responding to the greater earnings opportunities arising from higher skills—teens are taking tougher courses and are achieving more in school. High school teens today are taking more courses in core academic subjects than did their counterparts in the early
④
1980s, and the courses they are taking are more challenging. For example,
35　a higher percentage of high school graduates are completing higher-level mathematics courses, as well as courses in biology, chemistry, and physics, than in the 1980s.

Moreover, when tested for basic skills, teenagers are doing better. Progress was also found in science achievement levels, relative to the early
⑤
40　1980s, though there was little change in reading performance from 1971 through 1996. In addition, improvement can be seen in the scores on the Scholastic Assessment Test (SAT, a test typically taken by high school students intending to go to college). Between 1976 and 1995, the combined verbal and mathematics scores of African Americans climbed by over 50
45　points, while those of white students remained roughly stable. Trends in average SAT scores are particularly impressive given that the proportion of
⑥
high school graduates taking the test has increased by about a fourth since the early 1970s.

The clear goal for many teens is to attend college, as is evident in the
50　dramatic upward trend in college completion rates. College completion rates increased from 5.9 percent in 1940 to 27.3 percent in 1998. (Women are now continuing on to college in record numbers; since 1980 more women have been enrolled in college than men.) However, in contrast to high school completion rates, the racial and ethnic gap in college graduation
⑦

rates remains large.   55

Because African American students attend college at lower rates, they are considerably less likely to prepare for careers in the high-paying IT area. A recent report by the Office of Technology Policy indicates a striking divide in the IT work force, with African Americans and Hispanics significantly absent from this rapidly growing, highly-paid area. There are   60
also few women in IT, but in contrast to racial minorities, women are less likely than men to choose science and engineering fields when in college.

One key reason why some groups are left behind in college attendance is parental income. High-income families are much more likely to send their teens to college, and they are particularly likely to send them to four-   65
year colleges. The vast majority (90 percent) of students whose parents were in the richest 25 percent were pursuing higher education within 20 months of high school graduation, compared with only 60 percent of students whose parents were in the poorest 25 percent. Moreover, of those lower-income students enrolling in post-secondary education, fewer than   70
half enrolled in four-year college, compared with almost three quarters of students from the top income group. Some of these differences in college attendance may arise from differences in preparedness for college and in family attitudes toward education, rather than from financial barriers. However, even after considering such family background influences,   75
parental income remains very important in determining college attendance.

From Teens and Their Parents in the 21st Century: An Examination of Trends in
Teen Behavior and the Role of Parental Involvement, Council of Economic Advisers

(1) What can be understood from Underline ①?

  A. People have stopped competing with each other for high school admission.

  B. Hispanics have caught up with the other races with respect to graduation.

C. African Americans had lower high school completion rates before 1998.

(2) Which of the following has a meaning closest to Underline ②?

A. people who completed a high school education

B. people who quit high school for some reason

C. people who failed to earn a course credit

(3) Which of the following has a meaning closest to Underline ③?

A. played a role in

B. followed the path of

C. took a chance on

(4) What does Underline ④ refer to?

A. students and their schools

B. high school teens

C. core academic subjects

(5) Which of the following has a meaning closest to Underline ⑤?

A. in place of

B. compared with

C. according to

(6) Which of the following has a meaning closest to Underline ⑥?

A. though

B. if

C. considering that

(7) Which of the following has a meaning closest to Underline ⑦?

A. The difference in college graduation rates between races and ethnicities is getting smaller.

 B．College graduation rates are almost the same across all races and ethnicities.

 C．College graduation rates are still quite different depending on students' race and ethnicity.

⑻ Which of the following has a meaning closest to Underline ⑧?

 A．big difference

 B．conceptual shift

 C．surprising device

⑼ What does Underline ⑨ imply?

 A．Most women from racial minorities choose to major in subjects other than science at college.

 B．The reason there are few women in IT is different from the reason there are few men from minorities in IT.

 C．Women do not choose science and engineering as a career because these fields are dominated by men.

⑽ What does Underline ⑩ refer to?

 A．parents not having enough money

 B．parents thinking higher education unnecessary

 C．parents not having had a better education

B．本文の内容に照らして最も適当なものをそれぞれA～Cから一つずつ選び，その記号をマークしなさい。

⑴ In US high school graduation rates reported in 1998,

 A．the figures for Hispanics may have been influenced by their different situation.

B．the figures for whites were higher than those for African Americans.

C．the average of whites and African Americans was more than 90 percent.

(2) From the passage, it can be inferred that

A．developing stronger thinking skills is the basic requirement for college students.

B．high school graduates can earn higher salaries than college graduates, depending on the work.

C．people feel college education is a matter of acquiring skills for earning higher salaries.

(3) According to the fourth paragraph, starting "Students and their,"

A．as a result of greater earning opportunities, high school students started to take more courses directly related to future jobs.

B．greater earning opportunities led high school teens to take more challenging courses and gain higher grades.

C．high school students began to achieve more in subjects outside the basic curriculum and their earning opportunities increased.

(4) The changes in average SAT scores suggest that

A．the number of test takers has risen by 25 percent.

B．non-white students are performing much better than before.

C．reading ability has barely changed for more than 20 years.

(5) The author suggests that, at the time the passage was written, the group in the US most likely to go to college was

A．white women.

B．African Americans.

C．white men.

(6)　The relationship between college attendance and parental income can be summarized as

    A．"education is what counts."

    B．"easier said than done."

    C．"the rich stay rich, the poor stay poor."

(7)　The main purpose of this passage is to

    A．encourage students from different backgrounds to enter university.

    B．describe the reasons why American teenagers pursue higher education.

    C．show that parental income is the most important factor in college success.

全訳

≪高学歴を求めるアメリカの若者たち≫

　今日，学校に通うということは 10 代の若者たちの主要な活動で，社会のあらゆる集団において，高校の卒業率は著しく上昇してきた。若い成人（25 ～ 29 歳）の高卒率は今では白人，アフリカ系アメリカ人ともにほぼ 90%で，以前に存在したこれら人種間の差は 1998 年までにはなくなっている。しかし，ヒスパニック系の人々には同じような増加は見られず，1998 年の段階で，25 ～ 29 歳の人々の高卒率は 63%しかなかった。しかしながら，ヒスパニック系の人々の数には，大人になってからアメリカに移住したため，アメリカで教育を受ける機会が少なかった人たちも含まれている。

　現在，経済的に成功するためには，これまで以上に，高校の卒業証書が必要とされている。当然，大学に通うためには高校の卒業証書が必要で，大学教育を受けることの経済的恩恵は，以前よりも大きくなっている。例えば，1999 年では，高校教育を受けた男性は，高校を中退した人よりも 47%収入が多く，1979 年の 22%から上昇している。しかし，これに加え，調査では，しっかりとした思考力を身につけた高校生たちは，明らかに経済的な利益を得ていることがわかった。大学教育を受けておらず，高校教育を受けた人たちの中で，基本的な数学の力や読解力をしっかり習得した人たちは，より高い賃金を得ていたのである。大学に行くことと関連した賃金の増加が示唆するのは，職場で情報技術（IT）やコンピュータを多く使う方向へと仕事が変化したことかもしれない。雇用主はますます基本的な問題解決能力だけでなく，コンピュータを使える能力を持った労働者を必要としているようだ。

　大学教育を受けることによって実質的に大きくなる経済的恩恵が，10 代の若者たちが大学に行くことをより望む一因となっていることはほぼ間違いない。1979 年から 1999 年の間に，週の賃金は大卒の男性でほぼ 15%上がっているが，高卒の男性は 12%下がっている（25 歳以上のフルタイムの労働者）。こういった動向の結果，1999 年には，大卒の人は高卒の人よりも 68%多く稼ぐようになり，1979 年の29%から，その差が大きくなっている。

　学生や学校は，より高い技術を持つことで生じるより大きな収入の機会に対応している——10 代の若者はより単位を取るのが難しい科目を履修し，学校での達成度が高くなっている。今日の高校生たちは，主要科目において，1980 年代前半の高校生たちが履修したよりも多くの科目を履修しており，それらの科目はよりやりがいのあるものになっている。例えば，1980 年代と比べ，高校を卒業した人では，生物，化学，物理の科目とともにより高度な数学の科目も修了している人の割合が高くなっている。

　さらに，基礎能力をテストすると，10 代の若者たちは以前よりも成績がよい。1971 年から 1996 年まで読解力においてはあまり変化が見られなかったが，科学分野の到達レベルでは 1980 年代初頭と比べると進歩が見られた。さらに，大学進学適性試験（大学進学を希望する高校生が受ける代表的な試験，通称 SAT）の得点においても向上が見られる。白人生徒の得点はほぼ横ばいであったが，1976 年から 1995 年の間に，アフリカ系アメリカ人の口頭試験と数学を合わせた得点は 50 点以上上昇した。試験を受けている高卒生の割合が，1970 年代前半から約 25%増加

していることを考慮すれば，SAT の平均得点の動向は非常に印象的である。

　大学を修了する人の割合が劇的に増えている傾向から明らかなように，多くの 10 代の若者たちの明確な目標は大学に行くことである。大学を修了する人の割合は，1940 年の 5.9%から，1998 年の 27.3%へと上昇した。（女性は記録的な数で大学進学者が増え続けており，1980 年以降ずっと，男性よりも女性の方が大学へ入学する人数が多い。）しかし，高校修了率と比べ，大学卒業率における人種および民族間の隔たりは大きなままである。

　アフリカ系アメリカ人の学生は大学へ入学する率が低いので，給与の高い IT 分野で仕事を得る準備ができているケースはかなり少ない。科学技術政策局による最近の報告では，IT 分野の労働力において著しい隔たりがあり，この急速に成長している給与の高い分野には，アフリカ系アメリカ人やヒスパニック系の人々が著しく欠けていることが報告されている。また IT 分野には女性も少ないのだが，人種的マイノリティとは対照的で，女性は男性に比べて大学時代に科学や工学の分野を選択する可能性が低い。

　大学進学において一部のグループが遅れをとっている主な理由は，親の収入である。高収入の家庭は 10 代の子どもを大学に行かせる可能性が断然高く，特に 4 年制大学に行かせる可能性が高い。親が下位 25%の貧困層に属する学生ではわずか 60%であるのに対し，親が上位 25%の富裕層である学生の大半（90%）は，高校卒業後 20 カ月以内にさらなる高等教育へと進んでいる。さらに，収入がトップレベルの家庭の学生は，ほぼ 4 分の 3 が 4 年制大学であるが，中等教育後の教育機関に入学した収入の低い家庭の学生の中で，4 年制大学に入学する学生は半分に満たない。大学進学におけるこうした違いのいくつかは，財政的な障害からよりもむしろ，大学に向けての準備や教育に対する家族の態度の違いから生じているのかもしれない。しかしながら，そういった家庭環境の影響を考慮しても，大学進学の決定において，親の収入が非常に重要であることに変わりはない。

●語句・構文・・

- □ *l.* 2　striking「著しい」
- □ *l.* 6　make gains「進歩する」
- □ *l.* 8　immigrate「移住する」
- □ *l.*10　diploma「卒業証書」
- □ *l.*19　A associated with B「B と関連した A」
- □ *l.*19　the shift of A toward B「A の B への変化，A が B へと変化すること」
- □ *l.*34　challenging「難しい（が，やりがいのある）」
- □ *l.*53　in contrast to ～「～と比べて」
- □ *l.*57　be less likely to *do*「～することが少ない，～する可能性が低い」
- □ *l.*60　be absent from ～「～にいない」　本文では付帯状況を表す with O C の形になっているので，be 動詞は見られない。
- □ *l.*63　leave A behind「A の先を行く，A を引き離す」

□ *l.* 67　pursue「～を続行する，～を追求する」
□ *l.* 70　post-secondary「中等教育後の，高校卒業後の」
□ *l.* 73　arise from ～「～から生じる」

解　説

　アメリカの若者たちがより高い教育を求める理由を説明している英文である。特に常識を覆すような内容が述べられているわけではないので，意味をつかむのはそれほど難しくない。また，語彙や語法も難解なものが少なく，紛らわしい選択肢もほとんどない。丁寧に読んでいけば高い正答率が期待できる。なお，2017年度よりＡの設問が英語になっている。

Ａ．下線部についての設問　　推定配点　40点（各4点）

(1)　正解は Ｃ ───────────────────────────────

「下線部①からどのようなことが理解できるか」

　Ａ．「人々は高校入学をめぐって互いに競い合うのをやめた」

　Ｂ．「ヒスパニック系の人々は，卒業に関して他の人種に追いついた」

　Ｃ．「アフリカ系アメリカ人は1998年よりも前には高卒率が低かった」

　　下線部①は with *A doing* の形で「*A* が～している（状態で）」と付帯状況を表す。よって意味は「以前に存在したこれら人種間の差は1998年までにはなくなっている（状態である）」となる。この部分を逆に考えれば，1998年までは人種間の差が大きかったことになり，その差は直前で述べられている「白人，アフリカ系アメリカ人」の高卒率の違いなので，この2点を言い表しているのはＣということになる。

(2)　正解は Ｂ ───────────────────────────────

「以下のうち，下線部②の意味に最も近いのはどれか」

　Ａ．「高校教育を修了した人々」

　Ｂ．「何らかの理由で高校をやめた人々」

　Ｃ．「ある科目の単位を取れなかった人々」

　　当該文の意味は「例えば，1999年では，高校教育を受けた男性は，～よりも47％収入が多く，1979年の22％から上昇している」となる。つまり，下線部②は高卒者との比較対象者ということになるので，最も適切なのはＢである。

(3)　正解は Ａ ─────────────────────────────── やや難

「以下のうち，下線部③の意味に最も近いのはどれか」

　Ａ．「～において役割を果たした」

　Ｂ．「～の道をたどった」

　Ｃ．「いちかばちか～に賭けた」

下線部③は「〜の一因となった」という意味になるので，Aが最も近い意味を持つ。contribute to 〜の意味を知らなくても，当該文の主語が「大学教育を受けることによって実質的に大きくなる経済的恩恵」，下線部の直後が「10 代の若者の大学入学願望の増大」という意味であることから，前者が後者の理由になっていることがわかり，そこからの類推も可能である。

(4)　正解は B ―――――――――――――――――――――――――― 標準

「下線部④は何を指しているか」

当該文の 1980s までの部分の意味は，「今日の高校生たちは，主要科目において，1980 年代前半の〜がしたよりも多くの科目を履修している」となるので，High school teens today と their counterparts in the early 1980s とが比較対照されていると考えてよい。よって正解はBの high school teens となる。counterpart「対応するもの（人）」

(5)　正解は B ―――――――――――――――――――――――――― やや易

「以下のうち，下線部⑤の意味に最も近いのはどれか」

A．「〜の代わりに」

B．「〜と比べて」

C．「〜によれば」

下線部⑤ relative to 〜は「〜に関して」と「〜と比較すると」の2つの意味があり，当該箇所では後者の意味で用いられていると考えられる。よってBが最も近い意味を持つ。

(6)　正解は C ―――――――――――――――――――――――――― 標準

「以下のうち，下線部⑥の意味に最も近いのはどれか」

A．「〜だけれども」

B．「もし〜ならば」

C．「〜ということを考慮すれば」

given that S V で「SがVすることを考慮すれば」という意味である。下線部⑥以下は「試験を受けている高卒生の割合が，1970 年代前半から約 25％増加していることを考慮すれば」となる。よってCが最も近い意味を持つ。

(7)　正解は C ―――――――――――――――――――――――――― 標準

「以下のうち，下線部⑦の意味に最も近いのはどれか」

A．「大学卒業率における人種および民族間の差は，小さくなりつつある」

B．「大学卒業率は，全ての人種，民族においてほぼ同じである」

C．「大学卒業率は，学生の人種や民族性によって今でも大きく異なる」

下線部⑦の意味は「大学卒業率における人種および民族間の隔たりは大きなままである」となる。よってCが最も近い意味を持つ。gap「隔たり，相違」を知らない受験生は少ないだろうが，下線部で large という語が用いられていることからも

類推可能である。

(8)　**正解は A** ──────────────────────── やや難

「以下のうち，下線部⑧の意味に最も近いのはどれか」

　A．「大きな差」

　B．「概念の変化」

　C．「驚くべき装置」

　　下線部⑧の意味は「著しい隔たり」となるのでAが最も近い意味を持つ。直後の with 以下は下線部の付帯状況を説明している部分で，「この急速に成長している給料の高い分野には，アフリカ系アメリカ人やヒスパニック系の人々が著しく欠けている」という意味であることからも類推可能である。

(9)　**正解は B** ──────────────────────── やや難

「下線部⑨はどのような意味か」

　A．「人種的マイノリティに属する女性の大半は，大学で科学以外の科目の専攻を選んでいる」

　B．「IT 分野に女性がほとんどいない理由は，IT 分野にマイノリティ出身の男性がほとんどいない理由とは異なる」

　C．「女性が科学や工学を職業として選択しないのは，これらの分野が男性に多数を占められているからである」

　　下線部⑨は「人種的マイノリティとは対照的で，女性は男性に比べて大学時代に科学や工学の分野を選択する可能性が低い」という意味になる。当該段第1文ではIT 分野において人種的マイノリティが少ないのは，そもそも大学への進学率が低いからであると述べられている。一方，当該文では「人種的マイノリティとは対照的で」と，IT 分野に女性が少ない理由を別個に説明している。よってBが最も適切である。

(10)　**正解は A** ──────────────────────── 標準

「下線部⑩は何を指しているか」

　A．「十分なお金を持っていない親」

　B．「さらなる高等教育は不要だと考えている親」

　C．「よりよい教育を受けてこなかった親」

　　下線部⑩は「財政的（金銭的）な障害」という意味なのでAが最も適切である。当該文の意味は「大学進学におけるこうした違いのいくつかは，～からよりもむしろ，大学に向けての準備や教育に対する家族の態度の違いから生じているのかもしれない」となる。つまり，下線部には，「大学進学に足るだけの学力がない」や「家族が進学をあまり望んでいない」などの理由以外のものが入ることになり，この点からも類推可能である。

B．内容説明　　推定配点　28 点（各 4 点）

(1)　**正解は A**　━━━━━━━━━━━━━━━━━━━━━━━━━━━━ 標準

「1998 年に報告されたアメリカの高校卒業率では，…」

A．「ヒスパニック系の人々の数値は，彼ら独自の状況に影響を受けたのかもしれない」

B．「白人の数値は，アフリカ系アメリカ人の数値よりも高かった」

C．「白人とアフリカ系アメリカ人の平均値は 90％を超えていた」

　1998 年の報告については第 1 段で述べられている。第 2 文前半は「若い成人（25 ～ 29 歳）の高卒率は今では白人，アフリカ系アメリカ人ともにほぼ 90％である」という意味で，90％を超えていないので C は不適。第 2 文後半（下線部①）は「以前にあったこれら人種間の差はなくなった」という意味なので B も不適。一方，最終文「ヒスパニック系の人々の数には，大人になってからアメリカに移住したため，アメリカで教育を受ける機会が少なかった人たちも含まれている」では，ヒスパニック系の特殊事情が述べられている。よって A が最も適切である。

(2)　**正解は C**　━━━━━━━━━━━━━━━━━━━━━━━━━━━━ やや難

「本文から，…ということが推測できる」

A．「しっかりとした思考力を発達させることは，大学生に対する基本的な必要条件である」

B．「仕事によっては，高卒者が大卒者よりも高給を得ることが可能である」

C．「大学教育とは高給を得るためのスキルを獲得するかどうかの問題であると人々は感じている」

　第 3 段第 1 文参照。「大学教育を受けることによって実質的に大きくなる経済的恩恵が，10 代の若者たちが大学に行くことをより望む一因となっていることはほぼ間違いない」とある。本文では高等教育と卒業後の収入との関係が強調されている点に注意。A は学生が学ぶときの本分を述べているに過ぎないので不適。B のようなことはあるかもしれないが，本文の趣旨には明らかに反している。C は，高給を得るために大学へ進学するという本文の趣旨に合致するので，これが正解。

(3)　**正解は B**　━━━━━━━━━━━━━━━━━━━━━━━━━━━━ 標準

「"Students and their" で始まる第 4 段によると，…」

A．「収入の機会が増えた結果として，高校生は将来の仕事に直接関係する科目をより多く取り始めた」

B．「収入の機会が増えたために，高校生はよりやりがいのある科目を取って，より高い成績を収めた」

C．「高校生は，基本カリキュラムの範囲を超えた科目で，より多くのことを習得し始め，彼らの収入の機会が増えた」

　第 2 文前半に「今日の高校生たちは，主要科目において，より多くの科目を履修

している」とあり，Aの「将来の仕事に直接関係する科目」とCの「基本カリキュラムの範囲を超えた科目」はこの部分に反しているため不適。一方，Bの内容は，第1文最終部分の「10代の若者は学校での達成度が高くなっている」や，第2文後半の「彼らが履修している科目はよりやりがいのあるものになっている」と合致している。よってBが最も適切である。

(4)　正解は B ━━━━━━━━━━━━━━━━━━━━━━━━━ 標準

「SAT の平均点の変化は…ということを示している」

A.「試験を受ける人間の数が 25％上昇した」

B.「白人でない学生は以前よりもはるかに成績がよくなっている」

C.「読解力は 20 年以上ほとんど変わっていない」

　SAT の結果分析については，第5段第3文以降で述べられている。第4文の「1976 年から 1995 年の間に，アフリカ系アメリカ人の口頭試験と数学を合わせた得点は 50 点以上上昇した」の部分から，Bが最も適切である。Aと一致する記述も最終文にあるが，「25％の上昇」は SAT の平均点の変化とは無関係であり不適。読解力の変化については，SAT ではなく基礎能力のテストの結果なので（第1・2文）Cも不適。

(5)　正解は A ━━━━━━━━━━━━━━━━━━━━━━━━━ 標準

「筆者は，本文が書かれた時点では，アメリカで大学へ行く可能性が最も高いグループは…であったと示唆している」

A.「白人女性」

B.「アフリカ系アメリカ人」

C.「白人男性」

　第6段第3文で「1980 年以降ずっと，男性よりも女性の方が大学へ入学する人数が多い」とあり，さらに第7段第1文では「アフリカ系アメリカ人の学生は大学へ入学する率が低い」と述べられている。この2点を総合すると，正解はAとなる。

(6)　正解は C ━━━━━━━━━━━━━━━━━━━━━━━━━ やや易

「大学進学と親の収入との関係は，…として要約できる」

A.「『教育は重要なものである』」

B.「『口で言うのは実行するよりも簡単だ』」

C.「『裕福な人は裕福なままであり，貧しい人は貧しいままである』」

　本文で述べられている主張は「高学歴は高収入につながる」という点であり，これは随所に見受けられる。また，最終段第2文では「高収入の家庭は 10 代の子どもを大学，特に4年制大学に行かせる可能性が断然高い」と述べられているので，「親が高収入」→「子どもが高学歴」→「子どもも高収入」の連鎖が生まれる。一方低所得者層はこの逆の連鎖が生じると考えられるので（最終段第3文後半・第4文前半），これをまとめればCの内容になる。

⑺　正解は **B** ── 標準

「この文章の主たる目的は…ことである」

　A.「様々な生い立ちの学生たちを大学へ入学するよう奨励する」

　B.「アメリカの10代の若者たちがより高い教育を追い求める理由を説明する」

　C.「大学での成功においては親の収入が最も重要な要因であると示す」

　　第1段では若者がより高い教育を求める現状が述べられており，第2段ではそれが経済的成功のためであると述べられている。さらに，第3段以降では，高学歴が高収入につながっている実態が例証されている。これらの流れを踏まえると，Bが最も適切であると考えられる。

A.　⑴—C　⑵—B　⑶—A　⑷—B　⑸—B　⑹—C　⑺—C　⑻—A
　　⑼—B　⑽—A
B.　⑴—A　⑵—C　⑶—B　⑷—B　⑸—A　⑹—C　⑺—B

解答

38 2016年度　全学部日程・センター中期2月7日実施分〔Ⅲ〕

目標解答時間 30分

A．次の英文の下線部①〜⑩について，後の設問に対する答えとして最も適当なものをそれぞれA〜Cから一つずつ選び，その記号をマークしなさい。

There are many aspects of life in which money is offered as a way to motivate people, and indeed it is sometimes a successful motivator. This is not always the case, however. When people do something simply to be kind rather than make a profit, payments may in fact complicate the situation.
①

5　This phenomenon, in which financial reward—or sometimes financial penalty—actually lowers any other motivations, is referred to scientifically as "motivation crowding." One example of this comes from my personal
②
experience. A few months ago, a friend from the nearby state of Connecticut decided to move to New York City. This man had an impressive collection

10　of antiques, which included extremely beautiful, delicate old books and fancy, hand-made Murano glasses from generations ago. I knew how attached
③
he was to them, and how anxious he would feel if they were put in the hands of a moving company, so the last time I visited him, I offered to carry the most fragile items with me back to New York. Two weeks later I got a

15　thank-you letter with fifty dollars enclosed. Perhaps my friend did not realize it, but actually, I found his action to be rather insulting.

We can find another example in the relationship between governments and their citizens. For years, Switzerland has been considering where to store its nuclear waste. The authorities considered a few different underground

20　locations for this waste, including the village of Wolfenschiessen in the center of the country. In order to find out whether people would support this plan, the economist Bruno Frey and his fellow researchers from the University of Zurich traveled to Wolfenschiessen and recorded people's opinions at a community meeting. Surprisingly, 50.8% were in favor of the proposal.
④

Their positive response could be the result of several factors, including ²⁵
national pride, common decency, social obligation, and the prospect of new
jobs. But when the team carried out the survey a second time, the rate
plunged: Only 24.6% were now willing to support the proposal. What might
<u>account for this difference</u>? The second time, Frey and his colleagues had
⑤
mentioned to the people that if they were willing to accept the proposal, a ³⁰
reward of $5,000 might be given to each townsperson, paid for by Swiss
taxpayers.

A further example of motivation crowding can be found at children's
daycare centers. Daycare workers all around the world face the same issue:
How should they deal with parents who pick up their children after closing ³⁵
time? The staff members have no choice but to wait. They can hardly put
the last remaining children in taxis or leave them on the sidewalk next to a
road. But to make things run more smoothly, many daycare centers have
introduced extra fees for parents who come late, thinking that this will
motivate them to arrive before closing time. Nevertheless, studies show that ⁴⁰
the number of parents who come late has actually increased following the
imposing of such penalty fees.

The above three stories illustrate one thing: money does not always
motivate. Indeed, in many cases, it does just the opposite. When my friend
slipped me the fifty dollars, he made <u>my good deed</u> look less valuable, and, ⁴⁵
⑥
as a result, also spoiled our friendship. The offer of compensation for the
nuclear storage was perceived as cheapening the community and patriotic
spirit. The daycare center's introduction of late fees transformed its
relationship with parents from a personal one to a financial one, and
essentially made their lateness legally acceptable. ⁵⁰

Suppose you run a non-profit organization. Logically, the wages you pay
are quite modest. Nevertheless, your employees are highly motivated
because they believe they are making a difference. If you suddenly introduce
a bonus system—for example, a small salary increase for every donation

55　received—motivation crowding will begin.　Your team will begin to ignore

tasks that bring no extra financial reward.　Things such as creativity,

company reputation, and knowledge transfer will no longer matter.　Soon, all

efforts will <u>zoom in</u> on attracting donations.

　　　⑦

　　　So, who is safe from motivation crowding?　This tip should help: Does

60　anyone know private bankers or insurance agents who do their jobs <u>out of</u>

　　　　　　　　　　　　　　　　　　　　　　　　　　　　　　　　　⑧

<u>passion</u>?　Financial incentives and performance bonuses work well in

industries with generally uninspiring jobs, industries where employees are

not proud of the products or the companies and do the work simply because

they get <u>a pay check</u>.　On the other hand, if you create a new business, you

　　　　　　⑨

65　would be wise to encourage employees to be enthusiastic about the company's

endeavors, rather than trying to persuade them to work hard by offering

juicy bonuses.

　　　Here is one final tip for those of you who have children: Experience

shows that young people are not for sale.　If you want your kids to do their

70　homework, practice musical instruments, or even help with the work around

the house once in a while, do not <u>reach for your wallet</u>.　Instead, give them

　　　　　　　　　　　　　　　　　　　⑩

a fixed amount of pocket money each week.　Otherwise, they will take

advantage of the system and soon refuse to go to bed without compensation.

(1)　下線部①の意味に最も近いものはどれか。

　A．paying respects is well rewarded

　B．giving money can cause problems

　C．currency exchange becomes a problem

(2)　下線部②から読み取れるものはどれか。

　　A．The author made up a story to show this idea.

　　B．Motivation crowding was defined by the author's experience.

　　C．The author went through a bad experience because of money.

(3)　下線部③から読み取れるものはどれか。

　　A．The friend truly valued these hand-made possessions.

　　B．The fragile glasses and antique furniture were close to each other.

　　C．The glasses and books were kept near the friend at home.

(4)　下線部④から読み取れるものはどれか。

　　A．It was surprising that only a half of the residents agreed to the proposal.

　　B．It was not expected that so many people would accept the request.

　　C．In general, getting any positive answers to a request is hard.

(5)　下線部⑤の意味に最も近いものはどれか。

　　A．emphasize the gaps

　　B．make a higher profit

　　C．explain the decrease

(6)　下線部⑥が意味することはどれか。

　　A．an intention the author is keeping in mind

　　B．the action that the author repeats to help others

　　C．helping the friend move the expensive antiques

(7)　下線部⑦の意味に最も近いものはどれか。

　　A．concentrate

　　B．have an influence

　　C．close up

(8)　下線部⑧の意味に最も近いものはどれか。

　A．with a religious belief and purpose

　B．feeling reluctant and unsure

　C．with strong interest and enthusiasm

(9)　下線部⑨が意味することは具体的に何か。

　A．wages

　B．an income evaluation

　C．employment

(10)　下線部⑩が意味することはどれか。

　A．go shopping

　B．give money

　C．transfer goods

B．本文の内容に照らして最も適当なものをそれぞれA〜Cから一つずつ選び、
　その記号をマークしなさい。

(1)　According to the second paragraph, starting "This phenomenon," the author traveled with his friend's valuable, fine items

　A．for a financial reason.

　B．to do him a favor.

　C．because they were beautiful.

(2)　In the third paragraph, starting "We can find," the financial compensation suggested to Wolfenschiessen

　A．functioned to raise more consent from the citizens.

　B．made the facility seem more attractive than before.

　C．caused about a quarter of the residents to change their minds.

(3) According to the fourth paragraph, starting "A further example," the penalty fees at the daycare centers

  A. reminded the parents to come and pick up their children at an appropriate time.

  B. successfully solved the problem that the daycare staff had suffered.

  C. brought an undesirable consequence to the daycare staff.

(4) According to the sixth paragraph, starting "Suppose you run," employees who work for relatively low wages in non-profit organizations are, in general,

  A. eager to work because they believe in the mission.

  B. interested in getting donations in order to be promoted.

  C. not influenced by small pay increases.

(5) According to the seventh paragraph, starting "So, who is," motivation crowding is less likely to occur in businesses

  A. where creativity and passion are required.

  B. in which jobs are dull and systematic.

  C. with employees who love the products.

(6) According to the last paragraph, the author thinks that

  A. children should be offered money in exchange for their achievements.

  B. it is a good idea to make children experience motivation crowding.

  C. adults should avoid giving financial reward for children's efforts.

(7) The best title for this passage is

  A. "Can People Really Be Encouraged by Money?"

  B. "The Importance of Financial Incentives."

  C. "Bonus: The Source of Motivation."

全訳

≪人は本当にお金に促され得るのか≫

　生活の多くの面で，お金が人々を動機づける方法として提供されることがある。そして実際のところ，お金は時に上首尾の誘因となるものだ。しかしながら，これは常に当てはまるというわけではない。人々が利益を上げるよりはむしろ単に親切であろうとして何かをするとき，お金を支払うことは実は状況を複雑にするかもしれない。

　この現象（お金の報酬――あるいは時にお金の罰――は，実際に，他のどんな動機づけをも低下させること）は，科学的に「モチベーション・クラウディング」と呼ばれている。このことの実例の一つは，私の個人的経験に由来する。数カ月前，近くのコネチカット州出身の友人は，ニューヨーク市へ引っ越すことに決めた。この男性は，素晴らしい骨董品のコレクションを持っていたが，その中にはきわめて美しく傷みやすい古書や，年代物の装飾的な手作りのムラノガラスが含まれていた。私は，彼がどれほどそれらに愛着を持っていたか，そして，それらが引越会社の手に委ねられたならば，彼がどれくらい不安に感じるだろうかがわかっていたので，この前に彼を訪ねたとき，最も壊れやすい物は私がニューヨークへ戻る際に持って行こうと申し出た。2週間後に，私は50ドルが同封された礼状をもらった。おそらく，私の友人は理解していなかっただろうが，実は，私は彼の行動をむしろ侮辱的であると思ったのだ。

　別の例が政府と国民との関係に見出せる。長い間，スイスは，どこに核廃棄物を保管するべきかについて考えてきた。当局は，この廃棄物のための地下の候補地を数カ所考えたが，その中には，国の中央部にあるヴォルフェンシーエッセン村も含まれていた。人々がこの計画を支持するかどうかを知るために，チューリッヒ大学の経済学者ブルーノ＝フライと彼の同僚の研究者たちは，ヴォルフェンシーエッセンに行って，その地域の集会で人々の意見を記録した。驚くべきことに，50.8%が提案に賛成だった。彼らの前向きな反応は，国民のプライド，一般良識，社会的義務感，および新たな職場ができる見込みを含めた，いくつかの要因の結果かもしれない。しかし，このチームが二度目に調査を行ったとき，その割合は急落し，今回はわずか24.6%が提案を支持する気になったのであった。何が，この差を説明できるのだろうか。二度目のとき，フライと彼の同僚は，提案を受け入れる気があるならば，町の人それぞれに，スイスの納税者によって支払われる5,000ドルの補償金が与えられるかもしれない，と人々に言っていたのだった。

　モチベーション・クラウディングのさらなる例は，子どもの保育所で見出せる。世界中の保育所の労働者は，同じ問題――閉園時間以後に子どもたちを迎えに来る親にどう対処すべきか――に直面している。スタッフは，待つほか仕方がない。最後に残った子どもたちをタクシーに乗せたりもできないし，車道脇の歩道に子どもを置き去りにすることもできない。しかし，状況を円滑に運ぶために，多くの保育所は遅れて来る親に対して追加料金を導入し，これが親たちに閉園時間前に来る動機を与えると思った。にもかかわらず，調査によると，遅れて来る親の数はそのようなペナルティ料金を課したあと，実際は増加したのである。

　上記三つの話は，一つのことを例証している。つまり，お金は必ずしも動機づけ

をするとは限らないのだ。実際，多くの場合，まさに正反対のことをする。私の友人が私に 50 ドルをそっと渡したとき，彼は私の親切な行いの価値を貶め，また，その結果，われわれの友情をも台無しにしたのである。核保管に対する補償金の申し出は，コミュニティと愛国心の価値を下げるものとして解釈されたのだ。保育所の遅延料の導入は，親との関係を対人的なものから金銭的なものへと変えて，本質的に親の遅延を規則の上で許容できるものにしたのである。

　あなたが NPO を運営するとしよう。必然的に，あなたが払う賃金はまったくささやかなものである。それでも，職員は変化をもたらしていると思っているので，彼らはたいそう意欲的である。あなたが突如，ボーナス制度——例えば，寄付を受け取るごとに少額の昇給をするなど——を導入するならば，モチベーション・クラウディングが始まるだろう。あなたのチームは，追加の金銭的報酬をもたらさない仕事を無視し始めるだろう。創造力，会社の評判，および知識の移転のようなものは，もはや重要ではない。すぐに，全ての努力が寄付を引き寄せることに集中するだろう。

　それでは，誰が，モチベーション・クラウディングに陥らずにすむだろうか。次のコツは助けとなるはずだ。誰か，情熱から自分の仕事をする民間の銀行家や保険代理人を知っている人がいるだろうか。金銭的な誘因と業績に基づく賞与は，一般に退屈な仕事をする産業，従業員が自社製品または会社を誇りに思わないで，単に給料を得るという理由で仕事をする産業ではうまくいく。一方，あなたが新事業を立ち上げるならば，うまみのあるボーナスを与えることによって頑張るよう従業員を説得しようとすることよりもむしろ，従業員が会社の試みについて熱意を持つよう奨励するほうが賢明だろう。

　子どもがいる人のために，一つ最終的なコツがある。それは，経験が教えてくれるのは，子どもたちは売りものではないということである。あなたが子どもに宿題をやらせ，楽器の練習をさせ，あるいは，たまには家事でも手伝わせたいとまで思うならば，財布に手を伸ばしてはいけない。そうではなくて，毎週，子どもに一定額の小遣いを渡しなさい。さもなければ，子どもはこのしくみを利用して，やがて，報酬なしでは寝ることを拒否するようになるだろう。

●語句・構文
□ *l.* 2　motivate「～を動機づける，～に意欲を起こさせる」
□ *l.* 5　phenomenon「現象」　複数形は phenomena。
□ *l.* 6　refer to *A* as *B*「*A* を *B* と呼ぶ」
□ *l.*12　put *A* in the hands of ～「*A* を～の手に委ねる」
□ *l.*15　enclose「～を同封する」
□ *l.*26　common decency「一般良識，社会常識」
□ *l.*28　plunge「急落する」
□ *l.*35　pick *A* up「*A* を迎えに行く」
□ *l.*36　have no choice but to *do*「～するほか仕方がない」

☐ *l.*46　compensation for ～「～に対する補償金」
☐ *l.*47　perceive *A* as ～「*A* を～と解釈する」
☐ *l.*47　cheapen「～の価値を下げる」
☐ *l.*48　transform *A* from *B* to *C*「*A* を *B* から *C* に変える」
☐ *l.*51　Suppose (that) S V.「S が V するとしよう」
☐ *l.*52　modest「ささやかな，あまり多くない」
☐ *l.*53　make a difference「変化〔効果〕をもたらす」
☐ *l.*59　be safe from ～「～の危険にさらされていない」
☐ *l.*62　uninspiring「退屈な」
☐ *l.*64　you would be wise to *do*「～するのが賢明だろう」
☐ *l.*72　take advantage of ～「～を利用する」

解　説

　「モチベーション・クラウディング」という現象について説明している英文。語彙や語法は標準的で，選択肢も紛らわしいものが少なく解答しやすい。Aは素直な設問が多いので混乱はないだろうが，Bの(4)，(5)はじっくり考えないと早とちりする危険性がある。解答し終わった後，もう一度確認する時間がほしい。

A．下線部についての設問　　推定配点　40点（各4点）

(1) 正解は B ─────────────────────────────── 標準

　A.「敬意を払うことは十分に報われる」
　B.「お金を与えることは問題を引き起こす可能性がある」
　C.「為替は問題になる」

　下線部①の意味は「お金を支払うことは実は状況を複雑にするかもしれない」となる。「お金を支払う」＝「お金を与える」，「状況を複雑にする」＝「問題を引き起こす」と考えてよいので，Bが最も適切である。payments はここではお金を支払うことであって敬意を払うことではないので，Aは不適。為替については何の記述もないのでCも不適。

(2) 正解は C ─────────────────────────────── やや難

　A.「筆者はこの考えを示すために話をでっち上げた」
　B.「モチベーション・クラウディングは筆者の経験によって定義された」
　C.「筆者はお金のせいでいやな経験をした」

　下線部②の意味は「このことの実例の一つは，私の個人的経験に由来する」となる。this が指すのはモチベーション・クラウディングであり，お金のやり取りが動機づけを低下させる現象のことである。その実例の一つが筆者自身の経験であると述べていることから，筆者は動機づけを低下させるようないやな経験をしたのだと

わかる。よってCが最も適切である。

(3) **正解は A** ──────────────────────── 標準

A.「その友人はこれらの手作りの所有物を本当に大切にしていた」

B.「壊れやすいガラスと骨董品の家具は互いに近くにあった」

C.「ガラスと書籍は自宅で友人の近くに保管されていた」

be attached to ～は「～に愛着を持っている」という意味なので,下線部③は「彼がどれほどそれらに愛着を持っていたか」となる。them は前文の an impressive collection of antiques「素晴らしい骨董品のコレクション」を指しているので,この内容に最も近いのはAである。

(4) **正解は B** ──────────────────────── 標準

A.「その提案に賛成の住民が半数しかいなかったのは驚くべきことだった」

B.「そんなにたくさんの人々がその要請を受け入れるとは予想されていなかった」

C.「一般的に言って,要請に対するどんな肯定的な答えも得ることが難しい」

下線部④の意味は「驚くべきことに,50.8％が提案に賛成だった」となるが,問題は 50.8 という数字が高いから驚いたのか,低いから驚いたのか,ということである。この提案が核廃棄物の保管場所の選定であったことを考えると,この数字は予想よりも高かったのだと推測できる。よってBが最も適切である。

(5) **正解は C** ──────────────────────── やや易

A.「隔たりを強調する」

B.「より高い利益を上げる」

C.「減少を説明する」

account for ～は「～を説明する」という意味なので,下線部⑤は「この差を説明する」となる。この差とは,最初の調査で賛成が 50.8％だったのに,二度目の調査では 24.6％に激減したことを指す。よってCが最も適切である。

(6) **正解は C** ──────────────────────── 標準

A.「筆者が心に留めている意図」

B.「筆者が他の人を助けるために繰り返す行動」

C.「友人が高価な骨董品を移動させるのを手伝うこと」

下線部⑥は「私の親切な行い」という意味である。直前に the fifty dollars「50 ドル」があることから,第2段で述べられている筆者の経験を指していることがわかる。つまり,友人の引っ越しの際に,最も壊れやすい物を筆者が運んであげた行為のことである。よってCが最も適切である。

(7) **正解は A** ──────────────────────── やや易

A.「集中する」

B.「影響を与える」

C.「完全に閉まる」

zoom in on ～で「～に集中する」という意味であるから，Aが最も適切である。この動詞の意味を知らない場合でも，当該文は「すぐに，全ての努力が寄付を引き寄せることに～だろう」という意味になるので類推も可能である。

⑻　正解は C　————————————————————　やや難

A．「宗教的な信念と目的を持って」

B．「気が進まず不安を感じて」

C．「強い関心と熱意を持って」

out of ～は「～の中から」以外にも「～のために，～から」と動機を表す意味もある。下線部⑧は「情熱が動機となって」という意味になるので，Cが最も適切である。

⑼　正解は A　————————————————————　標準

A．「賃金」

B．「収入の評価」

C．「雇用」

下線部⑨は「給料（小切手）」という意味なので，Aが最も適切である。pay という語からだけでも類推可能であり，退屈な仕事で製品にも会社にも誇りが持てない従業員は何のために働くのかを考えることでも正解に到達できる。

⑽　正解は B　————————————————————　標準

A．「買物に行く」

B．「お金を与える」

C．「商品を移動させる」

下線部⑩の意味は「自分の財布に手を伸ばす」となるが，これは財布からお金を出すことを指している。ここでは，さらにそのお金を子どもに与えることを指しているので，Bが最も適切である。

B．内容説明　　推定配点　28点（各4点）

⑴　正解は B　————————————————————　標準

「"This phenomenon" で始まる第2段によると，筆者が友人の高価な素晴らしい品を携えて移動したのは…であった」

A．「金銭的な理由のため」

B．「彼の役に立つため」

C．「それらが美しかったから」

筆者のこの行為がモチベーション・クラウディングの一例として述べられている点に注意。あとからお金が送られてきたために侮辱されたように感じたとも書かれているので，正解はAではなくBである。

(2)　正解は C ━━━━━━━━━━━━━━━━━━━━━━━━━━━ 標準

「"We can find" で始まる第3段では，ヴォルフェンシーエッセンに提案された金銭的補償は，…」

A.「市民からより多くの同意を得るために機能した」

B.「その施設を以前よりも魅力的に思わせた」

C.「約4分の1の住民に気持ちを変えさせた」

　調査は2回行われ，金銭的補償を提示しなかった1回目は賛同者が50.8%，金銭的補償を提示した2回目は賛同者が24.6%であった。つまり，約4分の1の26.2%の人が，賛同からそれ以外に意見を変えたことになる。よってCが最も適切である。

(3)　正解は C ━━━━━━━━━━━━━━━━━━━━━━━━━━━ 標準

「"A further example" で始まる第4段によると，保育所でのペナルティ料金は…」

A.「親に適切な時間に自分の子どもを迎えに来ることを思い出させた」

B.「保育所のスタッフが悩んでいた問題をうまく解決した」

C.「保育所のスタッフにとって望ましくない結果をもたらした」

　第5文にあるように，多くの保育所が遅刻に対する追加料金を導入した。そうすれば閉園時間前に来る動機づけになると思ったからである。ところが，実際の結果はその反対で，お金を払えばいいのだからと考えて遅刻する親がかえって増えたと述べられている。よって最も適切なのはCである。

(4)　正解は A ━━━━━━━━━━━━━━━━━━━━━━━━━━━ やや難

「"Suppose you run" で始まる第6段によると，非営利団体で比較的低賃金で働いている従業員は，一般に…」

A.「使命を信じているので，熱意を持って働く」

B.「昇進のために寄付をもらうことに関心がある」

C.「少額の賃上げによって影響を受けることはない」

　第3文にあるように，NPOで働く従業員が高い動機づけをされているのは，自分が変化をもたらしていると信じているためである。これに当てはまるのはAである。

(5)　正解は B ━━━━━━━━━━━━━━━━━━━━━━━━━━━ やや難

「"So, who is" で始まる第7段によると，モチベーション・クラウディングは…会社では発生する可能性がより低い」

A.「創造性と情熱が要求される」

B.「仕事が退屈で規則正しい」

C.「自社製品を愛している従業員がいる」

　第3文に「金銭的な誘因と業績に基づく賞与は，一般に退屈な仕事をする産業，従業員が自社製品または会社を誇りに思わないで，単に給料を得るという理由で仕

事をする産業ではうまくいく」とある。つまり，ここで述べられている業界ではモチベーション・クラウディングは起こりにくいということである。これに当てはまるのはBである。

(6) **正解は C** ──────────────────────────────── 標準

「最終段によると，筆者は…と考えている」

A.「子どもたちは，何かを成し遂げたことと引き換えにお金を提供されるべきである」

B.「子どもたちにモチベーション・クラウディングを経験させるのはよい考えである」

C.「大人は，子どもの努力に対して金銭的な報酬を与えるのを避けるべきである」

　第2文参照。「子どもに宿題をやらせ，楽器の練習をさせ，あるいは，たまには家事でも手伝わせたいとまで思うなら，財布に手を伸ばしてはいけない」とある。これに当てはまるのはCである。Aは正反対の主張なので不適。Bに関する記述はないので不適。

(7) **正解は A** ──────────────────────────────── やや易

「この文章の表題として最も適しているのは…である」

A.「『人は本当にお金に促され得るのか』」

B.「『金銭的な誘因の重要性』」

C.「『ボーナス：動機づけの源』」

　本文のキーワードは「モチベーション・クラウディング」であり，その意味は金銭的な報酬（あるいは時には金銭的な罰則）が動機づけを低下させることがあるというものである。これに最も合致しているのはAである。BとCはどちらも金銭的なものを重要視しており，本文の主旨に合っていないので不適。

A. (1)─B　(2)─C　(3)─A　(4)─B　(5)─C　(6)─C　(7)─A　(8)─C
　　(9)─A　(10)─B
B. (1)─B　(2)─C　(3)─C　(4)─A　(5)─B　(6)─C　(7)─A

解答

39

2014 年度　学部個別日程 2 月 6 日実施分〔Ⅲ〕

【目標解答時間】 30 分

A．次の英文の下線部①～⑩について，後の設問に対する答えとして最も適当
なものをそれぞれ A～C から一つずつ選び，その記号をマークしなさい。

By the 1920s, it was thought that no corner of the earth suitable for
humans to live in remained unexplored. New Guinea, the world's second
<u>largest island, was no exception.</u> The Europeans who had come there to
spread Christianity, farm the land, or govern the country stayed in the
lowlands along the coasts, convinced that no one could live in the dangerous　5
mountains that ran down the middle of the island. However, the mountains
that could be seen from each coast actually formed two rows, not one, and
between them was a high area of ground that had a moderate climate and
many fertile valleys.

A million Stone Age people lived in those highlands, and they had not　10
been in contact with the rest of the world for forty thousand years. <u>This</u> did
not change until gold was discovered in a stream that flowed into one of the
main rivers. The gold rush that followed attracted many prospectors—people
who search for gold. Among them was Michael Leahy, a prospector who came
from Australia and who, on May 26, 1930, set out to explore the mountains　15
with a fellow prospector and a group of indigenous lowland people hired as
carriers.

After they had climbed the mountains, Leahy was amazed to see grassy
open country on the other side. By nightfall, <u>his amazement turned to alarm</u>,
because there were points of light in the distance—obvious signs that there　20
were people living in the valley. After a sleepless night in which Leahy and
his party loaded their weapons and assembled a crude bomb, they made their
first contact with the inhabitants of the highlands. <u>The astonishment was</u>
<u>mutual.</u> Leahy wrote in his diary:

25　　It was a relief when the inhabitants came in sight, the men in
front, armed with bows and arrows, the women behind bringing
sticks of sugarcane. When he saw the women, Ewunga told me at
once that there would be no fight. We waved them to come on,
which they did cautiously, stopping every few yards to look us
⑤
30　　over. When a few of them finally got up the courage to approach,
we could see that they were utterly amazed by our appearance.
When I took off my hat, those nearest to me backed away in
terror. One old man came forward very carefully with open
mouth, and touched me to see if I was real. The women and
⑥
35　　children gradually got up the courage to approach also, and soon
the camp was filled with them, all running about and jabbering at
once, pointing to everything that was new to them.

　　That "jabbering" (a word that describes very quick talking that is not at
all clear) was language—an unfamiliar language, one of eight hundred
40　　different ones that would be discovered among the highlanders right up
through the 1960s. Leahy's first contact repeated a scene that must have
⑦
taken place hundreds of times in human history, whenever one people first
encountered another. All of them, as far as we know, already had language.
No group without a language has ever been discovered, and there is no
45　　evidence that any particular region served as a "cradle" of language from
which it spread to previously language-less groups.
　　As in every other case, the language spoken by Leahy's hosts turned out
to be more than meaningless sounds; it was a system that could express
⑧
abstract concepts, talk about invisible beings, and convey complex reasoning.
50　　The universality of complex language is a discovery that fills
linguists—scholars who study language—with awe, and is the first reason to
suspect that language is not just any cultural invention but the product of a
special human instinct. Cultural inventions vary widely in their

sophistication from society to society; within a society, the inventions are generally at the same level of sophistication. Some groups count by cutting notches in bones and cook on fires started by spinning sticks in logs; others use computers and microwave ovens. <u>Language, however, does not have this kind of correlation.</u> There are Stone Age societies, but there is no such thing as a Stone Age language.
_⑨

In any natural history of the human species, language would <u>stand out as</u> the most important trait. To be sure, a human being who is all alone is an impressive problem-solver and engineer. But language connects the members of a community into an information-sharing network with very strong powers. Anyone can benefit from the exceptional thoughts, lucky accidents, and trial-and-error wisdom gathered by anyone else, present or past. And people can work in teams, their efforts coordinated by negotiated agreements.

Language is so important a part of human experience that it is scarcely possible to imagine life without it. Chances are that if you find two or more people together anywhere on earth, they will soon be exchanging words—and when there is no one to talk with, people talk to themselves, to their dogs, or even to plants.

(1) 下線部①から読み取れるものはどれか。

A. Most people thought that the land in New Guinea was suitable for human beings to live on.

B. People believed that all parts of the country where people could live had already been surveyed.

C. No one thought that the entire country had been fully explored by human beings.

(2) 下線部②が意味するものは具体的に何か。

　A． The highlands had been a good place to live for a long time.

　B． The people living in the highlands had been very isolated.

　C． The highlands were home to large numbers of primitive people.

(3) 下線部③の意味に最も近いものはどれか。

　A． he suddenly awoke from his astonishment

　B． he felt afraid of an alarming noise

　C． his surprise was transformed into fear

(4) 下線部④の意味に最も近いものはどれか。

　A． Both Leahy's party and the inhabitants of the highlands experienced an astonishing lack of sleep.

　B． The inhabitants of the highlands were as amazed as Leahy and his party were.

　C． The inhabitants of the highlands were also busy preparing for a surprise attack.

(5) 下線部⑤が指すものは具体的に何か。

　A． waving to the oncoming people

　B． coming forward to fight others

　C． moving closer to Leahy's group

(6) 下線部⑥の意味に最も近いものはどれか。

　A． confirmed that I was a living person

　B． impressed me with a genuine touch

　C． felt my eyes for actual signs of life

(7) 下線部⑦が意味するものは具体的に何か。

　A． being touched by other people for the first time

B．discovering lands that had never been explored

C．being the first person to meet an unknown group

(8) 下線部⑧の意味に最も近いものはどれか。

A．a fully developed language in its own right

B．sounds that could not express emotions

C．a mysterious code composed of odd sounds

(9) 下線部⑨から読み取れるものはどれか。

A．All languages are equally sophisticated.

B．No language is related to other languages.

C．Language is abstract and unrelated to tools.

(10) 下線部⑩の意味に最も近いものはどれか。

A．be clearly upright as

B．easily be considered

C．justly be confused with

B．本文の内容に照らして最も適当なものをそれぞれA～Cから一つずつ選び、その記号をマークしなさい。

(1) According to the first paragraph, the Europeans living in New Guinea at that time believed that

A．the farmland in the lowlands was not as good as that in the highlands.

B．the highlands enjoyed a mild climate and valleys with rich soil.

C．the mountain areas of the island were dangerous and not fit to live in.

(2) According to the second paragraph, starting "A million Stone," people living in the highlands of New Guinea

A．had never met white people before prospectors came to their area.

B. were attracted by the gold found in the streams in their area.

C. were hired to carry supplies for Leahy and his group.

(3) In his diary, Leahy mainly describes

A. how courageous the highland inhabitants were to approach the camp.

B. how amazed the highlanders were when they met Leahy's group.

C. how much the women and children talked when they saw the camp.

(4) According to the fourth paragraph, starting "That 'jabbering'," all groups of people

A. who have ever been discovered already had a language of their own.

B. must have learned language from people from the same area.

C. have developed a quick way of talking which is known as jabbering.

(5) According to the sixth paragraph, starting "The universality of," linguists believe that

A. language is similar to cultural inventions such as counting tools.

B. tools of different levels of sophistication are not often used in the same culture.

C. a culture's sophistication influences the level of its language.

(6) According to the seventh paragraph, starting "In any natural," the ability to speak a language allows a person to be

A. connected to a community that shares helpful information.

B. able to solve difficult problems and develop useful technology.

C. free to think unusual thoughts and to carry out experiments.

(7) The main point of the last paragraph is that

A. it is possible for people to imagine life with language.

B. talking to others is necessary for an individual to survive.

C. language is essential to human life as we know it.

全訳　≪言語の遍在性と完全性≫

　1920 年代まで，地球上の人間が暮らすのに適した場所で，まだ探検されずに残っているところはもうないと思われていた。世界で 2 番目に大きな島であるニューギニアも例外ではなかった。キリスト教を広め，土地を耕し，その国を治めにここを訪れたヨーロッパ人たちは，島の中央を走る危険な山地には誰も住めないと思い込んで，海岸沿いの低地にとどまっていた。しかし，それぞれの海岸線から見える山々は一列ではなく，実は 2 つの列をなしており，その間には温暖な気候と肥沃ないくつもの谷を擁する高地があったのである。

　100 万人もの石器時代の人々がこうした高地で暮らしており，彼らは 4 万年にわたって，世界の他の人々と接触がなかった。このことは，主要な川の一つに注ぐ流れで金が発見されるまで変わらなかった。それに続くゴールドラッシュは，探鉱者，つまり，金を探す多くの人たちをこの地に引きつけることとなった。その中にいたのがマイケル＝レーヒーで，彼はオーストラリアから来た探鉱者であり，1930 年 5 月 26 日，仲間の探鉱者一人と荷運びに雇われた現地の低地人のグループとともに山地の探検に出かけたのである。

　山に登りつめたあと，反対側に開けた草地があるのを見て，レーヒーは驚いた。日が暮れる頃には，彼の驚きは恐怖に変わった。というのも，遠くに明かりが点々とともっていたからである。谷に暮らしている人たちがいる明らかなしるしだった。レーヒーと彼の一行は武器に弾丸を込め，おおざっぱな爆弾を作ったりして眠れぬ一夜を過ごすと，彼らは高地の住民たちと初めての接触をした。驚きはお互いさまだった。レーヒーは日記に次のように書いた。

　　住民たちの姿が見えたときにはほっとした。前のほうにいる男たちが弓矢で武装し，後ろの女性たちがサトウキビの棒を持っていた。女性たちを見たとき，エウンガはすぐさま私に，戦いは起こらないだろうと言った。私たちは彼らに近づいて来るよう手招きをすると，彼らは数ヤードごとに足を止めては私たちをしげしげと見て，注意深くこちらに近づいて来た。彼らのうちの数人がやっと勇気を奮い起こしてそばまで来たとき，彼らが私たちの出現にすっかり度肝を抜かれているのが見て取れた。私が帽子を脱ぐと，一番近くにいた人たちが怖がって身を退いた。一人の老人が口を開けたまま非常に慎重に進み出ると，私が現実のものかどうか確かめようと私に触れた。女性や子どもたちも徐々に勇気を奮って近づいて来ると，やがてキャンプ地は彼らでいっぱいになり，みんな走り回ったり，見たことのないあらゆるものを指さしながら同時にぺちゃくちゃとしゃべったりした。

　その「ぺちゃくちゃ」（まったくはっきりしない非常に早口のおしゃべりを表す語）は言語だった。それまで知られておらず，その後 1960 年代までに発見されることになる高地人たちの 800 にも及ぶ異なる言語の一つだったのである。レーヒーの最初の接触は，人類の歴史上，ある民族が別の民族に初めて出会ったとき常に，何百回となく起こったに違いない場面を繰り返したものだった。私たちが知るかぎり，彼らはすべてすでに言語をもっていた。言語をもたない集団はこれまで発見されたことがなく，それ以前には言語をもたなかった集団に，そこから言語が広がっ

ていったというような，言語の「ゆりかご」の役割を，ある特定の地域が果たしたという証拠はまったくない。

　他のすべての場合と同様に，レーヒーを迎えた人たちが話していた言語は，単なる無意味な音ではないことがわかった。それは，抽象的な概念を表し，目に見えない存在について語り，複雑な推論を伝えることができるしくみだったのである。

　複雑な言語の遍在は，言葉を研究する学者である言語学者たちを驚嘆の念で満たす発見であり，言語は単に文化的な発明なのではなく，人間の特殊な本能の産物だと考える第一の理由なのである。文化的発明品はその社会によって洗練の度合いが非常に多様である。一つの社会の内部では，そうした発明は一般に洗練の度合いと同等のレベルにある。骨に刻み目をつけて数を数え，丸太に刺した棒を回転させて起こした火で調理をする人たちもいれば，コンピュータや電子レンジを使う人たちもいるのである。しかし，言語はこうした相関関係をもたない。石器時代の社会は存在するが，石器時代の言語といったものはないのだ。

　人類のいかなる自然史においても，言語は最も重要な特徴として傑出していると言えるだろう。確かに，たった一人の状態である人間でもかなり問題をうまく解決でき，ものを作りだせるだろう。しかし，言語は一つの共同体に属する人々を結びつけて，非常に強い力をもった情報共有ネットワークにする。現在の，あるいは過去の誰かによって集められた優れた思想や，幸運な偶然，試行錯誤による知恵から，誰でも恩恵を受けることができる。そして，人々は話し合いによる合意で払う努力を調整し，チームで仕事を行うことができるのである。

　言語は人間の経験の中でもたいへん重要な部分なので，言語なしの生活はまず想像できない。おそらく，この地球上のどこであれ複数の人がいっしょにいるなら，やがて言葉を交わし始めるだろう。そして，しゃべる相手が誰もいなければ，人は自分に，犬に，あるいは植物に向かってさえ話しかけるのである。

●語句・構文

- [ ] *l.* 5　convinced that ～「～だと確信して」
- [ ] *l.* 9　fertile「肥沃な」
- [ ] *l.*11　be in contact with ～「～と接触している，～と交際している」
- [ ] *l.*13　prospector「探鉱者」　直後に「金を探し求める人」と説明されている。
- [ ] *l.*16　indigenous「土着の」
- [ ] *l.*19　nightfall「夕暮れ」
- [ ] *l.*22　load「（銃など）に弾丸を込める」
- [ ] *l.*22　crude「おおざっぱな」
- [ ] *l.*36　jabber「早口にしゃべる」　第4段の冒頭で説明されている。
- [ ] *l.*52　suspect「～ではないかと思う」
- [ ] *l.*56　notch「（棒や板などにつけた）V字型の刻み目」
- [ ] *l.*58　be no such thing as ～「～のようなものはない」
- [ ] *l.*69　Chances are that ～「たぶん～だろう」

解 説

　言語の遍在性と完全性を論じた英文。Aは語句レベルのものと文レベルのものがあり，いずれも文脈把握が問われるが，選択肢に紛らわしいものはなく，標準的な問題である。Bは内容理解の問題だが，同様に，素直な選択肢が多い。英文の表現自体はやや固いが，十分に理解可能な内容である。

A．下線部についての設問　　推定配点　40点（各4点）

(1)　正解は B　　　　　　　　　　　　　　　　　　　　　　　　　　　標準

　A．「ほとんどの人が，ニューギニアは人間が住むのに適した土地であると考えていた」

　B．「人々は，その国の中で人間が住める場所はすべてすでに調査されていると信じていた」

　C．「国全体が人間によってすっかり探検されてしまったとは誰も思っていなかった」

　下線部は「世界で2番目に大きな島であるニューギニアも例外ではなかった」という意味である。直前の文で「地球上にある人間が暮らすのに適した場所で，まだ探検されずに残っているところはもうないと思われていた」と述べられていることから，ニューギニアも人が住める場所は探索済みであると考えられていたことになる。この主旨に最も合致しているのはBである。

(2)　正解は B　　　　　　　　　　　　　　　　　　　　　　　　　　　標準

　A．「高地は長期にわたって暮らすのによい場所であった」

　B．「高地に住んでいる人々は非常に孤立していた」

　C．「高地は多くの未開の人たちにとっての本拠地であった」

　当該箇所は「このことは，金が発見されるまで変わらなかった」という意味になる。後続の文で，ゴールドラッシュで押し寄せた人々の一人であるマイケル＝レーヒーについて，次の第3段で彼が高地に暮らす人々と初めて接触したことが述べられているので，直前の文のうち，This が指しているのは「4万年にわたって，世界の他の人々と接触がなかった」という部分であると考えられる。よってBが最も適切である。

(3)　正解は C　　　　　　　　　　　　　　　　　　　　　　　　　　　やや難

　A．「彼は突然驚きから我に返った」

　B．「彼は不安になるような物音に恐怖を感じた」

　C．「彼の驚きは恐怖に変わった」

　下線部は「彼の驚きは alarm に変わった」という意味なので，alarm の意味を正しく推測できるかどうかがポイントとなる。誰も住めないと思っていた土地に人が

いることがわかり，第3段第3文にあるように，その夜レーヒーたちは武器に弾丸を込めたり爆弾を作ったりしている。つまり，危険な目にあうかもしれないと考えたのである。この主旨に最も合致しているのはCである。

(4) **正解は B** —————————————————————————————— 標準

A.「レーヒーの一行と高地の住民たちはどちらも，驚くほどの睡眠不足を経験していた」

B.「高地の住民たちは，レーヒーと彼の一行と同様に驚いていた」

C.「高地の住民たちも，不意の襲撃に備えるのに忙しかった」

下線部の意味は「驚きは相互的だった」となる。レーヒーたちが驚いたことはすでに述べられているが，第3段第8文（日記の第4文）に，「彼らが私たちの出現にすっかり度肝を抜かれているのが見て取れた」とあることから，mutual の意味を知らなくても，高地の住民たちも同様に驚いたのだということがわかる。この主旨に最も合致しているのはBである。

(5) **正解は C** —————————————————————————————— やや易

A.「近づいて来る人々に手を振ること」

B.「他の人たちと戦うために前進すること」

C.「レーヒーの一行に近づいて来ること」

この which は前述の内容を受ける非制限用法の関係代名詞である。直前に「私たちは彼らに近づいて来るよう手招きした」とあるので，彼らはこの動作をしたのだと考えられる。よってCが最も適切である。

(6) **正解は A** —————————————————————————————— 標準

A.「私が生きた人間であることを確認した」

B.「心からの接触で私に感銘を与えた」

C.「生きているという本物のしるしを求めて私の目に触れた」

下線部の意味は「私が現実かどうかを知るために私に触れた」となる。外の世界の人間と接触したことがない彼らは，レーヒーたちが高地に人がいるとは思っていなかったのと同様に，自分たち以外に人間がいるとも思っていなかったのだと考えられる。最も適切なのはAである。

(7) **正解は C** —————————————————————————————— やや難

A.「他の人たちによって初めて触れられること」

B.「それまでに探検されたことのない土地を発見すること」

C.「未知の集団と出会った最初の人間であること」

当該箇所の意味は「レーヒーの first contact は，ある民族が別の民族に初めて遭遇したときに常に起こったに違いない場面を繰り返したものだった」となる。「初めて遭遇する別の民族」＝「未知の集団」と考えてよいので，この主旨に最も合致しているのはCである。

(8)　正解は　A ───────────────────────────── やや易

A.「それ自体で十分に発達した言語」

B.「感情を表現できない音」

C.「奇妙な音で構成された不思議な信号」

　当該文前半に「レーヒーを迎えた人たちが話していた言語は，単なる無意味な音ではないことがわかった」とあり，下線部はその詳細を具体的に説明しており，「抽象的な概念を表し，目に見えない存在について語り，複雑な推論を伝えることができるしくみ」という意味である。つまり，彼らが話す言葉はれっきとした言語だったのである。正解はAである。

(9)　正解は　A ───────────────────────────── やや難

A.「すべての言語はその洗練の度合いが等しい」

B.「どの言語も他の言語との関連性はない」

C.「言語は抽象的なものであり，道具とは無関係である」

　下線部は「しかし，言語はこの種の相関関係をもたない」という意味である。「この種の相関関係」とは，第6段第2文にあるように，「発明品のレベルと，その社会の洗練度のレベルとは同じになるので，発明品は社会の洗練度によって大きく異なる」という関係である。この関係が成り立たないと述べているのだから，言語は社会の洗練度とは関係なく同等の洗練度をもつ，という主旨であると考えられる。よってAが最も適切である。

(10)　正解は　B ───────────────────────────── 標準

A.「～として明らかに直立している」

B.「容易に～と見なされる」

C.「～と混同されるのももっともである」

　stand out は「目立つ」という意味なので，当該箇所は「言語は最も重要な特徴として目立つものであるだろう」となる。「目立つ」＝「容易にわかる」と考えられるので，Bが最も適切である。

B．内容説明　　推定配点　28点（各4点）

(1)　正解は　C ───────────────────────────── 標準

「第1段によると，当時ニューギニアに住んでいたヨーロッパ人たちは，…だと信じていた」

A.「低地の農地は高地の農地ほどよくない」

B.「高地は穏やかな気候と豊かな土壌の谷に恵まれている」

C.「島の山岳地帯は危険で，居住には適していない」

　第1段第3文に，「ヨーロッパ人たちは，島の中央を走る危険な山地には誰も住めないと思い込んでいた」とある。この主旨に最も合致しているのはCである。

(2)　**正解は A** ───────────────────────────────────

「"A million Stone" で始まる第２段によると，ニューギニアの高地に暮らしている
人々は…」

A．「探鉱者たちが彼らの暮らしている地域にやって来るまでは，白人に会ったこ
　　とがまったくなかった」

B．「彼らが暮らしている地域にある小川で見つかった金に引きつけられた」

C．「レーヒーと彼の一行のために供給物資を運ぶのに雇われた」

　　第２段第１文参照。「彼らは４万年にわたって，世界の他の人々と接触がなかっ
た」と述べられている。「世界の他の人々」には当然ヨーロッパ人も含まれるので，
Aの内容が最も適している。

(3)　**正解は B** ───────────────────────────────────

「レーヒーが日記の中で主に説明しているのは…である」

A．「キャンプ地に近づいて来るとは，高地の住民たちがいかに勇敢であったか」

B．「レーヒーの一行に出会ったとき，高地人たちがどれほど驚いていたか」

C．「女性や子どもたちがキャンプ地を見たとき，どれほどたくさんしゃべったか」

　　第３段第８文（日記の第４文）に「彼らが私たちの出現にすっかり度肝を抜かれ
ているのが見て取れた」とあり，相手も同様に驚いていたことが説明されている。
これが彼の日記の主旨であると考えられるので，Bが最も適切である。

(4)　**正解は A** ───────────────────────────────────

「"That 'jabbering'" で始まる第４段によると，あらゆる人間集団は…」

A．「これまでに発見された（あらゆる人間集団は），すでに自身の言語をもってい
　　た」

B．「同一地域の人々から言語を学んだに違いない」

C．「ぺちゃくちゃしゃべりとして知られている速い話し方を発達させている」

　　第４段第３・最終文に「私たちが知るかぎり，彼ら（＝初めて他の人間集団と接
触した人々）はすべてすでに言語をもっていた。言語をもたない集団はこれまでに
発見されたことがない」とある。この内容に最も合致しているのはAである。

(5)　**正解は B** ───────────────────────────────────

「"The universality of" で始まる第６段によると，言語学者たちは…だと信じてい
る」

A．「言語は，数を数える道具のような文化的発明品と似ている」

B．「洗練の度合いの異なる道具が，同じ文化の中で使われることは多くない」

C．「ある文化の洗練度は，その文化の言語のレベルに影響を及ぼす」

　　第６段第２文に「一つの社会の内部では，そうした発明（＝文化的発明品）は，
一般に（社会の）洗練の度合いと同等のレベルにある」と述べられている。つまり，
同一文化の中では発明品の洗練度は一定である，という意味である。この主旨に最

も合致しているのはBである。言語は発明品と違って文化の洗練の度合いに影響されないので，A・Cはいずれも不適。

(6)　**正解は A** ――――――――――――――――――――――― 標準

「"In any natural" で始まる第7段によると，言語を話す能力は人が…ことを可能にする」

A．「有用な情報を共有する共同体に結びつく」

B．「困難な問題を解決し，有用な技術を開発することができる」

C．「通常とは異なる意見を自由に考え，実験を自由に行う」

　第7段第3文に「言語は一つの共同体に属する人々を結びつけて，非常に強い力をもった情報共有ネットワークにする」とある。この内容と最も合致しているのはAである。

(7)　**正解は C** ――――――――――――――――――――――― 標準

「最終段の主旨は…ということである」

A．「人が言語のある生活を想像することは可能である」

B．「他人としゃべることは，個人が生き延びていくために必要である」

C．「私たちが知っているように，言語は人間の生活に必要不可欠である」

　最終段第1文に「言語は人間の経験の中でも非常に重要な部分なので，言語なしの生活などほとんど想像できない」と述べられている。また，第2文でも，人間が言葉を使わずにはいられないことが述べられている。この内容を最も端的に表しているのはCである。

A．(1)—B　(2)—B　(3)—C　(4)—B　(5)—C　(6)—A　(7)—C　(8)—A
　　(9)—A　(10)—B

B．(1)—C　(2)—A　(3)—B　(4)—A　(5)—B　(6)—A　(7)—C

40

目標解答時間 30 分

A．次の英文の下線部①〜⑩について，後の設問に対する答えとして最も適当なものをそれぞれＡ〜Ｃから一つずつ選び，その記号をマークしなさい。

　　Sometimes we arrive at a decision without knowing how we have arrived at the decision. The part of our brain that does this is called the "adaptive unconscious," and the study of this kind of decision-making is one of the most important new fields in psychology. The adaptive unconscious is not to be

5　confused with the unconscious described by the Austrian psychologist Sigmund Freud, which was a dark place filled with desires, memories and fantasies that were <u>too disturbing for us to think about consciously.</u> In ①
contrast, <u>the adaptive unconscious is thought of as a kind of giant computer</u> ②
<u>that quickly and quietly processes a lot of the data we need in order to keep</u>

10　<u>functioning as human beings.</u>

　　If you walk out into the street and suddenly realize that a truck is rushing towards you, do you have time to think through all your options? <u>Of course not.</u> The only reason that human beings have survived as a species ③
is that they have developed a kind of decision-making mechanism, one that's

15　capable of making very quick judgments based on very little information. As the psychologist Timothy Wilson writes in his book *Strangers to Ourselves*: "The mind operates most efficiently by <u>leaving a good deal of high-level,</u> ④
<u>sophisticated thinking to the unconscious,</u> just as a modern plane is able to fly on automatic pilot with little or no input from the human pilot." The

20　adaptive unconscious, he says, does an excellent job of assessing the world, warning people of danger, setting goals, and starting action in a sophisticated and efficient manner.

　　Wilson says that we <u>switch back and forth</u> between our conscious and ⑤
unconscious modes of thinking, depending on the situation. A decision to

invite a co-worker to dinner is conscious. You think it over. You decide it   25
will be fun. You ask him or her. The sudden decision to argue with that same
co-worker is made unconsciously—by a different part of the brain and
motivated by a different part of your personality.

Whenever we meet someone for the first time, whenever we interview
someone for a job, whenever we react to a new idea, or whenever we're faced   30
with making a decision quickly and under stress, we use that second part of
                                                   ⑥
our brain. How long, for example, did it take you, when you were in college,
to decide how good at teaching your professor was? A week? Two weeks? A
semester?　The psychologist Nalini Ambady once gave students three
ten-second videos of a teacher—with the sound turned off—and found they   35
had no difficulty at all coming up with a rating of the teacher's effectiveness.

Then Ambady cut the video back to five seconds, and the ratings were
the same. They were remarkably consistent even when she showed the
students just two seconds of videotape. Then Ambady compared those snap
                                                        ⑦
judgments of teacher effectiveness with evaluations of those same professors   40
made by their students after a full semester of classes. She found that they
were essentially the same. A person watching a silent two-second video of a
teacher he or she has never met will reach conclusions about how good that
teacher is that are very similar to those of a student who has sat in the
teacher's class for an entire semester. That's the power of our adaptive   45
unconscious.

You often do the same thing, whether you realize it or not, when you are
                                                        ⑧
choosing a book in a library, for instance. How long do you look at a book
after you pick it up? Two seconds? And yet in that short space of time, the
design of the cover, whatever associations you may have with the author's   50
                                    ⑨
name, and the first few sentences all generate an impression—a rush of
thoughts and images and speculations. You decide, in two seconds, that you
don't want to read it. Aren't you curious about what happened in those two
seconds?

55   I think we are naturally suspicious of this kind of rapid decision-making. We live in a world that assumes that <u>the quality of a decision is directly related to the time and effort that went into making it</u>. When doctors are faced with a difficult medical decision, they order more tests, and when we are uncertain about what we hear, we ask for a second opinion. And what do
60 we tell our children? "Haste makes waste." "Look before you leap." "Stop and think." "Don't judge a book by its cover." We believe that we are always better off gathering as much information as possible and spending as much time as possible considering what to do. We really only trust conscious decision-making. But there are moments, particularly in times of stress,
65 when our snap judgments and first impressions can offer a much better means of making sense of the world.

(1)　下線部①が意味することは具体的に何か。

  A．the idea that the unconscious is like a computer

  B．the author's idea of the adaptive unconscious

  C．the contents of the unconscious in Freud's theory

(2)　下線部②から読み取れるものはどれか。

  A．The adaptive unconscious's ability to process data is not adequate for humans.

  B．Without the adaptive unconscious, humans would not be able to lead normal lives.

  C．People must learn to understand the dark side of their own adaptive unconscious.

(3)　下線部③が意味することは具体的に何か。

  A．People must rapidly decide what to do just before an accident.

B．Human survival depends on carefully examining our choices.

C．No one should try to decide what car to buy in a great hurry.

(4)　下線部④から読み取れるものはどれか。

A．The unconscious is clever and essential for modern flight.

B．The unconscious controls much of complex decision-making.

C．The unconscious works best by not being completely automatic.

(5)　下線部⑤の意味に最も近いものはどれか。

A．alternate

B．oppose

C．reverse

(6)　下線部⑥の指すものはどれか。

A．the effective mind

B．the conscious mind

C．the unconscious mind

(7)　下線部⑦の意味に最も近いものはどれか。

A．decisions made after many weeks of classes

B．decisions made within a short period of time

C．decisions made by the teacher to help students

(8)　下線部⑧の意味に最も近いものはどれか。

A．depending on your point of view

B．in addition to your knowledge

C．regardless of your awareness

(9)　下線部⑨の意味に最も近いものはどれか。

A．the ideas you connect to the name of the author

B. your relationship with the author of the book

C. the groups that you know the author belongs to

(10) 下線部⑩の意味に最も近いものはどれか。

A. The time it takes to decide is irrelevant to the quality of the decision.

B. Most people believe that fast decisions are the most useful ones.

C. The best decisions must be thoroughly considered.

B. 本文の内容に照らして最も適当なものをそれぞれA〜Cから一つずつ選び、その記号をマークしなさい。

(1) In the first paragraph, the author

A. states that the adaptive unconscious is actually a traditional idea.

B. compares the adaptive unconscious to Sigmund Freud's theory.

C. defines the adaptive unconscious as including desires and dreams.

(2) According to the second paragraph, starting "If you walk," the adaptive unconscious is

A. like an airplane with neither an automatic nor a human pilot.

B. an idea that was originally invented by Timothy Wilson.

C. capable of complex decision-making and does not need much time.

(3) According to the third paragraph, starting "Wilson says that," an example of

A. a conscious decision would be when someone makes plans to share a meal at their home.

B. a conscious decision would be starting to argue with a colleague.

C. a conscious decision would be a decision that we make without realizing.

(4) According to the fourth paragraph, starting "Whenever we meet," a researcher found that students could

A. pass the class by making more accurate judgments.

B. quickly and accurately judge the quality of a teacher.

C. judge their learning skills by talking to a teacher.

(5) According to the fifth paragraph, starting "Then Ambady cut," Ambady's experiments show that

A. once people have made a judgment about something they rarely revise it.

B. decisions made quickly can be as accurate as decisions reached more slowly.

C. the adaptive unconscious will often lead us to make evaluations too quickly.

(6) In the sixth paragraph, starting "You often do," the author uses the example of choosing a book to

A. suggest reasons why many people don't like reading.

B. promote the habit of being curious and asking questions.

C. illustrate what happens when making such a decision.

(7) The purpose of this passage is to

A. describe what the adaptive unconscious does.

B. compare two kinds of adaptive unconscious.

C. reject newer ideas about the adaptive unconscious.

≪適応性無意識のもつ力≫

全訳

　どのようにしてその結論に達するようになったかわからぬまま結論に達することがある。これを行う脳の一部は「適応性無意識」と呼ばれ，この種の意思決定の研究は心理学における最も重要な新しい分野のひとつである。適応性無意識は，オーストリアの心理学者ジークムント＝フロイトが説明した無意識と混同すべきではない。フロイトによる無意識とは，私たちが意識的に考えるにはあまりに不穏な欲望や記憶，空想に満ちあふれる暗い場所であった。それとは対照的に，適応性無意識は私たちが人間として機能し続けるのに必要なたくさんのデータを高速で静かに処理するある種の巨大なコンピュータであるとみなされている。

　通りを歩き出してから，トラックが自分のほうに突進してくることに突然気がついたとしたら，あらゆる選択肢についてじっくりと考える時間はあるだろうか？　もちろんあるはずがない。人間が種として生き延びてきた唯一の理由は，ある種の意思決定の仕組みを発達させてきたからであり，それは情報がほんのわずかしかなくても，それに基づいて素早く判断することが可能な仕組みである。心理学者ティモシー＝ウィルソンは著書『自分を知り，自分を変える』の中で次のように述べている。「かなりの量の高度で複雑な思考を無意識に任せることで，精神は最も効率よく機能する。それは現代の飛行機が人間のパイロットからの入力がほとんど，あるいは全くない状態でも自動操縦で飛ぶことができるのと同じことだ」と。彼が言うには，適応性無意識は，世の中の状況を見きわめ，人々に危険を警告し，目標を定め，そして高度かつ効果的なやり方で行動を起こすという仕事をとてもうまく成し遂げるのだ。

　私たちは状況に応じて自分の意識的な思考モードと無意識的な思考モードを相互に切り替えているとウィルソンは語る。同僚を夕食に招待しようという決断は意識的なものである。じっくりと考えた上でそうするのだ。そうすることは楽しいだろうと判断する。その人物を誘ってみる。その同じ人物と口論しようと突然決断することは無意識に行われる──それは脳の異なる部分によるものであり，自分の人格の異なる部分によって動機付けがなされている。

　人と初めて会ったり，人に就職の面接をしたり，新しい考えに反応したり，ストレスのある中で急いで決断をしなければならないようなときはいつも，私たちは脳のその2番目の部分を用いる。たとえば，大学時代に，自分が教わっている教授の教え方がどれほどうまいかを判断するのにどれくらい時間がかかっただろうか？　1週間？　2週間？　それともひとつの学期？　心理学者ナリニ＝アンバディはかつて教師の10秒の映像を──音声を出さずに──学生に3種類見せたところ，その教師の有能さの評価を出すのに全く苦労しないことがわかった。

　次にアンバディが映像を5秒に短縮してみると，評価は同じだった。彼女が学生に映像を2秒しか見せなかったときでさえも評価は驚くほど一致していた。次にアンバディは教師の有能さに関するそうした瞬間的な判断と学期中講義を受け続けた後で学生が同じ教授に対して下した評価を比較してみた。彼女はそれらは本質的に同じだとわかった。会ったこともない教師の音声なしの映像を2秒見た人がその教師の有能さに関して到達する結論は，学期中ずっとその教師のクラスに座っていた

学生の評価と非常に類似しているのである。それが私たちの適応性無意識のもつ力である。

　自覚があるかどうかは別として，たとえば図書館で本を選んでいるときも，同じことをしていることが多い。手に取った後でどれくらい本を眺めるだろうか？　２秒だろうか？　それでも，その短い時間の中で，表紙のデザインや，著者の名前から連想されるあらゆる事柄，そして最初のいくつかの文が一緒になってある印象を生み出すのである——さまざまな思考やイメージや推測がわき起こってくるのだ。その本を読みたくないという決断は２秒で行われる。その２秒間に何が起こったのか知りたくはないだろうか？

　こうした類の迅速な意思決定に対して私たちはもともと疑いの気持ちをもっていると私は思う。私たちは，決断の質が決断を行うのに費やされる時間や努力と直接関連していることを前提とする世界に生きているのだ。医師は困難な医学的決断を迫られると，さらに検査を増やすように要請するものだし，私たちが言われたことに確信をもてない場合は別の医師の意見を求めるものだ。また，私たちは子供にどんなことを言い聞かせるだろうか？「急いては事を仕損じる」「転ばぬ先の杖」「立ち止まってよく考えてみなさい」「外見で物事を判断してはいけない」　何をすべきか考える際にできるだけ多くの情報を手に入れ，できるだけ多くの時間を費やしたほうがいつもうまくいくと私たちは信じている。私たちは本当に意識的な意思決定だけを信頼しているのだ。しかし，とりわけストレスを受けているときには，瞬間的な判断や第一印象のほうが世界を理解するのにはるかにすぐれた手段を提供できる場合もあるのである。

●語句・構文……………………………………………………………………………

- □ *l.* 7　disturbing「とまどうほどの」
- □ *l.* 7　in contrast「対照的に」
- □ *l.*12　think through「(問題など) を慎重に検討する」
- □ *l.*20　assess「～を評価する」
- □ *l.*25　think *A* over「*A* を熟考する」
- □ *l.*29　interview *A* for a job「*A* (人) に就職の面接をする」
- □ *l.*36　come up with ～「～を提供する」
- □ *l.*36　rating「評価」
- □ *l.*43　that は関係代名詞で，先行詞は conclusions。
- □ *l.*51　generate「～を生み出す」
- □ *l.*53　be curious about ～「～を知りたいと思う」
- □ *l.*60　Haste makes waste.「急いては事を仕損じる」
- □ *l.*60　Look before you leap.「跳ぶ前に見よ (転ばぬ先の杖)」
- □ *l.*60　Stop and think.「立ち止まってよく考えよ」
- □ *l.*66　make sense of ～「～を理解する」

解 説

　新しい研究分野である「適応性無意識」を扱った英文。テーマも表現もやや硬い感じがするが、論の筋道はわかりやすいので比較的解答しやすいはずである。下線部の意味説明の設問は、その語句の意味をあらかじめ知っていれば問題ないが、文脈から推論することによっても十分に正解できるので、該当箇所の前後をしっかりと読もう。内容説明は、明らかに違う方向を示している選択肢があるので、それを除外するとかなり正解に近づけるはずである。

A．下線部についての設問　　推定配点　40点（各4点）

(1)　正解は C　　　　　　　　　　　　　　　　　　　　　　　　　　　　標準

　A．「無意識とはコンピュータのようなものだとする考え」

　B．「適応性無意識に対する筆者の考え」

　C．「フロイトの理論における無意識の内容」

　　文の構造を考えながらさかのぼっていくことになる。下線部は主語 that に対する補語の部分。that は関係代名詞で、先行詞は desires, memories and fantasies である（that の be 動詞が were なので、先行詞が a dark place ではあり得ない）。さらにこれらの先行詞は関係代名詞 which を説明しており、which の先行詞は the unconscious、つまり、「（フロイトが説明した）無意識」である。したがって、C が最も適切である。

(2)　正解は B　　　　　　　　　　　　　　　　　　　　　　　　　　　　標準

　A．「適応性無意識のデータ処理能力は、人間にとって十分ではない」

　B．「適応性無意識がなければ、人間は正常な生活を送ることができないだろう」

　C．「人は、自分自身の適応性無意識の暗黒面を理解できるようにならねばならない」

　　下線部の意味は、「適応性無意識は、私たちが人間としての機能を果たし続けるために必要な大量のデータを、素早く静かに処理してくれる一種の巨大コンピュータのようなものだと考えられている」となる。つまり、適応性無意識がなければ、私たちは人間としての機能を果たすことができなくなるわけである。したがって、Bが最も適切である。be thought of as ～「～であると考えられている」

(3)　正解は A　　　　　　　　　　　　　　　　　　　　　　　　　　　　標準

　A．「事故の直前に、人は何をするべきか迅速に決断しなければならない」

　B．「人が生き残れるかどうかは、選択肢を慎重に検討できるかどうかにかかっている」

　C．「だれも、どの車を買うべきかを非常に急いで決めようとするべきではない」

　　下線部は直前の文中の疑問 do you have time to think through all your

options? に対する返事で，省略せずに言えば，Of course you do not have time to think through all your options.「もちろん，あらゆる選択肢を慎重に検討している暇はない」となる。言い換えれば，事故にあいそうなとき，人間には瞬間的な判断が求められる，ということである。この趣旨に最も近いのはAである。

(4) 正解は B ——————————————— 標準

A.「無意識は賢いもので，現代の飛行には欠かせない」

B.「無意識は複雑な意思決定の多くをコントロールする」

C.「無意識は完全に自動的ではないことによって最もよく機能する」

　下線部の意味は「かなりの量の高度で複雑な思考を無意識にゆだねること」という意味。つまり，無意識のうちに高度で複雑な意思決定の多くを行っている，ということである。この趣旨に最も近いのはBである。leave A to B「A を B に任せる，ゆだねる」 a good deal of ～「たくさんの～」 sophisticated「精巧な，複雑な」

(5) 正解は A ——————————————— やや易

A.「交互にする」　　　　B.「反対する」　　　　C.「逆にする」

　switch back and forth は「前に進んだり戻ったりする」という意味。ここでは，無意識的に思考したり，意識的に思考したりを交互に繰り返すという意味であろう。よってAが最も適切である。BやCでは between の意味が成立しない。

(6) 正解は C ——————————————— 標準

A.「効果的な意識」　　　　B.「意識」　　　　　　C.「無意識」

　下線部は「脳の2番目の部分」という意味で，Whenever で始まる，前のいくつかの例の中に「ストレスのある中で急いで決断しなければならないとき」が含まれている点に注意。つまり，脳の2番目の部分は，無意識に意思決定をするときに使う場所であることがわかる。よってCが最も適切である。

(7) 正解は B ——————————————— 標準

A.「授業を何週間も受けた後でなされる決断」

B.「短時間の間に下される決断」

C.「生徒を助けるために教師が行う決断」

　下線部は「そのような即座の判断」という意味で，ビデオを見せる時間を10秒から5秒や2秒に変えても評価に変わりはなかったことを受けている箇所である。よってBが最も適切である。

(8) 正解は C ——————————————— 標準

A.「自分の視点に応じて」

B.「自分の知識に加えて」

C.「自覚にかかわらず」

　whether A or not は「A であろうとなかろうと」という意味なので，下線部は

「自分が気づいていようといまいと」という意味になる。これに最も近いのはCである。

⑼　正解は A ──────────────────────────────── 標準

A.「著者の名前から連想する考え」

B.「本の著者と自分との関係」

C.「著者が所属していることがわかっているグループ」

　　have an association with 〜 は「〜から連想する」という意味。したがって，下線部は「著者の名前から連想するかもしれないあらゆること」という意味になる。これに最も近いのはAである。

⑽　正解は C ──────────────────────────────── 標準

A.「決断するのにかかる時間は，その決断の質とは無関係である」

B.「大部分の人が，素早い決断こそが最も有益なものであると信じている」

C.「最善の決断は徹底的に考慮されねばならない」

　　下線部の意味は「決断の質は，それをするのに費やされた時間や労力と直接的な関係がある」となる。つまり，「時間をかけてじっくり考えた末の決断の方が質が高い」ということである。これに最も近い意味をもつのはCである。 go into *doing*「〜することに費やされる」

B．内容説明　　推定配点　28点（各4点）

⑴　正解は B ──────────────────────────────── 標準

「第1段で，筆者は…」

A.「適応性無意識が実は伝統的な考えであると述べている」

B.「適応性無意識をジークムント＝フロイトの理論と比較している」

C.「適応性無意識を欲望や夢を含むものであると定義している」

　　第2文に，適応性無意識による「意思決定は，心理学における最も重要な新しい分野のひとつである」とあるので，従来からある考えではない。よってAは不適。第3文にあるように，欲望や夢を含むのはフロイトの理論の無意識であって，適応性無意識ではない。よってCも不適。最終文が In contrast「対照的に」で始まっていることからもわかるように，筆者はフロイトの理論と適応性無意識を比較して説明している。よってBが最も適切である。

⑵　正解は C ──────────────────────────────── 標準

「"If you walk" で始まる第2段によると，適応性無意識とは，…である」

A.「自動操縦でも人間のパイロットによる操縦でもない飛行機のようなもの」

B.「もともとはティモシー＝ウィルソンが考案した考え」

C.「複雑な意思決定が可能で，多くの時間を要しないもの」

　　第3文では，「情報がほんのわずかしかなくても，それに基づいて素早く判断す

ることが可能な仕組み」と述べられており，第4文では「かなりの量の高度で複雑
な思考を無意識に任せることで，精神は最も効率よく機能する」と説明されている。
つまり，適応性無意識とは，複雑なことを素早く判断できる仕組みなのである。よ
ってCが最も適切である。

(3) 正解は A ————————————————————————— やや易

「"Wilson says that" で始まる第3段によると，…」

A.「意識的な決断（の例）は，人が自分の家で一緒に食事することを計画する場
合であろう」

B.「意識的な決断（の例）は，同僚と口論をし始めることであろう」

C.「意識的な決断（の例）は，自分が気付かないうちに行っている決断であろう」

　　第2文参照。「同僚を夕食に招待しようという決断は意識的なものである」とあ
る。これはAとほぼ同じ内容である。最終文では「口論しようと突然決断すること
は無意識に行われる」と述べているので，Bは不適。Cは，「意識的」と「気付か
ない」が相反する言葉なので，文自体が矛盾している。

(4) 正解は B ————————————————————————— 標準

「"Whenever we meet" で始まる第4段によると，ある研究者は学生たちが…こと
ができることに気付いた」

A.「より正確な判断を下すことで，その授業に合格する」

B.「教師の質を素早く正確に判断する」

C.「教師と話し合うことで，自分の学習技術を判断する」

　　「ある研究者」とはナリニ＝アンバディのことである。最終文にあるように，学
生たちはたった10秒間の映像で，教師の有能さを苦もなく評価したのである。よ
ってBが最も適切である。

(5) 正解は B ————————————————————————— 標準

「"Then Ambady cut" で始まる第5段によると，アンバディの実験によって示さ
れたのは，…ということである」

A.「あることについて，ひとたび判断を下せば，それを変えることはめったにな
い」

B.「素早く下された決断は，もっとゆっくりたどり着いた決断と同じくらい正確
であり得る」

C.「適応性無意識は，私たちにしばしば早すぎる評価をさせてしまうだろう」

　　第3・4文で，アンバディは，教師に対する瞬間的な判断と1学期間の授業が終
わった後に下された判断とを比べ，それらが本質的に同じであるとわかったと述べ
られている。この部分とほぼ同じ意味のBが正解である。

(6) 正解は C ————————————————————————— やや易

「"You often do" で始まる第6段では，筆者は…ために本を選ぶという例を用いて

いる」

A.「多くの人が読書を嫌う理由を提示する」

B.「好奇心をもち質問をするという習慣を推奨する」

C.「そのような決断をするときに何が起こるかを例証する」

　第1文で「同じことをしていることが多い」とあるが，この「同じこと」とは，前段で説明されている，適応性無意識，つまり無意識による（正確な）決断と同じこと，という意味である。よってCが最も適切。AとBは本文の主旨とあまりにも離れているため，選択肢を見た瞬間に除外できるのではないだろうか。

⑺　**正解は A**　—————————————————————————————　標準

「この文章の目的は…ことである」

A.「適応性無意識が行うことを説明する」

B.「2種類の適応性無意識を比較する」

C.「適応性無意識に関するより新しい考え方を拒絶する」

　本文では，適応性無意識とフロイトの無意識とは異なるものである，ということが説明されているが，適応性無意識が2種類あるという記述はなく，したがって比較されてもいない。よってBは不適。同様に，Cの「より新しい考え方」というのも，適応性無意識に何種類かの考え方がある，ということが前提になるのでこれも不適。第2段以降では，適応性無意識によって行われることの例示や，その正確さを確認した実験などが紹介されており，Aが最も適切であるとわかる。

A. ⑴—C　⑵—B　⑶—A　⑷—B　⑸—A　⑹—C　⑺—B　⑻—C
　　⑼—A　⑽—C

B. ⑴—B　⑵—C　⑶—A　⑷—B　⑸—B　⑹—C　⑺—A

MEMO

MEMO

MEMO